# 明亡清兴多少事

第一卷

【辽东风云】

周华龙◎著

中国文史出版社

**图书在版编目（CIP）数据**

明亡清兴多少事 . 第一卷 , 辽东风云 / 周华龙著 .
-- 北京 : 中国文史出版社 , 2019.1
ISBN 978-7-5205-0574-1

Ⅰ . ①明… Ⅱ . ①周… Ⅲ . ①中国历史 – 明清时代 – 通俗读物 Ⅳ . ① K248.09

中国版本图书馆 CIP 数据核字（2018）第 226713 号

**责任编辑：** 戴小璇

---

**出版发行：** 中国文史出版社
**社　　址：** 北京市海淀区西八里庄 69 号院　**邮编：** 100142
**电　　话：** 010-81136606　81136602　81136603（发行部）
**传　　真：** 010-81136655
**印　　装：** 北京柏力行彩印有限公司
**经　　销：** 全国新华书店
**开　　本：** 1/16
**印　　张：** 20.75
**字　　数：** 316 千字
**版　　次：** 2019 年 1 月北京第 1 版
**印　　次：** 2019 年 1 月第 1 次印刷
**定　　价：** 60.00 元

---

# 序言

不瞒读者诸君，我刚接触到历史，就对它产生了浓厚兴趣，也许是我跟历史有缘吧。至于到底是何时接触到历史的，我也记不大清楚，可能是上初中的时候，也可能是上小学或者是更早的时候，毕竟小学“社会”这门课程里以及日常生活中也存在丰富的历史知识。

我尤其喜欢明、清这两个朝代的历史，为什么会喜欢呢？因为在明、清这两个朝代长达五百四十四年的历史中，有太多人、太多事情、太多东西，值得我们后人学习与借鉴。

明、清这两个朝代的历史，大约占了中国历史的八分之一，基本上是中国两千三百八十七年封建社会的缩影。在明、清历史中，我们能够看见中国封建社会各个朝代的影子，还是举几个简单的例子：

明朝与蒙古、满、回、壮、苗等少数民族的战争，以及清朝对西藏、青海、新疆、准噶尔汗国的征服战争就是春秋战国、两汉、魏晋南北朝、隋唐以及宋、夏、辽、金、元时期汉族与少数民族战争的延续；

崇祯皇帝朱由检统治后期李自成在西安建立的大顺政权、张献忠在成都建立的大西政权以及明朝灭亡后在南方地区出现的弘光、永历等众多南明小朝廷，又是春秋战国、魏晋南北朝、五代十国时代诸侯割据、群雄纷争的重演。

这部作品构思了整整两年，主要记叙了万历十一年（公元1583年）努尔哈赤在赫图阿拉以十三副遗甲起兵到康熙二十二年（公元1683年）福建水师提督施琅率领大清水师收复宝岛台湾这百年间明、后金（清）两国发生的重大历史事件。

这部作品以《明史》《明实录》《清史稿》《清实录》为基础，以年代和重要历史人物为主线，加入小说的笔法和对人物的心理描写，以及对当时政治、经济、军事、文化制度的一些分析与评价。

要说明的是，这部作品的确只能勉强归入正史的家族，却绝对不是野史的家庭成员。虽然这部作品用了很多网络流行用语和众多幽默搞笑的词汇与句子，但是作品叙述的历史事件与历史人物，甚至历史人物的众多对话都能够在史书上找到出处。

无论是读文章还是写文章，我都比较喜欢幽默搞笑、生动形象的语言，对那些生硬枯燥、缺乏生机的语言往往会感到头晕目眩，这不是我看不惯那些高深的文章，实在是看得费劲。

儒家学派创始人孔子老人家曾经说过："知之为知之，不知为不知，是知也！"我也是心直口快、实话实说，如果得罪了各位写高深文章的作者与写手，在此表示最诚挚的歉意。

为了让大家不再像我一样，因不习惯高深的文章而烦恼，我将尽自己的最大努力，使这部作品诙谐幽默、生动有趣，正如当代著名历史作家当年明月所说：历史本身很精彩，历史可以写得很有趣。

最后，不得不提一下的就是，当年明月、阎崇年、顾城、柏杨、黄仁宇、高阳、H.G.韦尔斯、兰拉德、肖尔等历史学专家、教授、学者以及写手所著的历史专著，给《明亡清兴多少事》系列丛书的构思与创作提供了许许多多的帮助和支持。

周华龙<br>2018年3月30日

# 目录

# 楔 子

说起帝国这个行业，傻瓜笨蛋也明白，那是全天下所有人做梦都想跨入的行业，可一般人想都不要去想，更不用说付诸实践，毕竟帝国行业的大哥大并不想让你跨入。

要想跨入帝国行业，除非从带血的尸体上踩过去，可见其暴力血腥程度。不然后人怎么总结出“利润越高，风险越大”这样的社会规律呢？这是从血的教训中得来的！

一旦帝国行业的大哥大发现你想跨入他们的行业，加入他们的圈子，抢他们的饭碗，骑在他们的头上，你小子就要倒大霉了，最好的结局就是砍头，最坏的结果也是砍头，只不过砍得多点，全家砍光光。

即使没有被发现，勉强跨入这个行业的，也要打起十二万分精神，这个行业外的人正虎视眈眈、贼眉鼠眼地注视着你。别看他们平时对你像春天般温暖、老婆般柔顺、亲人般亲切，你说东，他们不敢往西；你叫站起，他们不敢坐下。其实在背后，他们却紧盯着你的一举一动、一言一行。你一不留神、稍有不慎，他们就会发冲冠之怒，行雷霆之威，把你推下万丈深渊。

即使是这样，他们仍然不放心，还要砸下几块石头，让你永世不得翻身，子孙也被千人踩万人压，你的家族就此玩完。由此可以看出用“政治是不流血的战争，战争是流血的政治”这句话来形容权力斗争，真的是一语中的。

这个行业的佼佼者尤其崇尚“先下手为强，后下手遭殃”“宁可我负天下人，不许天下人负我”的哲理，预先制定方案，提前采取行动，把那些有嫌疑的、

有野心的、够实力的、对帝国企业构成威胁的人统统杀掉，一个不留。

不过这样也难保周全，你只是一个平凡人，也有不留神、看走眼、疏忽大意的时候，这些漏网之鱼，时机一到就会卷起腥风血雨。当然有的人成功了，有的人失败了。

这个行业，既不是电视剧，也不是电影。先死的，大多是好人；逍遥的，基本是坏人。“胜者为王，败者为寇”“强权就是真理”“枪杆子里出政权”是那个行业唯一的生存法则，失败就要受到惩罚。

这个惩罚比现在杀人放火的罪犯下场还惨，人家不过是蹲黑房子当枪靶子，而他们不仅要被砍成十七八段喂狗，还要被满门抄斩、诛灭九族。

当然跨入这个行业的胜利者，自然是威风凛凛、风光无限，把千千万万的人踩在脚下，简直达到了翻云覆雨、为所欲为的程度，他的子孙也可以拥有良田无数，终日不学无术，没事领着一群狗奴才去调戏良家妇女了。不然庄子老人家怎么总结出“窃钩者诛，窃国者诸侯”这样的至理名言呢？

# 童 年

努尔哈赤的传奇人生要从嘉靖三十八年（公元 1559 年）二月二十一日辽东建州苏克素护部赫图阿拉城（今辽宁省新宾满族自治县永陵镇老城村）的女真奴隶主塔克世家庭写起。塔克世的老婆喜塔喇·厄墨气生下了一个男孩，这个男孩就是后来的努尔哈赤。

当年明月在《明朝那些事儿》中也说过："大凡皇帝出世，后来的史书上都会有一些怪象的描述，比如刮风啊，下暴雨啊，冒香气啊，天上的星星闪啊，到处放红光啊，反正就是告诉你，这个人和别人不一样。"

相传，明太祖朱元璋出生的时候，红光满地，照得他家的茅草屋好像着了火，邻居都提着水桶前去灭火；日本一代枭雄丰臣秀吉出生的前一天晚上，他的母亲做了一个奇怪的梦，梦见一个火红的太阳缓缓钻进了她的肚子；孝庄刚刚怀上顺治皇帝的时候，红光环绕，盘旋出龙的形状，把整个屋子都照得犹如白昼。

努尔哈赤是伟人，当然也有关于他出生时的奇异现象记载。据说努尔哈赤母亲喜塔喇·厄墨气刚怀上他的时候，就有族中高人推测，女真必有大人物降生，他将平定叛乱，使国家安定清平，降服诸国，成为帝王（满洲必有大贤人出，戡乱致治，服诸国而为帝）。

不仅如此，努尔哈赤在他母亲喜塔喇·厄墨气的肚子里整整待了十三个月才来到人世。虽然跟殷商末年陈塘关总兵李靖的儿子哪吒在母亲殷夫人的肚子里待了三年零六个月比起来差了不少，但总比普通人多了几个月。

现在先简要介绍一下努尔哈赤的家族发家史。

据说很久很久以前，一个“蓝蓝的天上，白云朵朵”的日子，恩固伦、正固伦、佛库伦三名仙女在布尔瑚里湖洗澡，一只在空中翱翔的神鹊一不小心将口里的朱果掉落在了佛库伦的衣裙上，结果佛库伦就怀孕生下一个男孩。

这个男孩不但英俊帅气，而且生下来就能说会道，他母亲给他取名爱新觉罗·布库里雍顺。

事实证明，更诡异的还在后面：布库里雍顺被母亲佛库伦扔到了一条小船上，让他顺流而下，自生自灭。

当时鄂、谟、辉三个部落正在为了酋长这个职务大打出手，见到布库里雍顺后顿时惊为天人，架也不吵了，仗也不打了，不仅将部落最美的女孩子嫁给了他，还推举他当了部落酋长，真正做到了“升职加薪，当上总经理，迎娶白富美，出任CEO，从此走上人生巅峰”。

写到这里，我内心其实是崩溃的，再能胡扯的编剧也编不出这样的剧本，忽悠人也要有个限度啊！简直是当后人是傻瓜啊！能编出这个发家史的人脑子不是进水了，而是结冰了，对此我只想说，像这样的伟人发家史，其实看看就算了，真的别相信。

牛×的人不是有多好的出身，而是能给子孙后代多好的出身。在布库里雍顺创造的家业下，努尔哈赤的先祖们在大家羡慕嫉妒恨的注视下，继续拼命埋头往前冲，那是混得如鱼得水。

努尔哈赤的六世祖猛哥帖木儿被元朝皇帝封为斡朵里万户府万户，五世祖董山、曾祖父福满、祖父觉昌安都被大明皇帝册封为建州左卫都督，四世祖锡宝齐篇古、父亲塔克世也先后被大明皇帝授予建州指挥佥事与建州左卫指挥使的官职。

能够得到大元、大明皇帝册封的人，都是很有势力、很有名气、很有地位的人，看来努尔哈赤的先辈们在社会上确实混得很不错啊！不过努尔哈赤家族忘记了，“低调才是最牛的炫耀，简单才是最美的写照”，高调是迟早要吃亏的！

努尔哈赤出生在这么显赫的家庭，当然不会像朱元璋小时候那样住在四面透风，阳光、月光都能照进去的破草屋，还要靠给地主家放牛来挣口饭吃，努尔哈赤可是住在金碧辉煌、富丽堂皇的王府里，过着“衣来伸手，饭来张口”的好日子。

努尔哈赤就在王府里过着无忧无虑的幸福生活，好像他的人生就会像许多富家公子一样，过着吃喝玩乐、花天酒地的生活，到了适当的年龄，娶个门当户对的格格，再继承父亲的爵位，做一个地方的土财主，那也就没有必要再写下去了。

上天总是会让许多伟人尝尽人间的酸甜苦辣，再受尽常人难以忍受的苦难，上天当然也不会对努尔哈赤手下留情，你不是要成为伟人吗？那就啥话不要说了，去吃苦吧！

上天让朱元璋吃的第一份苦是死了爹，上天让丰臣秀吉吃的第一份苦也是死了爹，上天也不想努尔哈赤吃太多的苦，那就跟朱元璋和丰臣秀吉一样吧，也让你失去双亲中的一个。

## 后妈的虐待

努尔哈赤，他跟朱元璋和丰臣秀吉有许多不同的地方，朱元璋和丰臣秀吉是先死了爹，而努尔哈赤是先死了娘。在努尔哈赤十岁的时候，他的母亲喜塔喇·厄墨气就被病魔折磨得失去了生命。

努尔哈赤的老爹塔克世，占有苏克苏浒河河西方圆二百里，既有钱有势又有地位，当然不会只守着个小老婆李佳氏，又给努尔哈赤几兄弟找了一个后妈，正是哈达王台贝勒的养女纳喇·措姐。

人生就像一部电视剧，不管情节怎么变化，宗旨只有一个，没完没了地折磨主角。哈达王台贝勒与努尔哈赤的外祖父、古勒城主喜塔喇·阿古（又名王杲）本来就是死对头，双方你看不惯我，我瞧不起你，一言不合就大打出手。

不过双方实力相当，你奈何不了我，我也干不掉你，只好在抚顺城下发誓和好。发誓就是骗人的前奏，双方无论哪个实力强大了，肯定要吃掉另一个。

在这样的背景下，纳喇·措姐自然不会给努尔哈赤几兄弟好果子吃！

这个陌生的女人来到努尔哈赤家后，努尔哈赤几兄弟不但没有享受到有妈的幸福与甜蜜，而且他们锦衣玉食的好日子也过到了头，一向使唤别人的努尔哈赤兄弟开始被恶毒的纳喇·措姐使唤。

努尔哈赤几兄弟当然不会像我们今天的小朋友，被父母使唤去商店买瓶酱油，买包精盐，就算这点小事情，也要跟父母讨价还价，还要一点跑路费，去买根棒棒糖吃。

努尔哈赤几兄弟可没有这么好的运气，他们被纳喇·措姐唤去端滚烫的洗脚水，去深山老林砍柴，采人参、蘑菇、松子。

如果努尔哈赤兄弟一不小心被盆里溅出来的水烫伤或者在砍柴的时候被摔伤，纳喇·措姐不但不会关心他们，而且还会不给他们饭吃，谁叫他们这点小事都干不好。

如果纳喇·措姐心情不好，努尔哈赤兄弟几个就更要小心了，不然就会被纳喇·措姐一顿暴打或臭骂。

努尔哈赤兄弟也不要指望纳喇·措姐会良心发现，纳喇·措姐没有一点文化知识，跟现在大街上骂人的泼妇是一个档次，她是不会有什么思想觉悟的。

努尔哈赤兄弟也别指望塔克世，因为塔克世有当今大多数男人的特点——妻管严。

塔克世虽然对儿子们的遭遇一清二楚，但也无能为力，只有在纳喇·措姐回娘家的时候，才给努尔哈赤兄弟改善改善生活，打打牙祭。对努尔哈赤几兄弟来说，这恐怕是母亲死后为数不多的幸福时光了。

对遭受肉体和精神双重虐待的孩子来说，家就是个可怕的存在。努尔哈赤二话不说就和他的三弟舒尔哈齐收拾东西逃出了家门，跑到古勒城（今辽宁省新宾县城上夹河镇古楼村），投靠他的外祖父王杲去了。

王杲对自己的外孙非常好，不但给努尔哈赤和舒尔哈齐吃好的、穿好的，而且还在百忙之中抽出时间找他哥俩谈心，以预防努尔哈赤和舒尔哈齐因家庭问题而变得内向抑郁。

努尔哈赤和舒尔哈齐在王杲的细心开导下，变得越来越开朗，还带着辽东的特产人参、鹿茸、貂皮（东北三宝）和马匹去抚顺、清河等汉人聚居的地方做买卖，在这些地方他们认识了很多汉族和蒙古族的朋友。

努尔哈赤耳濡目染之后，他对汉人的先进文化产生了浓厚的兴趣，认真学习汉语，并迷上了历史小说《三国演义》和《水浒传》。他从这两本书中学会了许多为人处世的道理和用兵的韬略，这为他以后带兵作战，并取得巨大的胜利奠定了基础。

努尔哈赤还在做买卖期间，用闲暇时间游览了整个辽东，熟悉了辽东的山川地形和风土人情，这不仅增加了他的阅历，开阔了他的眼界，也为他日后带兵作战做好了准备。

## 灾难与应对

然而这样的好日子，上天是不会让伟人过得太久的。常言道“人生若是一帆风顺，又怎来的迎难而上”，只有让努尔哈赤不断吃苦受罪、颠沛流离，才能够锻炼出他超出常人的意志。

王杲是一位比较杰出的女真首领，不但通晓多种语言文字，还精通算命，他凭借自己高超的智慧与才能在极其动乱的年代发迹，很快成为建州女真部落中的杰出首领，被大明封为建州右卫都督。

人一旦取得了巨大的成功，就容易得意忘形，而王杲正好就是这样的一个人。王杲仗着经营了女真部落多年，就认为自己天下无敌、无所不能，硬要拿起鸡蛋去撞石头，去惹大明这个庞然大物。

嘉靖三十六年（公元 1557 年）十月，王杲率领军队偷袭抚顺，斩杀守备彭文洙。既然来都来了，那就拿点东西走吧！于是绑人的绑人，牵牲口的牵牲口，扛粮食的扛粮食，忙得简直是不亦乐乎，绝对是业务熟练小能手！

嘉靖四十一年（公元 1562 年）五月，副总兵黑春率领明军围剿王杲，结果偷鸡不成蚀把米，中了埋伏，转眼间就里三层外三层水泄不通了，还别说，群殴什么的最有爱了，王杲这伙人一通乱砍，充分展现了什么叫群殴艺术和暴力美学。

永远不要高估王杲的节操，如果他还有节操这种东西的话。王杲没有心慈手软，直接将生擒活捉的黑春给分尸了。

黑春，你不要自怨自艾，也不要怨天尤人，谁叫你没什么军事才能呢？反正人都是要死的，至于怎么死，又有多大区别呢？既然摊到你头上了，就想开点吧，没准二十年后又是一条好汉呢？

事实证明，偷袭抚顺、伏击黑春就是个开胃菜。随后王杲犯辽阳、劫孤山、侵抚顺、夺汤站，先后斩杀指挥使王国柱、陈其孚、戴冕、王重爵、杨五美，把总温栾、于栾、王守廉、田耕、刘一鸣等数十人。

王杲，你到底跟大明有什么仇什么怨啊，至于这么执着吗？没错，这就是传说中的插旗拉仇恨了！

王杲，你若安好，那还得了？既然暂时武力收拾不了你，那就对你实行经济封锁吧！打不死你，还饿不死你！大明于是断绝了与建州右卫的贡市。

王杲做出了这辈子最错误的决定，以此为借口，纠集土默特、泰宁等部落，大举进犯辽阳、沈阳。王杲，辉煌的时候谁都有，别拿那一刻当永恒，可惜王杲已经摸了龙之逆鳞，收手也来不及了。

永远别惹大明，虽然他们看起来很随便，但是真正随便起来的时候，简直就不是人。万历三年（公元1575年），李成梁在副将杨腾、游击王惟屏、参将曹簠的陪同下，率领辽东铁骑杀气腾腾地攻进王杲的营寨，不管周围是什么人，直接先砍翻再说。

既然打不过，那就跑呗！王台贝勒不是与我发誓和好了吗，那就跑去哈达那里避避风头。

王台贝勒平时笑眯眯的人畜无害，发起狠来就伙同儿子扈尔干给大明提供了帮忙群殴干架服务，率领军队将王杲及其妻子儿女二十八人一锅端了，打包献给了李成梁。

事实证明，努尔哈赤和他的弟弟小时候的运气确实不怎么好，当时恰好在王杲队伍中，看来努尔哈赤哥俩的小命已悬在裤腰带上了，只要李成梁一声令下，明军就要将他俩制作成青椒肉丝了。

要活着不是那么容易的，不仅需要勇气，还需要运气！但是英雄就是英雄，看到同样绝望的局势，他们的脑袋瓜子仍然能够高速运转，闪出灵光，给我们充分演绎了什么叫作绝处逢生。

来吧，拼人品的时候到了！只见努尔哈赤拉着舒尔哈齐快步跑到李成梁身前，跪在马下，大哭起来，坚决要求李成梁把他和他的兄弟杀掉。这招以退为进、欲擒故纵的计策也只有努尔哈赤这样聪明的人才能够想得出来。

这一次智慧与强权的对抗，到底谁才是最后的胜利者？

李成梁见努尔哈赤这么聪明伶俐、乖敏可怜，认为是个可造之才，不但赦免了他兄弟二人，还给了他俩一份非常有前途的职业——自己的贴身侍卫，包吃包住，还有补助。

王杲毕竟是谋反要犯，可不是什么小蟊贼，直接被李成梁送到了北京城，在午门死于让人求生不能求死不得的磔刑。不过也没有什么好抱怨的，一个敢惹大明的自大狂，又有什么选择的余地呢？让你怎么死就得怎么死。

不过努尔哈赤兄弟俩，在李成梁那里也不是那么好混的。要知道，李成梁可是官场老油条，政坛不倒翁，要在他手下混出名，没有点本事恐怕是不行的。努尔哈赤开始苦思冥想，构思新的忽悠思路，创造新的忽悠手法。

常言道“实践是检验真理的唯一标准”，再巧妙的构思，再完美的想法，再周密的计划，如果不付诸实践，一切都是空的。努尔哈赤把自己的想法付诸实践，开始了与李成梁的忽悠较量。

努尔哈赤在每次战役中，都向李成梁虚心学习，为大明提供砍人服务，说砍两个时辰就砍两个时辰，说要粉碎性骨折就粉碎性骨折。

努尔哈赤提供这么周到、敬业、体贴的服务，自然受到了李成梁的赏识与重用，关系好得都能合唱一首十八相送了。

李成梁哪里知道，努尔哈赤只是表面上顺从，而内心深处恨不得把李成梁千刀万剐、碎尸万段，好为自己的外祖父报仇，然而他必须极力压制自己内心的真实想法，毕竟现在还不是时候。

## 努尔哈赤的初恋与流浪

世界上没有过不去的坎，只有过不完的坎。努尔哈赤继续忽悠着李成梁，享受着忽悠带来的巨大乐趣，但意外的事情又发生了，那就是年仅十六岁的努尔哈赤恋爱了，这是命运的邂逅，这是前世注定的一见钟情。

“恋爱要么走心，要么走肾”，努尔哈赤喜欢上了李成梁的小妾，李成梁那个小妾也喜欢努尔哈赤，这么英俊帅气、智勇双全的小伙子谁不喜欢啊！就算努尔哈赤这小子再差，也总比李成梁那六七十岁、头发胡子都花白的糟老头子要好吧。

努尔哈赤和李成梁的小妾你情我愿、海誓山盟，真是“在天愿作比翼鸟，在地愿为连理枝”啊。“夜路走多了，总会遇到鬼”，努尔哈赤与李成梁的小妾相处了那么久，眼睛中那种含情脉脉、一往情深、痴恋爱慕，就算是瞎子也看得出来。整个李府，都在悄悄谈论这个话题，如果那个时代有微信朋友圈的话，那是分分钟被刷屏的节奏！

看你和那女人眉来眼去的样子，就知道你俩是奸夫淫妇啦。男人天不怕，地不怕，唯独怕被别人给自己戴绿帽子。努尔哈赤，千错万错，都是你的错，为了我李成梁帽子颜色着想，今天就干掉你。

李成梁的小妾与努尔哈赤的交往并不是耐不住深闺寂寞而逢场作戏、各取所需，是真的喜欢努尔哈赤。当她得知李成梁要诛杀努尔哈赤的时候，就不顾自身的生命危险，跑去将消息告诉了努尔哈赤。

努尔哈赤第一次有种面临巨大危机的恐惧感觉，不敢怠慢，马上收拾东西，并恳求李成梁的小妾一起走，那女人严词拒绝了，她认为若是跟着走，必成为努尔哈赤的拖累，努尔哈赤备受感动，感动得转眼间就捎上舒尔哈齐，跑得连影子都看不见了。

努尔哈赤与舒尔哈齐跑后，那小妾自知难逃一死，就在房梁上挂了一条白绫，自尽了。事实上，努尔哈赤的初恋女友就是出来打个酱油，前半程跟努尔哈赤勾勾搭搭，后半程再殉殉情，然后就可以连一点汗都不出的去领盒饭了！

努尔哈赤和弟弟舒尔哈齐逃出李成梁的府邸后，也没有什么亲戚朋友可以去投奔，身上也没有带多少钱财，只有继续流浪。

也不知道走了多少天，更不知道走了几万里路，终于在抚顺城正北大约二百五十里的地方，发现了一座庞大的庄园，这就是中国历史上著名的佟佳大庄园。

而这座佟佳大庄园之所以出名，就在于它收留了几个可怜的流浪汉。

## 倒插门女婿

努尔哈赤与舒尔哈齐成为佟佳大庄园的长工，偌大的庄园，他们只是其中几棵矮得不能再矮的野草，他们的前途？如果不发生意外，如果一切顺其自然，永远都是受管制阶级。

但事情在不久以后又奇迹般地发生了转变。

原来是佟佳大庄园的老主人塔木巴彦去深山老林干事，遇到了凶猛的老虎，恰巧被努尔哈赤碰见了，努尔哈赤是用弓箭射杀了老虎，救了老主人的命。

脸是一个好东西，无论在哪个世界都是通用的。

老主人正要上前对自己的救命恩人道谢，仔细一看，差点吓了一跳，塔木巴彦透过贫穷落魄的表象，看到了努尔哈赤内在的胆魄、志气，还有最重要的决心。

俗话说“风险越高，利润越大”，舍不得冒险的人是不会有什么成就的，塔木巴彦学习汉高祖刘邦的岳父吕老太爷和孙策、周瑜的岳父乔公来了个风险投资：努尔哈赤，我觉得你真的不是一个合格的奴才，你还是改行做我孙女婿吧！我把孙女哈哈纳扎青许配给你。

可哈哈纳扎青的父亲塔木巴晏反对啊，凭啥把我的宝贝女儿许配给一个没有前途的奴仆啊，女儿哈哈纳扎青能得到幸福吗？塔木巴彦对此什么都没有说，我不是因为你对让我默认，而是因为你傻让我无语。

人生的每个转折点都是一个新的开始！万历五年（公元 1577 年），十八岁的努尔哈赤娶了十七岁的哈哈纳扎青，变成了佟佳大庄园的倒插门女婿。

倒插门女婿就倒插门女婿吧，反正从今以后吃得饱穿得暖，还住得好，从穷光蛋一下子变成了富家子弟，这样的好事情，普天之下能够让你遇到几次啊！

倒插门女婿毕竟不是什么光彩的事情，努尔哈赤发达后很少提及此事，后人更不愿意提及了，就连《清史稿》对哈哈纳扎青的记载也仅仅有几个字：元妃，佟佳氏。归太祖最早。

不管怎么说，此时的努尔哈赤与妻子哈哈纳扎青过着幸福的生活：万历六年（公元 1578 年），大女儿东果出生；万历八年（公元 1580 年），长子褚英出生；万历十一年（公元 1583 年），次子代善出生。

努尔哈赤带着妻子回到赫图阿拉后，塔克世就给他们分了家，纳喇·措姐蛊惑塔克世，将大部分家产分给了她的亲生儿子巴牙喇，而分给努尔哈赤和他的兄弟姐妹的家产则少得可怜。

虽然努尔哈赤和弟弟舒尔哈齐省吃俭用，还经常到深山老林打猎，生活还是很快陷入了困境。

为了减少其他兄弟姐妹的困难，二十二岁的努尔哈赤与弟弟舒尔哈齐毅然离开了赫图阿拉城，重新踏上了流浪的道路。

此时的努尔哈赤与舒尔哈齐犹如狂风中的柳絮、激流中的浮萍，风吹到哪里就是哪里，浪卷到何方就是何方。

努尔哈赤与舒尔哈齐在广阔的平原上走了一天又一天，他们忍受着干渴与饥饿，缓慢地向前方挪动着步子。

途经嘉木瑚寨，努尔哈赤与舒尔哈齐投宿到穆通阿家的时候，遇到了一位对他俩将来的发展有巨大帮助的能人——额亦都。

## 额亦都

额亦都，钮祜禄氏，家族世世代代居住在长白山，后来在祖父阿陵阿拜颜的带领下，全家迁居到了英嵺峪。发展到他父亲都陵阿巴图鲁这一代的时候，家里的财富多得用不完。

照这样的剧情发展下去，额亦都一辈子都不可能吃苦，会像封建社会许许多多的富二代、官二代那样，过着着鲜衣、乘怒马、抱着美人和财物的日子，成为一个彻头彻尾的人生赢家。那额亦都的人生就不是励志剧，而变成了名副其实的偶像剧。

然而“人怕出名猪怕壮”，额亦都家里的巨额财富引起了他人的觊觎，有人买通职业杀手，潜入额亦都家，将其全家不论男女老幼全部残忍杀害。今日奈何桥单双号限行，请大家自觉遵守交通规则。

唯一值得庆幸的是，额亦都当时并没有住在家里，而是在邻村。额亦都也是个“有怨报怨，有仇报仇”的人，他坚持锻炼，勤练武功，变得能拉十石强弓，可以少击多，终于在十三岁那年手刃仇人，报了血海深仇。

看来那时候的女真人民风已经不能用彪悍来形容了，简直是变态，说打你就打你，说杀你全家就杀你全家。

额亦都父母的仇是报了，可他还是无家可归啊！没有办法，额亦都连夜就收拾包袱，逃到了姑姑家。额亦都的姑父穆通阿是嘉木瑚寨寨主，自然没有人跟额亦都过不去，再加上额亦都与大自己两岁的表哥哈思护打成一片，日子也过得顺风顺水。

正所谓“长夜漫漫，无心睡眠”，努尔哈赤晚上闲着没有事情做，就和额亦都聊天。努尔哈赤侃侃而谈，上到天文地理，下到江湖逸事，无所不谈。听得十九岁的额亦都有如坠进了云里雾里。

那个疯狂时代，所以什么事情都有可能发生。额亦都就如被传销组织洗脑了一般，当即表示，要认努尔哈赤为大哥，从今以后就跟努尔哈赤混了，努尔哈赤指哪，他就打哪。

额亦都的姑姑听说侄子要跟努尔哈赤走，立刻赶来说服额亦都。也不知道额亦都是鬼迷心窍了，还是被努尔哈赤把迷魂汤灌多了，不但没有听进他姑姑的话，而且还劝说起他姑姑来了，道理那是一套一套的。

额亦都的姑姑知道阻止不了额亦都，只有放额亦都跟努尔哈赤走了。

# 踏上征程

王杲虽然被李成梁杀了，但是王杲的儿子、努尔哈赤大伯礼敦的女婿阿台仍然活得好好的。

阿台牢牢记着父亲被李成梁杀害这一事实，“为父报仇，天经地义”，阿台辗转回到古勒城，凭借古勒城易守难攻、地势险要的独特地理优势，依山建城，设置战壕，准备与大明长期对抗。

如果缺粮少衣，阿台就自任抢劫团伙头子，联合夏吉城的阿亥隔三岔五地带领着自己的土匪团伙去大明境内比较繁华的城市抢劫点粮食衣物、金银珠宝，再顺便把城里的人杀光，然后放把小火，把别人的村子烧了，颇有当年鞑靼与瓦剌的风格。

这些行为激怒了辽东左军督府都督、宁远伯李成梁。

李成梁集结辽阳、广宁的明军，兵分两路，一路由辽阳副将率领，进攻夏吉城；一路亲自统领，在图伦城主尼堪外兰的领路下，向古勒城杀来。

虽然夏吉城地势险要、易守难攻，但在经历了大风大浪的辽东铁骑看来，简直是小菜一碟，破城就与去菜市场买两斤猪肉一样容易，夏吉城沦陷了，阿亥被杀了。

俗话说“虎毒不食子”，阿台的老婆是觉昌安长子礼敦的女儿、努尔哈赤的堂姐，岂能见死不救，于是觉昌安与塔克世进城劝降，希望阿台可以认清现实，放弃抵抗！

你可以唤醒一个睡死的人，却不能唤醒一个装睡的人，此时的阿台已经

被仇恨蒙蔽了双眼，谁还能劝得回。

关键时刻，往往是小人作乱的最佳时机。尼堪外兰本就不爽觉昌安、塔克世父子，现在有这么好落井下石的机会，怎么可能错过。

只见尼堪外兰在城外大喊："大明是仁义之师，谁能够杀死阿台，大明不但既往不咎，还封他为古勒城城主！"

"虚荣可销骨，利欲能熏心"，阿台的那些部下本来就是临时招募来的，答案一目了然，反了就反了，没有一点心理负担，一听这话，顿时双眼放光，盯着阿台，就像盯着移动的印钞机。

兄弟们，为了荣华富贵，为了加官晋爵，冲啊！阿台的部下一拥而上，这么多人围着几人各种群殴，简直是水泄不通，跟超市大抢购似的，谁还分得清谁是谁！一片刀光剑影后，阿台以及觉昌安、塔克世父子无一幸免，全部被一网打尽！

## 留得青山在，不愁没柴烧

自从努尔哈赤离家出走以后，就对自己的父亲充满了仇视和痛恨：仇视父亲只知道在外面拈花惹草、醉生梦死，而不抽时间关心和照顾母亲，致使母亲积劳成疾，早早离开了自己和弟弟；痛恨父亲不但又娶了老婆，而且还放纵后母虐待他哥俩。

可是当努尔哈赤听到祖父和父亲惨死的消息以后，心里还是既悲痛又后悔，常言道"树欲静而风不止，子欲养而亲不待"，现在说这些还有什么用，祖父、父亲已经离他而去了。

努尔哈赤泪如雨下，不顾众人的反对，毅然跃上了马背，去找大明讨说法了。

明末清初，辽东很多事情在迅速发生着，它们在那个动乱的时代里就像爆炸的弹片一样四处乱飞，谁也没法详细说清楚，因此只能用推论。

据本人的推论，接下来的事情是这样的。

女真与大明之间，从来就没有平等这个说法，有的只是弱肉强食。事实上，也确实如此，大明本来就瞧不起女真部落。看哪个部落不顺眼，灭掉就灭掉了；

瞧哪个首领碍事，砍了就砍了。

大明这会儿能够将觉昌安、塔克世的尸体还回来，允许努尔哈赤继承父亲塔克世的官职，成为建州左卫都指挥使，并且赐都督敕书三十道，赏骏马三十匹，都已经是奇迹了。

至于说让大明赔礼道歉，想都不要想了。

努尔哈赤终于走赢了第一步，他可以名正言顺地招兵买马，为他的祖父和父亲报仇做准备了，但是现在毕竟实力太弱小，根本不敢翻脸，最多悄悄问候问候大明统治者的父母，画圈圈，扎小人。

妥协，不是软弱，而是暴风雨来临前的片刻宁静！努尔哈赤，现在只能等待、等待、再等待，等到实力足够强大，再去找杀父仇人大明算账，这个等待也许是几年，也许是几十年。

# 统一建州女真

二十五岁的努尔哈赤带着妻子哈哈纳扎青与子女，还有舒尔哈齐、额亦都等人离开了佟佳大庄园，踏上了回归赫图阿拉城的道路。

此时的赫图阿拉城仍然被青山绿水环绕，祖父、父亲留下的庞大府邸仍耸立在城中的黄金地段，只是祖父、父亲熟悉的身影已经不在，再也感觉不到归家的喜悦与兴奋。此时努尔哈赤与舒尔哈齐的心里只有仇恨，只有复仇，才能缓解他俩内心的痛苦。

努尔哈赤正沉浸在失去祖父、父亲的痛苦中时，首先跟努尔哈赤作对的出现了。他们不是别人，正是努尔哈赤的堂叔堂兄堂弟。

努尔哈赤祖父觉昌安的兄弟们都有自己的城池，这些城池环绕着赫图阿拉，近的距离只有五里，远的也才二十里。世人将这几兄弟一起称为“宁古塔贝勒”。

后来觉昌安趁着硕色纳、加虎两族欺负其他部落的大好时机，率领礼敦、额尔衮几个儿子起兵讨伐，攻陷了五岭东苏克苏浒河河西方圆二百里内各大部落，实力大增，超越了其他五兄弟。

常说女人嫉妒心强，其实有时候男人的嫉妒心也不小。觉昌安壮大后，其他兄弟就看觉昌安这一家越来越不顺眼了。

如今好不容易等到觉昌安、塔克世父子死了，自然就打起了努尔哈赤几兄弟家产的主意。

但凡实力相差悬殊的时候，弱的一方多半会选择赌一把。赌输了，损失也不大；万一赌赢了呢？

德世库、刘阐、索长阿、宝实四人的子孙在一个月黑风高的夜晚，聚集在一起，以团结互助为基础，以携手并进为原则，最终一致同意：暗杀努尔哈赤几兄弟，瓜分觉昌安、塔克世父子留下的遗产。

万事俱备，只差执行任务的刺客。

对于刀口上讨生活的女真人来说，打架斗殴、杀人放火就跟吃饭、睡觉一样稀松平常。只要工资高、福利高、待遇高，何愁招不到为自己卖命的刺客。

黑夜给了我黑色的眼睛，我却用它去干了一票。

六月一个漆黑的夜晚，伸手不见五指，杀手们搭着梯子开始往赫图阿拉城城楼上爬。结果爬着爬着，一抬头，吓了一大跳，此时正主努尔哈赤正站在城楼上，铠甲穿得整整齐齐，一手持弓，一手拿刀。

俗话说得好，做贼心虚，那份心理压力不是谁都能承受得住的。如今被当事人撞个正着，心虚直接转化为害怕，当机立断，迅速作出了重大决定：闪人。

没有机会，这是弱者的代名词。作为强者，有机会，要上；没有机会，就创造了机会，再上。

九月一个灰蒙蒙的夜晚，刺客悄无声息地穿过努尔哈赤住宅周围的栅栏，刺死了睡在窗户下的侍卫。整个过程一气呵成，有如行云流水，看起来不是第一次出来做刺杀任务，不然手法不会这么熟练。

关键时刻，总是会出现状况，这话一点不假。

刺客正准备冲入屋内的时候，院子内的狗却狂吠起来了。

人算不如天算，点背不能怨社会啊！

努尔哈赤惊醒了，一边匆匆让两个儿子一个女儿藏到柜子下，一边用佩刀不停地敲击窗户。堪称是一心二用的经典范例。

武功再高，也怕菜刀；双拳再强，难敌四掌。

刺客误以为房间内有许多人，吓得赶紧跑，再不跑说不定吃饭的家伙就稀里糊涂地没了。

人不能光靠运气混一辈子，再说了，从来只有千日做贼，哪有千日防贼

的道理。

再这样下去，也不是办法，是时候招人了。

这个世界极其残酷，却异常真实的面目就是：只要你能许人足够的利益，就能驱动他们为你效命。

努尔哈赤拿出所有的钱财招募士兵，萨尔浒城主诺米纳、嘉木瑚城主噶哈善哈思虎、沾河城主常书一听到这个消息，立马就率领部众前来归顺。

虽然这三位城主带来的都是四肢发达、头脑简单、为人凶狠、敢打硬仗、敢冲锋、不怕死、具有二愣子性格的肌肉男，但是人数实在太少了，才一百多人。

这点人想去对付大明与堂兄堂弟，简直是痴人说梦。

## 讨伐尼堪外兰

努尔哈赤没有这么笨，找大明和堂兄堂弟报仇这个目标太大，结果只能是被虐一百遍啊一百遍，所以刚开始，我们先定个小目标，比如说，先把尼堪外兰收拾了。

既然是图伦城主尼堪外兰给李成梁带的路，才导致祖父与父亲的惨死，那就对不起你了：尼堪外兰，你把棺材板准备好，等我来送你上路。

现在的尼堪外兰可谓是春风得意，大明不仅封他为满洲国主，还帮助他修筑甲版城。建州的百姓觉悟普遍不高，忠诚度相对较差，听说此事后，纷纷归顺了尼堪外兰。

尼堪外兰的好心情，就这样被努尔哈赤给搅和了。

关键时刻，往往是叛徒出场的最佳时机！由于萨尔浒城主诺米纳受到龙敦的唆使，觉得努尔哈赤根本不是尼堪外兰的对手，不仅没有按约定率军前来，而且还将努尔哈赤出兵的消息泄露了。

尼堪外兰这家伙的逃跑天赋绝对没话说，得知消息后，连城内的部众都全部放弃了，仅仅带着老婆子女逃到了甲版城。

你的命值钱，我们的命也不是充话费送的。

守军见尼堪外兰如此怕死，自然也都不愿作战，纷纷弃城而逃。

八月，努尔哈赤又率领军队前来攻打甲版城。

尼堪外兰的人品再次爆发了，诺米纳又悄悄将告密信粘着鸡毛发过来了。

等会儿，不能慌张，越是这个时候越要冷静，绝对不能……尼堪外兰发挥了条件反射式的本能弃城逃跑，一口气就跑到了抚顺东南的河口台。

今天，对尼堪外兰来说，绝对是有史以来最黑暗的一天。

好不容易逃出来了，结果明军却不让他进城。这个时候努尔哈赤也赶到了。

尼堪外兰觉得此刻山洪就要暴发，火山即将喷涌，自己就要毁灭。

统帅最重要的品质，就是要保持冷静的头脑，结果努尔哈赤失去了冷静，作出了错误的判断，误以为明军是尼堪外兰请来的救兵，退兵了。

这样也能化险为夷，尼堪外兰的人品简直逆天了。

让我们原谅他吧！毕竟努尔哈赤也是第一次独自面对强大的明军，压力太大，勇气太少，可以理解。

但是这不代表尼堪外兰没事了，恰恰相反，大麻烦现在才来。

尼堪外兰的部众吃饱了没事干的时候，就喜欢吹吹牛。结果不吹不知道，一吹吓一跳，他们惊讶地发现，大明估计已经抛弃尼堪外兰了。

看着部众那些贪婪仇视的眼神，能说什么呢？还能说什么呢？只能带着妻子儿女跑了！

尼堪外兰这家伙的逃跑速度绝对没话说，仅仅片刻之间就跑到了额尔浑城！

还有一段小插曲。

据说当晚，努尔哈赤正在生闷气的时候，尼堪外兰部落的人跑来归顺努尔哈赤。不得不说，这家伙确实有拉仇恨的天赋，他告诉了努尔哈赤事情的真相！——你们中出现了叛徒！

## 祸起萧墙

对其他人还能忍气吞声，但是对于自己人的背叛，绝对不能忍。

努尔哈赤眉头都没有皱一下，就下令处死了诺米纳，诺米纳的弟弟奈喀达也受到了牵连，丢掉了脑袋。

随后努尔哈赤又命令安费扬古率领军队攻占了萨尔浒城。

请记住萨尔浒这个位于辽宁抚顺东部的地方，在随后的某个时刻它将见证努尔哈赤人生最辉煌的瞬间，后面我再详说，这里就不赘述了。

五城族人康嘉、李岱、龙敦等人得知诺米纳、奈喀达兄弟被杀的消息后，知道事情已经败露，秉承“先下手为强，后下手遭殃”的原则，忽悠哈达部落一起去抢劫瑚济寨。

大家不要笑，事实确实如此，那时女真人出兵作战的目的非常单纯可爱，就是打劫，他们把打仗当成了发家致富奔小康的捷径，简称钱多人傻，速来，不是心腹还捞不着这样的美差。

这次把脑袋拴在裤腰带上的军事行动效果不错，人口、牲畜、粮食、钱财，该拿的拿，该顺的顺，一点都没少。大家都希望这样的军事行动要时不时地组织一下，既锻炼了身体，又能熟悉业务。

怎么吃进去的，就怎么吐出来吧，努尔哈赤命令安费扬古、巴逊两人率领十二骑追击，将他们好不容易抢来的东西又夺了回去。

天若有情天亦老，人若有情死得早。

堂哥、堂弟，本来大家这么熟，到时候真的打起来，还担心有点不忍心下手。不过既然你们不仁，那就别怪我不义了。

万历十二年（公元 1584 年）正月，努尔哈赤挥师攻打兆佳城。

遇见努尔哈赤之前，李岱的世界是彩色的；遇见努尔哈赤之后，黑屏了。城破了，李岱被生擒活捉了。

关键时刻，总是会出状况，这话一点错都没有。

李岱的同党李古里扎泰居然逃走，投靠了汪泰。

正所谓上天有好生之德，我们不能这样欺负一个弱者，就算要欺负他，也要给他一次投降的机会不是？努尔哈赤让安费扬古去传达了口令，汪泰投降了！

投降，说明汪泰很聪明，因为聪明的人认得清现实，懂得趋利避害，明白良禽择木而栖，贤臣择主而事。

昨天欠下的债，今天你就还回来吧！

龙敦又唆使纳喇·措姐的弟弟萨木占将努尔哈赤的妹夫噶哈善哈思虎诱

骗了出来。侄女婿，舅舅“带你装×带你飞，带你掉进阎王殿”，噶哈善哈思虎就这样玩完了。

祖父、外祖父、父亲、舅舅被人杀了，现在连妹夫也被人杀了，简直是要我全家死光光啊！

努尔哈赤气得现在就算是只老鼠，也敢扛着刀满街找猫。

六月，努尔哈赤亲率四百部队攻打萨木占、纳木占、讷申、完济汉等人驻守的玛尔墩城。

玛尔墩城三面环山，可谓是一夫当关，万夫莫开，要想攻破可不是那么容易的事情。

这些困难在努尔哈赤面前就不能称之为困难了，恰恰相反，这看似困难的局面反而成了绝佳的战机。努尔哈赤趁城中缺水，守军松懈的时机，命令安费扬古攀岩而上。

看来世界上本没有路，走的人多了就有了。安费扬古慢慢爬上悬崖，偷偷打开了城门，四百多人一拥而进。

全都不许动，里面的人听着，你们已经被包围了，抵抗是没有意义的！

此刻别说是人了，估计连一只苍蝇都休想飞出去。熟悉的味道，熟悉的配方，围着群殴就是这样干脆利落，玛尔墩城内除讷申逃脱外，萨木占等人全部被努尔哈赤斩杀。

## 到处拉仇恨

不苦不累，生活无味；不拼不搏，人生白活。

九月，董鄂部发生内乱，努尔哈赤得知后，立马率领五百人，攻打齐吉答城。

作为城主的阿海，深感压力很大，但是这也不能怪他，因为只要惹上努尔哈赤，只有三种结果，轻则被追得到处跑，中则被生擒活捉，重则掉脑袋，总之三选一！

即便如此，也不能束手就擒，男人说什么都可以，就是不能说不行！既然我打不过你，那我就躲在城里不出门了，没准还能抽时间搞个家庭聚会，喝点小酒，好好陪陪老婆。

既然你不出来，那我就把你逼出来。

见过火灾现场吗？如果没有见过，那么你现在就要见到了！努尔哈赤将城外的房屋全部点燃了，不久城楼也被引燃了，就跟火灾现场似的。

阿海以为昨天很残酷，没有想到今天更残酷。现在是风化石化加火化，又拨打不了119求救，唯一能做的就是祈求，祈求着奇迹的出现，虽然这几乎没有可能……

然而，奇迹就在这种绝望中出现了！

突然天降大雪，将大火瞬间给弄灭了，连一点火星都没有剩下，说好的星星之火、可以燎原呢？

青春不言输，爱拼才会赢，还是在回城的途中，再找点事做吧！做什么呢？那就攻打翁克洛城。

在哪里跌倒，就在哪里爬起来，努尔哈赤又点了一把火，这次火势不错，刹那间就烧到了外城。

努尔哈赤爬上了屋顶，欣赏着自己纵火的劳动成果。这火真是光彩夺目，如日月悬空，光辉照亮了整个星空！

你在屋顶看风景，城楼的人在看你。

鄂尔果尼发现了努尔哈赤，二话不说，就射了一箭，正中努尔哈赤。痛打落水狗，不打白不打，罗科也射出一箭，这一箭穿过铠甲，射中努尔哈赤的脖颈。

你得承认，人的潜力是无穷的。接下来，就是见证奇迹的时刻了：

努尔哈赤充分演绎了什么叫作圣斗士五小强附体，无论中了一箭，还是两箭，这货就是不死，怎么都射不死。这是什么精神，这是一种不怕困难顽强拼搏的精神啊！

尽管没死，也伤得不轻！主帅都受伤了，还打什么，撤军吧！

人生看淡，不服就干。

一养好伤，努尔哈赤就杀回来了。

这次努尔哈赤不但将翁克洛城打折了，而且是打得粉碎性骨折。连鄂尔果尼和罗科都被建州军队生擒活捉，主动打包送到努尔哈赤面前，就差顺便

在他俩身上绑个红色蝴蝶结什么的了。

在没用刑之前，所有人都能坚贞不屈；在没遇上诱惑之前，人总是坐怀不乱。

在给予佐领的官职，领二百户的诱饵下，鄂尔果尼和罗科立马投降，跟着努尔哈赤混了。

晕，好歹也要先被揍一揍受受酷刑再说嘛，居然投降得这么干脆。

## 反弹

努尔哈赤带领的队伍的日益强大，激起了辽东女真其他部落的恐慌，他们决定暂时放下彼此的矛盾与仇恨，精诚团结，对付共同的敌人努尔哈赤。

就如同几千年前，齐、楚、燕、韩、赵、魏六国联合起来共同对付强大的秦国一样，只是不知道他们是否会重蹈战国六雄的覆辙。

万历十三年（公元 1585 年）二月，努尔哈赤率领七十五人攻打哲陈部落的结凡城，不过由于结凡城坚壁清野，坚守不出，这次并没有什么斩获，努尔哈赤只好退兵了。

不给你点教训，怎么能放你回去，没有人是随随便便能够招惹的。

结凡城主讷申、巴穆尼策，纠集萨尔浒、栋佳、巴尔达，组成四城联军，共计四百人，追击努尔哈赤，想一举歼灭努尔哈赤这个强大的敌人。

努尔哈赤早就洞悉了他们的计划，在他们追击的路上设伏，当四城联军到达太兰岗的时候，努尔哈赤和舒尔哈齐亲率大军从山上冲杀下来，讷申、巴穆尼策策马夹击努尔哈赤。

讷申挥刀砍断了努尔哈赤的鞭子，努尔哈赤一刀砍在讷申背上，讷申遭此重击，摔下马背；努尔哈赤又以迅雷不及掩耳之势拉开弓箭，射向巴穆尼策，伴随着一声惨叫，巴穆尼策跌下马背。

这个画面太血腥残暴，晕血的请自觉闭眼。

四城联军见讷申、巴穆尼策两人夹击努尔哈赤，却被其瞬间毙命，吓得心胆俱裂，一哄而散。虽然还有点不明觉厉，但是这个时候，只要兴高采烈地砍人就对了。

努尔哈赤乘胜追击，砍杀联军数百人，取得了胜利。

这一事件再一次证明靠利益建立起来的联盟是最不可靠的！就如同拿破仑时期的反法同盟一样，不堪一击。

几个近在咫尺，实力相差悬殊的国家或部落，是根本不可能和睦相处的。

四月，努尔哈赤率领军队攻打哲陈部落，也许是老天看努尔哈赤太猖狂了，总是惹是生非，决定给努尔哈赤的生活添点调料，这调料就是一场大洪水。

人的力量再强大，也是无法抗衡大自然的，努尔哈赤没有办法，命令大军先回去，自己率领五十棉甲兵、三十铁甲兵再在附近逛逛，观察观察地形，为以后再次征讨哲陈部落打下基础。

哲陈部落得知这一消息，大喜过望，立马组织了八百多人的部队守在浑河附近，打算重新演绎一下《守株待兔》这个寓言故事。

只不过哲陈部落等来的不是兔子，而是张着血盆大口、露着獠牙的猛兽。

当努尔哈赤率领八十骑到达浑河的时候，见到的是手持兵器，对着他们大笑的八百人。

哲陈军队的临时登场，直接扰乱了建州军队的心神，吓得他们的心扑通扑通地乱跳。

努尔哈赤五爷爷包朗阿之孙扎亲和桑古里平时在赫图阿拉城里横行霸道，一副老子天下第一的模样，见到这种情况却是立马脚底抹油开溜，在开溜的过程中，还嫌跑得太慢，连铠甲都丢了。

对于扎亲和桑古里这种人，现在有个专业名词非常适合他俩——窝里横！

扎亲和桑古里的行为对努尔哈赤等人的士气打击可想而知，为了提高士气，努尔哈赤没有办法，只好带着弟弟舒尔哈齐、贴身侍卫颜布禄、武陵噶冲向敌军。

结果让人大跌眼镜，努尔哈赤等人在击杀二十多人后，其他敌人都争先恐后逃跑了，努尔哈赤乘胜追击，一直追到了吉林冈。

本来以为努尔哈赤这家伙顶多也就开开外挂而已，没有想到居然连服务器数据都改了。作弊作到这种程度，还让不让对手混了！

不管怎么样，努尔哈赤此时很高兴，将这一事件变成了他吹牛与炫耀的资本，逢人便叙述一次。这个牛，我给九十九分，不给一百分是怕你骄傲！

努尔哈赤决定再接再厉，再给吹牛与炫耀的资本添点砖、加点瓦。刚刚到九月，就迫不及待地率领军队攻打土瓜尔佳城。

攻城是顺利的，进城也是顺利的。毕竟不是人人都是尼堪外兰，拥有一流的逃跑技术，土瓜尔佳城城主诺一莫浑居然被堵在了城里，被摘掉了脑袋瓜子！

## 尼堪外兰之死

万历十四年（公元1586年）七月，努尔哈赤听闻尼堪外兰躲在额尔浑城（今抚顺东部）。你若安好，那还得了？努尔哈赤立马率领大军攻破了额尔浑城。

不过努尔哈赤在城内找了几遍，连尼堪外兰的影子都没有看见。

真正的缘分，不是上天的安排，而是你的主动。

努尔哈赤跑到城楼上呼吸新鲜空气，突然发现城外有个身穿青棉甲、头戴毡笠的人，与尼堪外兰极为相似，真是“众里寻他千百度，蓦然回首，那人却在灯火阑珊处”啊！

努尔哈赤连手下都来不及知会，就骑马冲出城去，结果却是“出来混，迟早是要还的”，努尔哈赤被包围了。

努尔哈赤不愧是枭雄，在这种情况下，还能“我命由我不由天，天欲灭我我灭天”，射杀八人，斩杀一人，冲出了包围圈。

努尔哈赤万万没有想到，自己这一耽搁，煮熟的鸭子竟然飞了。

尼堪外兰趁着他射人砍人的时候，一溜烟跑到抚顺去了。

俗话说得好，夜长梦多，赶得晚不如赶得早，今天不赶紧把生米煮成熟饭，明天可能煮熟的鸭子都不知道飞哪里去了。

人这一辈子，总要热血冲动一次，哪怕事后要后悔一辈子。

努尔哈赤下令将额尔浑城内的汉人全部抓了起来，斩杀十九人，又将另外六名受了箭伤的重新在伤口上插上箭头，命令他们去抚顺城带信，索要尼堪外兰！

死不可怕，受伤也能接受，但是这些汉人死得这么莫名其妙，受伤受得

这么没有缘由，躺着也中枪啊，真是太委屈了。

好像这个时候，努尔哈赤唯一能做的也就是等待了。

大明觉得尼堪外兰现在要兵没兵，要钱没钱，不过废人一个，反正多他一个不多，少他一个不少，不如卖努尔哈赤一个人情，于是把尼堪外兰交给了努尔哈赤。

人生就像吃火锅，你永远不知道看起来已经被捞光的锅底，还有什么惊喜等着你。尼堪外兰忍受各种挫折和磨难，处心积虑、忍辱负重谋划了这么久，终于走上了人生巅峰，结果还没有享受那种成就感多久，就被努尔哈赤给破坏了。

尼堪外兰被努尔哈赤追得四处跑，从图伦城到甲版城，再从甲版城到额尔浑城，好不容易逃到抚顺城，结果才发现自己与大明的关系并非海誓山盟，而是貌合神离。大明的屠刀砍向的不是努尔哈赤，而是自己。

尼堪外兰现在除了骂几句大明忘恩负义的废话之外，还能做什么，只有听天由命。

我们做大哥的，最重要的就是一个信字，说找你报仇就找你报仇，说杀你全家就杀你全家，不然以后还怎么混呢？

努尔哈赤二话不说，就命令斋萨把尼堪外兰给灭了。

## 思想觉悟的提高

努尔哈赤处死尼堪外兰后，他把眼光放到了一个更伟大的目标上，而这个伟大的目标就是打败和推翻大明，把女真人民从大明的民族压迫和剥削中解放出来。

努尔哈赤完成了思想上的一次转变，把为报家仇上升到了为整个女真民族谋福利，努尔哈赤变得成熟了，就如同后来的孙中山先生，先把中国的希望寄托在清政府的变法上，后来终于明白中国落后的根源就是腐朽的封建制度，只有推翻腐朽落后的清政府，中国才能摆脱帝国主义的枷锁，走向繁荣富强，这也是思想上的转变。

早年的流浪生涯，使努尔哈赤清楚地认识到，汉人就像地主一样，而女真人则像佃农，汉人总是给女真人白眼看，并对其冷嘲热讽，往往女真人要和汉人说一句话，都要鼓起巨大的勇气，也许得到的还是巨大的耻辱。

祖父与父亲的仇恨和女真人以后的幸福生活，这两者之间，哪一个更重要？

是的，努尔哈赤，你只有把祖父和父亲的血海深仇放在一边，而把女真人以后的幸福生活刻在内心深处，你才能够也才会明白成为伟人的真谛，那就是要把大多数人的幸福放在心上，那就是要为大多数人谋福利。

努尔哈赤的确与其他女真部落的首领有许多不同，也只有与其他女真部落首领不同，他才能够去做与完成其他女真部落首领不敢想更不敢做的事情。

努尔哈赤经过多年的亲身经历，终于明白了一件事：那就是一个没有父亲没有母亲的苦孩子，要变成一个心怀女真人民的英雄与向往问鼎中原的斗士。

打败大明，解放全辽东女真族人民就是他的长远奋斗目标。

为了这个目标，他可以舍去一切，包括他宝贵的生命。

这个世界，存在着两种人，一种人一遇到困难，只会怨天尤人，怨老天对自己是多么不公平，然后在困难面前低下高贵的头颅；但是这个世界上还存在另一种人，虽然他们也被困难压得抬不起高贵的头颅，暂时没有能力抗争，但是他们的心从来没有向困难屈服过。

“困难像弹簧，你弱它就强，你强它就弱”，虽然现在你比较弱，但是只要你不放弃，慢慢积蓄力量，总有一天，你会变得强大，战胜强大的对手。

努尔哈赤虽然现在没有足够的实力对抗大明，不得不对大明卑躬屈膝，但是谁又能够明白他内心的真实想法。

他内心深处是极其仇视大明的，他坚信自己终究有一天会推翻大明，建立一个新的王朝，开辟一个新的盛世，即使他自己做不到，他的子孙也会做到。

## 女真

写到这里有必要说说女真人。

女真人主要生活在我国东北地区，其祖先是三千多年前的“肃慎”。女真在两汉魏晋时期称“挹娄”，南北朝时期称“勿吉”，隋唐时候称“靺鞨”。

女真人主要分布在粟末水（今松花江）和黑水（今黑龙江）一带，最初有数十个部落。

由于各部落长期征伐、相互兼并，发展到南北朝时期就只剩下粟末、伯咄、安车骨、拂涅、号室、黑水、白山这七大部落。

到隋唐时期，伯咄、安车骨、拂涅、号室、白山五部也被吞并，只余下粟末靺鞨和黑水靺鞨。

黑水靺鞨最先依附于高丽，后又归附于唐朝。唐玄宗李隆基于开元十三年（公元725年）接受安东都护薛泰的建议，在黑水设置黑水府，以其首领为都督、刺史，并派遣长史监督。

粟末靺鞨首领大祚荣于唐圣历元年（公元698年）建立的振国强大以后，黑水靺鞨又归附了振国！

契丹首领耶律阿保机建立辽国后，开始了对女真人的征讨，居住在黑龙江流域和松花江流域的黑水靺鞨七十二个部落，超过十万户的居民归附了辽国；渤海郡国也于辽天显元年（公元926年）被耶律阿保机率军征服，并改称东丹。

耶律阿保机为了有效监控和管理辽国境内的女真人，将女真各部落中有势力、有影响、有地位的家族全部迁入辽东半岛，强迫他们加入契丹族籍，后人将这部分女真人称为“熟女真”，而那些继续留在粟末水（今松花江）之北，宁江州（今吉林省扶余市（县级市））之东地区生活的女真人，则被称为“生女真”。

即使是这样，仍然不能够完全杜绝辽国境内女真人相互联络、拉帮结派，做出威胁辽国的事情。

耶律阿保机为了安全起见，又下了双保险，给居住在辽国境内的女真人划分了区域，实行分区管理。

辽国统治时期，由于受中原汉族文化影响，女真人开始了汉化过程，得到进一步的发展，可是此时女真人仍然受到契丹贵族长期的剥削与压迫，生活极其困苦。

辽国后期，生女真完颜部杰出首领完颜阿骨打通过长期努力，统一了女真各部，于辽天庆四年（公元 1114 年）起兵反抗辽国的压迫与剥削。

每一个王朝刚刚崛起的时候，都是清新强力、锋锐难当的，金军很快打败了辽军，最终与宋军联合攻破了辽国都城燕京（今北京），辽国灭亡。

辽国大批贵族在耶律阿保机八世孙耶律大石的率领下，逃往蒙古高原西北部，建立西辽政权。

权力就好比春药，掌握权力的人，会产生一种前所未有的欲望，迫使他拼尽全力去获得更大的权力。

金国在兼并辽国后，就学习老大哥契丹族，挥师进攻宋朝。

宋靖康二年（公元 1127 年），金军攻破了宋朝都城汴京（今河南开封），俘获了宋徽宗赵佶和宋钦宗赵桓，历史学家称这次事件为“靖康之变”，北宋就此灭亡。

金国终于混成了北方的老大，坐上头把交椅。

赵佶第九子赵构在临安（今浙江杭州）称帝建国，即宋高宗，历史学家称他建立的国家为“南宋”。南宋上到皇帝，下到文武大臣，都对吃喝玩乐、声色犬马情有独钟，女真人不去打搅他们好事，他们就谢天谢地了，哪有闲情逸致来招惹女真人。

宋人是这么想的，女真人却不是这么想的。女真人没有打算放过自己的新邻居，开始不断派兵侵扰南宋。从此双方你来我往，打个没完，基本就没有停过火，三天一小仗，五天一大仗。

宋淳熙十六年（公元 1189 年）以后，蒙古族在他们杰出领袖铁木真的带领下，日益强大，开始与南宋合作，共同对付大金。

蒙古骑兵砍人的本领是很强的，擦一擦皮破，碰一碰筋断，谁又能阻挡得了。很快蒙古骑兵就占领了金国中都(今北京),金宣宗完颜珣一看情况不妙，立马跑路了。

关键时刻，往往是投机分子投机的最佳时机。

就在蒙古铁骑频繁侵扰大金的时候，完颜珣派往辽东镇压契丹首领耶律留哥叛乱的辽东宣抚使蒲鲜万奴于金贞祐三年（公元 1215 年）脱离大金的统治，建立大真国，定都咸平。

蒲鲜万奴由镇压叛乱的执行者，摇身一变成了国家的创始人。也许对于蒲鲜万奴来说，就算明天要被砍成十七八段，今天也要过把当皇帝的瘾。

卧榻之侧，岂容他人鼾睡，孛儿只斤家族认定大真国为非法组织，应该坚决予以取缔。蒙古军队刚刚做完热身运动，舒展了舒展筋骨，蒲鲜万奴就趴下归降了！

但蒲鲜万奴是一个出尔反尔、卑鄙无耻的小人，一见蒙古放松了警惕，立马又于金兴定元年（公元 1217 年）脱离了蒙古，自立为王，改国号为东夏，迁都渤海故地。

对于蒙古军队来说，东夏军队就好像是一群只会收小学生保护费的混混。对付他们一点挑战性都没有，想怎么收拾就怎么收拾！既然如此，那就速战速决，顺便进城吃个宵夜好了。

金天兴二年（公元 1233 年），窝阔台任命贵由为统帅，率领左翼蒙古军队挥师北上，讨伐东夏。

对蒲鲜万奴来说，逃跑也好，反抗也好，全都没有任何意义，蒙古军队在南京（今吉林省延吉城子山）将他生擒活捉了，不但脑袋成问题，弄不好还要绝后。

蒙古铁骑在收拾蒲鲜万奴的时候，也没有忘记大金这个老冤家，于天兴二年把女真人赶出了汴京。

金天兴三年（公元 1234 年），蒙古铁骑攻入蔡州城，三十七岁的金哀宗完颜守绪在幽兰轩自杀殉国，金末帝完颜承麟登基还不到半天就在保子城被蒙古铁骑乱刀砍死，立国一百二十年的大金走到了尽头。

大金灭亡后，女真人再次分裂成许许多多的部落，蒙古人将女真人安置在东北广大地区。

蒙古人为了对女真各部落实行强有力的统治和监控，在黑龙江口特林地区设置东征元帅府。当然东征元帅府还有下属机构，这就是万户所与千户所。

明朝初年，辽东的女真人分成了三大部落，分别是建州女真、海西女真和野人女真，当然也有一些历史学家把辽东的女真人按地域分成建州女真、

长白女真、东海女真和扈伦女真。

大明为了管理辽东的女真人，在这里设置了奴儿干都司。

## 奴儿干都司

奴儿干都司，全称为“奴儿干都指挥使司”，为大明的官僚机关，跟锦衣卫、东厂、西厂、六部、内阁等机构性质一样，都是为皇帝服务的。

奴儿干都司，是明成祖朱棣接受辽东少数民族首领忽剌修奴建议，于永乐七年（公元1409年）设立在辽东奴儿干城（今黑龙江下游东岸特林）的军事机构，管理西至斡难河（鄂嫩江），东至库页岛，北抵外兴安岭，南滨日本海和图们江上游，包括黑龙江流域和乌苏里江流域至库页岛在内的广大地区。

奴儿干都司的首任都指挥同知是康旺，首任都指挥佥事是王肇舟。

奴儿干都司对辽东的管理并不是直接掌控，而是仅仅在一些险要的地段与战略要地设立军事据点，顺便发展一点副业，建些驿站，修筑点道路，当然不会像雷锋那样，干的是义务劳动，而是要向辽东人民收工钱的。

辽东女真各部落仍然由各部落的首领管理，而且奴儿干都司只有几个重要的官职由皇帝派汉人担任，其余的官职都坚持就地取材的原则，由当地女真各部落的首领担任。

明朝政府对女真各部落也不放心，为了防止当地的女真部落日益强大而威胁到自己的统治，经常会派遣一些中央官员（大多数情况下是巡抚）巡视辽东，检查辽东各部落的实际情况和慰问各部落的人民，当然各部落的首领也会送些礼物给他们。

朱棣去世后，奴儿干都司就不再受到统治者的重视，基本上成了闲散机构。朝廷中有关系、有后台的官员一般都不去这个荒凉寒冷的地方当差，去当差的，都是没有后台、没有关系的穷读书人。

这些穷读书人好不容易考中了进士，眼看就要“翻身农奴把歌唱”，却被分到这个冰天雪地、野兽出没、昼短夜长的鬼地方，夏天还好点，就当是避暑，那冬天呢？吐口唾沫就能立刻结冰。

明英宗朱祁镇觉得设立奴儿干都司，简直就是吃饱了没有事干，这既浪费人力资源，也浪费自己的精神，朱祁镇也不管是不是祖宗之法，强行废除了奴儿干都司。

这当然不会遇到像王安石、张居正变法这样多的阻力，毕竟它没有触及大多数人的利益，反而解放了很多人，官员们个个手舞足蹈，夸耀皇帝的丰功伟绩。

虽然奴儿干都司被废除了，但是辽东女真各部落还得有人来管，不然又会出现像什么契丹族、党项族、女真族、蒙古族那样的部落，突然强大起来，把大明给灭了，那可不是闹着玩的。

预防胜于治疗，朱祁镇吩咐辽东总兵兼管辽东少数民族事宜，反正辽东铁骑天下无敌，闲着也是闲着，也不差再多管几个女真部落。

辽东总兵也是个大忙人啊！既要加强辽东的防卫，修筑城墙，又要训练军队，遇到点事情，还要带着军队到处跑，去陕西镇压一下叛乱啊！去北方抗击入侵的鞑靼和瓦剌啊！去东南沿海抵抗倭寇啊！去朝鲜半岛学雷锋干点义务劳动啊！

当然对辽东的女真部落只能在百忙之中抽出点时间照顾一下了，只要他们能混吃等死，安心过自己的小日子，就不用去管他们。你们不希望管，那就少管些。难道谁过不来这悠闲舒坦的日子啊！

辽东总兵懒得理他们女真自家人吵架，正所谓鹬蚌相争，渔人得利嘛。你们自相残杀，就减弱了自己的实力，我也不用派兵来剿灭你们，不干事还能够得好处，何乐而不为呢？只要你们女真各部落每年按时把向大明朝廷进贡的贡品交齐，那你们想怎么闹，就怎么闹。

女真部落不管多么爱打仗，都不能去找明朝打，俗话说“打架也得看对手”，明明知道打不赢，如果还要去惹事，那不是脑袋有问题吗？

当时驻守辽东的明军可是数一数二的辽东铁骑，可以说是精锐中的精锐，况且他们的统帅都是最牛的将领，天不怕地不怕的，不然也不会调到这个鸡不拉屎、鸟不下蛋、龟不靠岸的地方，你让他一日不痛快，他就让你一生一世不痛快，就像慈禧太后一样，你杀她马，她就杀你全家。

女真各部落首领都非常识趣，每年都按时把辽东的特产人参、鹿茸、貂皮、马匹上缴给奴儿干都司的官员，并且还会额外地给这些官员准备一份礼物。

这些官员想啊，既然女真部落那么听话，那什么都好说，你们打你们的仗，我们在辽东当我们的官，分我们的地，练我们的兵，大家住在一起只要井水不犯河水，仍然可以相安无事。

这大概就是一种平衡，但《三国演义》的作者罗贯中曾经说过“天下之势，合久必分，分久必合”，女真族经历了几个世纪的分裂，走向统一是历史发展的必然趋势，现在唯一缺的就是像耶律阿保机、完颜阿骨打、铁木真那样杰出的领袖。

而这个人已经出现了，他就是努尔哈赤。

## 努尔哈赤的准备

到目前为止，努尔哈赤的确是所向披靡，战无不胜，但是他的对手毕竟太弱小了，最大的战斗敌我双方加起来也不足一千人，与其说是打仗，倒不如说是街头斗殴。

反观大明，当时的控弦之士多达八十四万五千人，随便抗击下倭寇，镇压下叛乱，就是几万人，十几万人，而努尔哈赤，就算翻来覆去数着手指头计算，也才数千人，说不定还有水分。

这点人现在要去找大明的麻烦，相当于慢性自杀，八九不离十会死在反抗大明的路上，亲朋好友想都不用想，都会果断取消关注，立马拉入黑名单，如果还讲点感情的话，也许会提前联系火葬场，给他预定个上等包间。

那还要反抗大明吗？答案是肯定的。

如果当时大家知道努尔哈赤的想法，都会认为努尔哈赤是傻瓜，不过历史上，总有这样的傻瓜。

他们会为了一个承诺，咬紧牙关地坚持到底，即使没有得到一丝一毫的好处；他们也会为了一个目标，执着固执地向前再向前，哪怕知道成功的可能微乎其微。

可是我们得承认，就因为有了这种傻瓜，历史才变得鲜活起来，难道不是吗？

努尔哈赤深知梦想与现实的差距，也明白豪言壮语可以张口就来，路却需要一步步走的道理。

看过网络小说的都知道，大多网络小说的套路都是，一个父母双亡、无依无靠的孩子，一路经历无数挫折和困难，每次却能神挡杀神，佛挡杀佛，最终傲然站到人生巅峰。

虽然很狗血，但人生有时就是这么狗血，努尔哈赤的人生轨迹就是重复这样的套路。

从哪开始呢？就要从统一女真开始。

昨天解决不了的部落，今天该去解决了。

万历十五年（公元1587年）六月，努尔哈赤率领大军攻打哲陈部落的山寨，斩杀寨主阿尔太。

今天很顺利，那是不是明天更顺利，于是努尔哈赤命令额亦都率领军队攻打巴尔达城。

不过对额亦都来说，却是昨天很顺利，今天很残酷。

额亦都到达浑河的时候，才发现河水涨了。

昨天再好也走不回去了，今天再难也要抬脚继续。

额亦都用绳子将士兵连接起来，摸着石头过河，就这样过河了。额亦都此举充分证明：在猛将手里，河也是可以这样渡的。

出来混，城池迟早是要换主人的。

额亦都率领大军趁着夜色攻城，有如神兵天降，奋勇登城，守军惊慌失措，仓促应战，全军覆没。努尔哈赤封赐额亦都为“巴图鲁”。

既然找到了成功的钥匙，那就赶紧把剩下的锁给开了。

努尔哈赤亲率大军攻打洞城。洞城城主扎海觉得，宁愿与狼同行，也不与狗为伍，二话不说，就打开城门投降了。

至此，哲陈部落彻底被打落在历史的尘埃里了。

对现在的努尔哈赤来说，自己就是康师傅绿茶，天天都有好心情。有钱了，有人了，做什么呢？当然是修房子了。

看来不管是哪个时代，房子问题都是大问题啊！

九月，努尔哈赤召集众多的女真人，开始在呼兰哈达、嘉哈河（二道河）与硕里加河（首里口河）之间修筑佛阿拉城（今辽宁省新宾县城）。

佛阿拉城分为内城、外城、套城，房屋精装修，生活设施一应俱全，拎包即可入住，用现在比较流行的房地产广告来形容，真可谓是建州核心，森林大宅，引领人居新标杆，最重要的是既不需要掏腰包买房付首付，又不需要付房租。

努尔哈赤坚信仅仅凭借军事征服，那是永远不可能统一女真各部落的，杀戮只会增加更多的杀戮，仇恨只会衍生更多的仇恨。

虽然“枪杆子里出政权”是当时那个社会不容改变的真理，但是最高明的战役还是“不战而屈人之兵”，即所谓的“以德服人”。

努尔哈赤出台政令，颁布法律，制定规章，管理他的“臣民”，约束他的部众，做到了“言出必行，令行禁止”，得到了女真人的热烈拥护与爱戴。

必须承认，出来混的，名号一定要够长才霸气！

努尔哈赤深知自己的地位太低，就算打赢了敌人，他们也不一定会心服口服，为了让敌人心服口服，努尔哈赤自封为“女真国淑勒贝勒”，以提高自己的地位和身份。

努尔哈赤对其他女真部落采取“顺我者昌，逆我者亡”的强硬政策，主动归顺努尔哈赤的女真部落，都得到了努尔哈赤的礼遇，亲如一家，而反对努尔哈赤的女真部落，努尔哈赤也绝对不会心慈手软。

万历十六年（公元 1588 年）九月，哈达贝勒扈尔干，苏完部索尔果、费英东父子，雅尔古寨扈拉虎、扈尔汉父子，董鄂部何和礼率领部从归顺努尔哈赤。

努尔哈赤封费英东为一等大臣，将年仅十一岁的长女东果格格许配给他；收扈尔汉为义子，赐姓爱新觉罗。

其实从某种角度来说，大明应该感谢努尔哈赤的，因为他收留了这些社会危险分子，使辽东市容市貌以及治安呈直线上升。

同年，努尔哈赤率领大军攻打兆佳城，斩杀城主宁古亲。随后又攻取了完颜部落的王甲城，完颜部落灭亡。

努尔哈赤终于消灭了苏克素护河、浑河、完颜、董鄂、哲陈五部，一统建州。从六年前的十三副遗甲到如今的建州之主，努尔哈赤已经完成了他人生中第一个关键性的跨越。

如今努尔哈赤的实力壮大了，人口增多了，问题也就随之出现了。原来是“一人吃饱，全家不饿”，现在多了这么多部众，这么多张嘴，吃穿住行是一个严重的问题。

食物哪里来？衣服哪里来？生活用品哪里来？可是又没有钱买，那就只有抢劫了。

抢劫不仅是很有前途的职业，也是很有技术含量的工作。掌握了其中精髓的人不仅可以抢票子、抢牲畜、抢粮食，而且还可以抢美人、抢城池、抢天下。如果抱着随意的态度，简直是侮辱了抢劫这个职业，会让同行觉得羞愧的。

要实施抢劫，就必须拥有一支去了就能打，打了就能赢，赢了就能抢的高素质、高效率、高专业性的抢劫队伍！

不仅如此，这支抢劫队伍必须忠贞不二、纪律严明、令行禁止，懂得分工合作：制订计划的制订计划，打探消息的打探消息，放哨的放哨，执行的执行。

努尔哈赤现在需要的就是打造一支这样的抢劫队伍。

事实证明，努尔哈赤取得了巨大的成功，努尔哈赤亲手打造的这支抢劫队伍被载入了初高中教科书，大家都亲切称呼其为“八旗”。

关于这支抢劫队伍，还得从努尔哈赤起兵说起。

## 八旗

努尔哈赤刚刚起兵的时候，就只有十三副遗甲，也没有多少士兵，只设立了一支军队，以黑色为旗帜，称为“黑旗军”，由努尔哈赤亲自统率。

后来归顺的部落越来越多，俘获的人口也越来越多，一支军队已经不足以支撑。万历十七年（公元 1589 年），努尔哈赤又设立了一支以红色为旗帜的军队，称为“红旗军”，他亲自统领。而原来的黑旗军则交给了自己的弟弟舒尔哈齐管理。

万历二十九年（公元 1601 年），努尔哈赤建立黄、白、红、蓝四旗，军旗皆为纯色，这样有利于军队的军事训练与调配，可以有效提高军队的战斗力。

无论是古代，还是近现代；无论是国内，还是国外，有名的将领、杰出的统帅都非常注重军队的训练与调配：

日本战国时代的军事天才武田信玄把武家军团分成几个部分，用各种颜色表示，从而提高了武家军团的战斗力与灵活度，使武家军团成为日本数一数二的精锐部队，连日本战国时代的枭雄织田信长和德川家康对其都有所惧怕。

法国大革命时期的军事天才拿破仑也非常注重军队的调配与灵活度，虽然没有用各种颜色来划分军队，但是也注重炮兵、骑兵与步兵的灵活调动，从而一而再、再而三地打败反法同盟，成就了拿破仑帝国的辉煌战争历史。

万历四十三年（公元 1615 年），努尔哈赤基本上统一了辽东女真各部，管理的女真人民越来越多，统率的士兵也越来越多，原来的军事制度已经不能满足当下的需要。

努尔哈赤在正黄、正白、正红、正蓝四旗的基础上增加了镶黄、镶白、镶红、镶蓝四旗，把建州管辖的包括蒙古人与汉人在内的所有人都编制在内。八旗制度的建制是：

三百人为一牛录，设立牛录额真（箭主）一人；

五牛录为一甲喇，设立甲喇额真（大箭主）一人；

五甲喇为一固山，设立固山额真（一旗长官）一人。

其实熟悉中国历史的朋友都知道，八旗制度跟金太祖完颜阿骨打于辽天庆四年（公元 1114 年）建立的猛安（千夫长）谋克（百夫长）制大同小异，猛安谋克制规定，三百户为一谋克，十谋克为一猛安，猛安指挥谋克，谋克管理士兵。

剽窃啊，赤裸裸的剽窃啊！努尔哈赤是不是该给完颜阿骨打版权费。看看努尔哈赤，连军队这种传统行业都敢明目张胆地山寨，简直堪称是山寨货的始祖！

不管你服不服，你都必须承认，山寨货就是牛！

猛安谋克、八旗这些军事制度绝对是划时代的创举。

翻开中国漫长悠久的历史画卷，创建这些制度的三个人都是没有受过半点军事化训练，且最后都凭借这些军事制度站在了人类军功的巅峰，建立了版图庞大、幅员辽阔的大帝国。

这三个人分别是完颜阿骨打、孛儿只斤·铁木真、爱新觉罗·努尔哈赤。

八旗是一个农时务农、战时出征的兵民合一的军事制度。八旗将士下马种得了庄稼，喂得了牲口，采得了蘑菇；上马打得了野兽，砍得了敌人，攻得了城池，是名副其实的“复合型人才”。

根据《清史稿》《清实录》《满文老档》《听雨丛谈》等书记载，当时编有女真牛录三百零八个、蒙古牛录七十六个、汉军牛录十六个，一共四百个，共计十二万人，这就是当时八旗的总人数。

无论是党项兵团、契丹兵团，还是女真兵团、蒙古兵团，他们的人员构成都不是单纯的本族人，他们有能力把俘获来的奴仆迅速同化融合，变成属于他们的战斗力。

这种同化融合是不可思议的，那些被同化融合的人，重新拾起兵器，回到战场，哪怕面对同根同源、血脉相连的本族人，也能举起屠刀，狠下杀手。

清太宗皇太极当政期间，攻陷的明朝城市越来越多，俘获的汉人越来越多，与后金结盟的蒙古部落也越来越多，皇太极于是在原有八旗的基础上增设蒙古八旗与汉军八旗，旗制与满洲八旗大同小异。

满洲八旗的旗主都由皇帝、亲王、贝勒担任，皇帝一般是正黄旗与镶黄旗的旗主，因此正黄与镶黄两旗的地位稍高于其他六旗。

后来年幼的福临继位，睿亲王多尔衮辅政，多尔衮掌控的正白旗势力得到了空前的发展，凌驾于其他五旗之上。

多尔衮病逝后，顺治皇帝规定正黄旗与镶黄旗外加正白旗都直接由皇帝任旗主，称为“上三旗”。

皇帝的亲兵，守卫皇宫的侍卫都在上三旗挑选。一旦被选上，包吃包住，逢年过节还有补助，说不定命运之神都会对你青睐有加，就算没有得到皇帝的重用，至少也混了个脸熟。

从东北到西南，从西北到东南，纵横大半个中国，历史上但凡有点名气的政权，不管是大明还是三藩，不管是蒙古还是沙俄，八旗军队基本都打过交道，而且是打了就能赢，赢了还能追，可谓是“打遍天下无敌手”。

不过随着八旗军队地位不断提高，他们开始马放南山、刀枪入库，捞钱不手软、花钱如流水，整天这也不干、那也不干，该吃吃、该喝喝、该玩玩、该抽抽、该嫖嫖，这样折腾下来，铁打的身体也熬不住，感觉身体被掏空！

在后来镇压洪秀全、石达开、杨秀清等人领导的太平天国运动，抗击英法侵略军，镇压义和团，抵抗孙中山先生领导的革命军等事件中，八旗官兵已经是强弩之末，被揍得那是满脸桃花开，连他妈都认不出来了。

宣统四年（公元 1912 年）二月十二日，宣统帝溥仪在袁世凯的逼迫下下诏宣布退位，统治中国长达二百六十八年，也是中国历史上最后一个封建王朝的清王朝走到了尽头，存在了二百九十八年的八旗制度也随之退出了历史舞台，成了风中旧事。

## 找后台

这年头，抢劫这行也不好混，虽然你抢劫队伍组织起来了，抢劫的机会也很多，但是没有大哥罩着，抢劫后很容易引来强大敌人的疯狂血腥报复，抢劫的那点东西还不够损失。

所以说，抢劫这行，没有够硬的背景，强大的后台，你都嚣张不起来，人家也不会服你，都不好意思跟同行打招呼。

努尔哈赤运气还算不错，找到了大明这个强大的势力作为自己的后台老板。

努尔哈赤虽然找后台刚入行没多久，相当于临时客串，但演技十分精湛。对于大明，努尔哈赤表现得很听话，大明叫他去哪就去哪，进贡、杀人、放火、打劫，他都能干，出了事还能帮大明顶缸。

为了激励更多像努尔哈赤这样想为大明干事、能为大明干事、能为大明干成事的人，前赴后继地投入大明的怀抱，大明决定抓典型，树榜样，立标杆，封努尔哈赤为建州卫都督佥事。

果然是个拼爹的年代，这就叫作有背景！这就叫作有后台！很好很强大！

这是典型的“主角收小弟”的剧情，甚至于连动不动就丢官帽子的故事情节都原封不动地照搬了！

大明哪里知道，努尔哈赤现在就像一只饿得不能动弹的狮子，一旦大明这个喂狮子的人把他喂饱，有了力气后他就会扑过来。

《农夫与蛇》的故事大家都耳熟能详，但是还是有许多人上当。

当然努尔哈赤现在还没有能力去对抗喂狮子的人，他必须让大明充分信任与支持自己。

每年，努尔哈赤和舒尔哈齐都会率领庞大的建州使团，携带大量抢来的金银珠宝，浩浩荡荡去北京向朱大明进贡。

大明“吃人嘴软，拿人手短”，接受了建州的贡品，当然也免不了赏努尔哈赤大量的奇珍异宝。

大明与努尔哈赤的联系变得日益频繁，亲热程度也与日俱增。

纵观中国上下五千年历史，这样的人是有的，数百年前，耶律阿保机、完颜阿骨打、铁木真也是这样的人。

事实证明，做这种事的人都胸怀大志，拥有深远的眼光，不是我们常人能够读懂的。

## 与海西女真的第一次亲密接触

部众的不理解，族人的误会，对手的诽谤，世人的短视，这一切的一切，都不能成为努尔哈赤放弃梦想的理由。努尔哈赤宁可背负心狠手辣的恶名，也要为女真人消弭身上无形的枷锁。

万历十九年（公元 1591 年），努尔哈赤率领建州军队吞并了长白山鸭绿江部落，努尔哈赤的实力进一步壮大。

叶赫贝勒纳林布禄得知此事后，传消息给努尔哈赤，希望分得点战利品和土地，真正做到了“树不要皮，必死无疑；人不要脸，天下无敌”。

我的世界人潮拥挤，哪里还顾得上你。努尔哈赤二话不说，就拒绝了纳林布禄。

你居然敢轻视我，鄙视我，小看我，既然你不给，那我就自己来取。

纳林布禄率领叶赫军队劫掠了建州东部的洞寨。

纳林布禄还嫌不够，又将努尔哈赤吞并长白山鸭绿江部落的事情传开了，这引起了辽东其他女真部落的恐惧，他们都害怕自己将会成为努尔哈赤下一个吞并的对象。

这些部落为了共同的利益、共同的目标、共同的敌人，再一次走到一起，准备消灭努尔哈赤这个可怕的对手。

万历二十一年（公元1593年）六月，叶赫、哈达、乌喇、辉发四个强大的女真部落率领庞大的四部联军浩浩荡荡向努尔哈赤的据点户布察开来，准备抢劫点东西，打打牙祭，改善改善生活。

向来都只有我抢别人的份儿，却没料到还有人敢来抢自己，而且还是光明正大地组织抢劫团来抢。

努尔哈赤立马率领军队马不停蹄地离开了佛阿拉城，赶往户布察。

“人的名，树的影”，联军听说努尔哈赤赶来支援，顿作鸟兽散。原本声势浩大、杀气腾腾的大战，就这样变成了一场莫名其妙的闹剧，而且还是剧情一边倒的闹剧！

哈达贝勒孟格布禄运气不好，逃到富尔佳齐寨附近的时候，遇到了努尔哈赤。在丢失不少士兵与自己坐骑性命后，骑着部下的战马狼狈逃回了哈达。

不过这匹马跟救北汉世祖刘旻的黄骝马比起来就差远了。黄骝马有封号（自在将军），有专门的马舍（金银装饰），享有朝廷俸禄（正三品官员俸禄）。同样是救了主子的马，为什么差距就这么大呢？真是马比马，气死马啊。

## 古勒山战役

这些海西女真部落并没有因这次的失败而死心，反而认为努尔哈赤已经强大到了无以复加的地步，如果现在不除掉他，将会使女真其他部落人人自危。

九月，海西叶赫、哈达、乌喇、辉发四部联合蒙古高原科尔沁、锡伯、卦勒察三部以及长白山珠舍里、讷殷两部，推举叶赫贝勒布斋、纳林布禄为盟主，组成了三万多人的庞大联军，准备一举扫平努尔哈赤的势力。

获悉消息后，福晋衮代急得团团转，努尔哈赤却跟没事人似的，该吃吃，该睡睡。高人就是高人，不服不行啊。

战略上要藐视敌人，战术上要重视敌人，努尔哈赤一面命人准备滚木礌石等，修筑防御工事；一面命令武里堪前去侦察敌情，争取做到知己知彼。

武里堪没有让努尔哈赤失望，他活捉了一名叶赫士兵。这名叶赫士兵将混哪条道的、老大是谁、老大有多少小弟、准备去哪里砍人交代得清清楚楚、明明白白。

努尔哈赤忙得热火朝天的时候，九部联军也没有闲着，他们在争前恐后地攻打扎喀城与黑济格城。

自古以来，凡是攻城之战，如果不能诱敌出城，就只有强攻这一条路了。

九部联军又是射箭，又是投石，时不时还弄一出火攻之类的，扎喀城和黑济格城差点被淹没在一大堆弓箭、石头之类的致命进攻之中，这哪里是攻城，明明是强拆啊！

建州军队用实际行动告诉九部联军，不要跟建州军队动武，否则他们会告诉你们，什么是真正的武力。

建州军队坚守不出，顽强抵抗，大有“想进城除非踏过我们尸体”的架势，任凭九部联军施展什么攻城手段，就是没能让他们攻进城内。

对于九部联军来说，今天啃不下来的城池，估计明天也啃不下来。

那就不浪费时间了，换个地方玩玩。

九部联军开始向古勒山（今辽宁新宾县上夹乡古楼村西北）方向挺进。由于建州军队在沿途设置了重重障碍，九部联军不但行军困难，而且队伍被拉得极长。

努尔哈赤面对九部联军如此强大的敌人，没有丝毫退缩的意思，亲自率领一万多军队主动出击。

努尔哈赤命令额亦都率领一百多人前去挑战九部联军。

什么？一百多人？

就这么点人，就敢在三万多人面前耍威风。

叶赫贝勒布斋感觉幸福来敲门的时候，自己刚好在家。

兄弟们！不要动，让我来！布斋立马率领军队冲了出来。

要不要这么缺德，木头到处乱丢，砸到小朋友怎么办？就算砸不到小朋友，砸到花花草草也不好嘛！布斋刚冲出来，坐骑突然踩在了滚木上，一个拌蒜，连人带马摔倒了。

叶赫士兵看见自己首领有危险，都纷纷赶来救援，但是已经来不及了，更准确地说，就只差了那么一点点。

布斋，你在哪来摔倒，就在哪里躺下吧。

建州将士吴谈冲了上去，手起刀落，布斋身首分离了。

整个过程一气呵成，有如行云流水，给我们充分展示了什么叫作百万军中取上将首级。

纳林布禄见自己兄弟布斋战死了，一口气没上来，晕了过去。

这可把叶赫士兵吓坏了，七手八脚将布斋的尸体拖了回来，救起纳林布禄，狼狈逃窜。

友谊的小船，说翻就翻；联盟的巨轮，说沉就沉。

其他贝勒、台吉一见叶赫军队跑了，直接连滚带爬，溜之大吉，估计他们这辈子再看到建州军队，都会充满心理阴影。

幸福来得太突然，建州将士都不敢相信自己的眼睛，等反应过来后，纷纷朝溃逃的联军追去。

太凶猛了，简直太凶猛了！简直凶猛到令人发指、毛骨悚然！

九部联军短短片刻就跑得无影无踪，地上只留下三千多匹战马，上千副盔甲，还有来不及逃跑、瑟瑟发抖的乌喇贵族布占泰。

看来逃跑不仅仅是体力活，还是技术活，不仅要跑得急、跑得快，而且要跑得准、跑得妙，不是随随便便能跑成功的。

古勒山战役，这场努尔哈赤自万历十一年（公元1583年）起兵以来，经历的最大规模战役，本该像好莱坞史诗大片般上演，到最后却因为布斋的离奇死亡，外加纳林布禄的意外昏厥，就这样匆匆结束放音乐、放字幕了。

我不去惹你，你还敢来惹我。

十月，努尔哈赤以帮助敌军为由，兵分两路，攻打朱舍里和讷殷部落。

没天理啊没天理，九部联军这么多部落，为什么偏偏是我们？

既然九部联军这么多部落，为什么偏偏不能选你们？朱舍里和讷殷部落沦陷，首领舒楞格、搜稳塞克什被免费送去地府洗油锅了。

至此，长白山女真被努尔哈赤纳入建州版图。

从此以后，辽东女真各部落再也没有实力与努尔哈赤所领导的建州作对，都觉得宇宙那么浩瀚无边，地球上的一点小纷争，如此渺小，然后决定向建州求和。

努尔哈赤没有盛气凌人地拒人于千里之外，而是爽快地答应了。

事实证明，这个选择太明智了。

贪多嚼不烂，打了这么几场大仗，收获颇丰，努尔哈赤既不是劳动模范，也不是三八红旗手，现在到了休养生息的时候。

更何况将士们肯把脑袋拴裤腰带上为自己卖命这么长时间，该是分红发福利的时候了，分配住房、五险一金、带薪休假、介绍对象，全都要考虑到，一个都不能少。

当然，在提高个人生活待遇的同时，也不能忘记将士自身素质的提高，时不时搞点军事演习，组织一下赛马、狩猎，培养一下“一人参军，全家光荣；一次服役，终身受益”的思想觉悟也很有必要。

正所谓“两手都要抓，两手都要硬”！

# 李成梁与女真

其实海西四部有胆子两次组织庞大的联军攻打建州，与辽东一个重要的官员离职有很大关系，这个官员就是李成梁。

万历十九年（公元1591年）十一月，万历皇帝朱翊钧听从御史张鹤鸣的建议，罢免了李成梁辽东总兵的官职，仅仅让他带着宁远伯的荣誉称号返回北京。

这到底是怎么回事？还是从李成梁说起吧。

李成梁，字汝契，号引城，辽东铁岭（今辽宁铁岭）人。

在这个世界上，一个人的名字很多时候是和经历成反比的，叫富贵的基本都很穷，叫美丽的通常能吓死人，叫安全的往往都很危险。叫成梁的不但没有成为国家的栋梁，反而成为王朝的埋葬者之一。

李成梁家族在李成梁高祖李英的时候，迁居到了辽东的铁岭。

大明对于肯归附自己的，都是非常慷慨大方的，一顶“铁岭卫指挥佥事”的官帽子就落到了李英的头上。

按照大明的武官制度，这个职务是可以世袭的，只要等到上一辈的退休，这一辈的长子，什么事不干，都可以直接混个指挥佥事当当。

这哪里是铁饭碗啊，简直是金光闪闪的金饭碗啊！

李泾一共有五个儿子，李成梁排行老大，李泾退休后，这个“指挥佥事”的位置就是他的了。真是千好万好，不如命好。混得好，不如生得好；生得好，不如生得巧啊！

出生在这样的家庭，李成梁从小就不是个省心的主，舞刀弄棍，调皮捣蛋，是样样在行，那是无所不会，无所不精。

不过要顺利接过父亲李泾给他的金饭碗，也不是那么容易的事情，你必须有一笔钱。

按照大明的规定，接受世袭的武将必须先到北京报到。那问题就来了，进京的路费哪里来，孝敬办事官员的好处费哪里来。别闹了，现在这种情况下，李成梁连饭钱都凑不齐好吧。

李成梁此时此刻深刻体会到了：穷不是罪，但是穷遭罪啊！

对于李成梁来说，做不到的事情就干脆不要去想，否则只会让自己更头痛。倒是现在还是想办法把生活维持下去要紧。

就这样，李成梁一混就混到了四十岁，仅有的身份，就是一个秀才的名分。

其实现在李成梁什么都不需要，只需要一笔银子而已，而这笔银子很快就来了。

嘉靖四十四年（公元 1565 年），巡按御史李辅到铁岭视察，偶然间遇到了李成梁，几番交谈下来，李辅坚信，李成梁是个栋梁之材。

于是二话不说，就送给了李成梁一大笔银子。看来天上不仅会掉馅饼，还会掉银子，这银子砸得李成梁幸福得像花儿一样。

靠着这大笔银子，李成梁到北京顺利办了继承手续，获得了他人生的第一份政府工作，成为险山（今凤城东汤镇土城子村）参将。

虽然官不大，但是工资、养老金还是有的，完全可以满足他的个人家庭生活。

李成梁刚上任没多久，升官的机会就来了。

隆庆元年（公元 1567 年），蒙古插汉部在首领土蛮的率领下，越过大明边境，直逼永宁而来。永宁城立马发出了“江湖救急”的信号。

作为四十多岁的有志中年，李成梁要求进步的心情那是相当迫切的。插汉军队刚到，还没来得及喘口气，李成梁就率领险山救援队赶到了。

正所谓“锦上添花易，雪中送炭难”，因为这次救援，李成梁一战成名，险山这个小舞台已经容不下他这尊大神了。

李成梁被任命为副总兵官，前往辽阳协助守城。昔日身无分文的穷光蛋，终于混成了雄踞一城的二把手。

不过，这仅仅是个开始。

隆庆四年（公元 1570 年）九月，辛爱大举进犯辽东，辽东总兵官王治道战死，李成梁被提拔为辽东都督佥事，代为处理辽东事务，办公地点也从辽阳搬到了广宁。

李成梁终于成为雄踞辽东一方的地方大员，可以在自己一亩三分地上大展拳脚了。

明朝后期的辽东，那是相当混乱，西有插汉部、泰宁部、朵颜部；东有建州、哈达、叶赫，不管是大部落，还是小部落，都喜欢时不时跑来逛一逛，抢点备战备荒的储备。

坐上这个位置，能不能升官发财暂时我不能确定，但是会不会丢掉脑袋瓜子，我十分确定。十年时间，殷尚质、杨照、王治道，三任辽东总兵官，全部战死了，死亡率高达百分之百。

要在这样的地方站稳脚跟，什么最重要？军队啊！

出身于军人世家的李成梁，自然是深谙此道。

于是，李成梁凭借个人威望和感召力，结交当地豪杰，招募贤才勇士。李平胡、李宁、李兴、秦得倚、孙守廉等人纷纷前来投靠。

在李成梁手下当兵，好处多多，只要能打仗，肯砍人，分房分地分战利品，过节有过节费，年终还发年终奖。时不时还组织一个拥军优属活动，掀起军民一家亲的新高潮。

李成梁派人四处宣传，发传单，张贴告示，一个人传一群人，一群人传一大群人，招聘启事就如同雪花一样，飘向了辽东的各个角落。

幸福来得太快，就像龙卷风，辽东人民被这股幸福的龙卷风彻底吹晕了。这么好的待遇，想招不到人都难啊！前来参军的那是一个接一个，没多久，就招募了四千人。

这四千人不属于任何部队，只听从李成梁的指挥。换句话说，这支部队，是李成梁成立的一支私人部队，当时辽东的人民都亲切地称呼他们为“李

家军”。

说“李家军”，大家也许不熟悉，但这支部队扩编后，还有另外一个马甲，相信大家不会陌生——辽东铁骑。

对于这支部队，装备自然是最好的。这支部队配备了当时极为先进的“三眼神铳”。这可是个了不起的武器，既可远攻，用于射击，又可近战，当铁榔头用。如此神器，真是行军作战、打仗杀人的必然选择啊。

这样一支部队，自然是精神抖擞，威风凛凛，简直就像是打了鸡血，往敌人面前一站，连武器都不用，就已经有种揍你揍到生活不能自理的气势了。看来时人称“东南戚继光，东北李成梁”，不是没有道理的。

## 蒙古人的噩梦

这边，李成梁正在磨刀，那边已经有人送上门来了。

隆庆五年（公元 1571 年）五月，蒙古军队大举进犯盘山驿，打算趁着辽东总兵王治道战死这段时间干一票，捞点好处。

李成梁命令苏成勋率领辽东铁骑阻击敌人。

原本辽东铁骑与总是一副“老子天下第一”、把谁都不放在眼里的蒙古骑兵交手，还有点害怕，结果一接触才发现，一点挑战性都没有，像这种军队，可以一个打几个。

而这仅仅是个开始，不久以后，“辽东铁骑”这个名字将令蒙古军队瑟瑟发抖。

不久，蒙古插汉部落在首领土蛮的率领下入侵辽东，李成梁带领部将赵完等人前后夹击，使得蒙古军队首尾不得兼顾。

李成梁趁机率领辽东铁骑攻入插汉部大营。来的时候彪悍得一塌糊涂的插汉军队，现在却被集体群殴成了落汤鸡。

此战明军大获全胜，斩杀插汉部首领两人，部众五百八十多人。

其实被人打败也没什么，败着败着也就习惯了。

凭借此战，李成梁被升为署都督同知，世代承袭千户。李成梁又为子孙后代多找了一个金饭碗。

我不知道其他人能不能忍，反正土蛮没有忍住：想砍死李成梁这浑蛋的，请举手。

隆庆六年（公元 1572 年）十月，土蛮又派遣六百铁骑前来侵扰。

怎么说插汉部也是老熟人了，老熟人来了，好歹也要出去迎接一下，说几句“欢迎”之类的话啊！李成梁率领明军主动出击，结果，插汉部再次大败。

要不要凶残到这种程度，打败我们一两次也就算了，居然接二连三打败我们，我还不信邪了。

万历元年（公元 1573 年），土蛮继续派遣大军前来挑衅，李成梁又在前屯击败了他们。

随后，李成梁又率领辽东铁骑打败了向铁岭镇以西逃窜的蒙古军队。

李成梁凭借这两次大胜，又立了个二等功。

如果大明有机会搞个升职加薪的就职演讲的话，我想，李成梁登上领奖台，他的发言一定是这样的：我之所以能取得如此大的成就，要感谢一个人，他就是插汉部首领土蛮，这份军功章，有我的一半，也有他的一半。

李成梁刚刚得了奖赏，朵颜部兀鲁思汉就率领四千骑兵摧毁边墙，打劫辽东。李成梁率领辽东铁骑去给朵颜部上了一课：一切不道德的事情中，最不道德的，就是去做不能胜任的事情。打劫这种惊险刺激的游戏，还真是不适合你们。

万历三年（公元 1575 年）春，插汉部首领土蛮贼心不死，又派人进犯长勇堡，再次被李成梁击败。

你知道恨一个人到极致，是一种什么样的感觉吗？去问土蛮，他可以回答，而且是标准答案。

同年冬，泰宁部首领炒花纠集插汉部，集结两万多骑兵从平虏堡入关，大举南侵。

以副将曹簠为首的明军看着这些人，就像是看一群被人骗光钱财的凯子，而且还是那种被人骗了还帮人数钱的凯子。

蒙古士兵面面相觑，突然有种很不祥的预感——那什么，无论从哪个角度看，前方都有埋伏。

青山不改，绿水长流，你们忙你们的！兄弟们，全体向后转，预备，跑！向沈阳出发！

当蒙古军队赶到沈阳城外的时候，就傻眼了，不看不知道，一看吓一跳，沈阳城外，已成为红色的海洋，遍地都是头戴红色头盔的明军，人潮汹涌。

我们就是打酱油的，顺便抢点东西回去，用得着弄这么大阵势吗？蒙古军队没有办法，只好驻扎在西北高墩，等待时机。

春风吹，战鼓擂，这个世界谁怕谁。李成梁命令辽东铁骑冲杀上去，边冲边放三眼火铳。

一言不合就开枪，还有没有天理！

蒙古军队吓得惊恐尖叫，问题是这时候叫破喉咙都没有用啊！顿时人仰马翻，乱作一团，短短片刻，就跑得无影无踪，连烟尘都看不到了。

你大爷的，跑来打劫我们打劫得很开心是吧，现在风水轮流转了，有本事别跑，还跑，还敢跑，看你们能跑到哪里去！李成梁率领明军追击，斩杀上千蒙古军队。

这样的表现就是想低调都难啊，李成梁的人气指数再创新高，朝廷加封李成梁为太子太保，世荫锦衣卫千户。

土蛮经常自告奋勇跑去打劫，每次都被打得遍体鳞伤，忍着伤痛回来，作为抢劫的惯犯，土蛮深感压力很大！决定休息休息，让伯父黑石炭、弟弟大委正代替自己，出去锻炼锻炼。

万历四年（公元 1576 年），黑石炭、大委正率领插汉军队驻扎在大清堡边墙外，准备进犯锦州、义州。

对于这种送上来被打脸的，李成梁毕竟是轻车熟路了，反应那是杠杠的，立马就率领亲自挑选的辽东精锐，长途奔袭二百里，杀入敌营，没有任何技巧，就是这么简单粗暴。

结果插汉军队来得快，跑得更快。刚一与辽东铁骑接触，就崩溃了，四散奔逃，营地里就留下了六十多具尸体，证明他们曾经来过。

万历五年（公元 1577 年）五月，泰宁部首领速巴亥率领大军入侵辽阳，由于行军途中，天色已晚了，于是安营扎寨。

正所谓月黑风高夜，杀人放火时，趁着夜色，李成梁亲率辽东铁骑，长途奔袭二百里，悄悄潜入泰宁大营。

泰宁士兵正在帐篷里与周公约会，一点防备都没有，被打了个措手不及。

辽东铁骑齐齐扑了上来，逢人就砍，见人便杀，场面顿时激烈到上演水陆道场的程度，这哪里是战斗，分明是屠杀啊。

泰宁人深深体会到了：生时何须久睡，死后自会长眠。

万历六年（公元 1578 年）正月，速巴亥纠集插汉等部落，集结三万铁骑，前来找李成梁报仇。

这是什么精神，这是要做打劫就要做到底的精神。

速巴亥在劈山扎营，手下提醒他，晚上要加强戒备，防止李成梁像上次一样搞偷袭。

速巴亥哈哈大笑：你以为李成梁跟你一样蠢啊！用过的招数他是不会再用啦！

姜还是老的辣，在李成梁面前，速巴亥还是太年轻了。

月上柳梢头，人约黄昏后。但到底为什么而约，这就值得探讨了。反正李成梁不是为了爱情而约。

世界上最遥远的距离，不是生与死的距离，而是我长途奔袭为你而来，而你却对此一无所知。

这是一个疯狂的夜晚，疯狂到让人不想经历第二次，蒙古人又重复了一次昨天的故事，损失将领五名，部众四百三十多人。

万历六年（公元 1578）三月，李成梁又命令游击陶承喾在长定堡，大败蒙古军队，斩杀四百七十多人。

万历皇帝朱翊钧，得到捷报后，大喜过望，亲自率领文武大臣到祖庙焚香告祖。

内阁首辅张居正兴奋之余，也为李成梁写下了“将军超距称雄略，制胜从来在庙谟”的诗句。

李成梁因抵抗蒙古军队有功，朝廷下旨：加太保（从一品），世荫指挥佥事。

给事中光懋因上书弹劾，称陶承喾所杀的四百七十多人全都是前来归顺

大明的土蛮部众。

有没有搞错，我们只是偶尔谎报一次军功，帮部下刷一下战功，以便将来能混个大好前途，就这么莫名其妙地被揭发了。这么小概率的事件，都能被我撞上。

由于此次封赏的人实在太多，兵部尚书方逢时，督抚梁梦龙、周咏先都得到了好处，这件事最终不了了之。

看来“独乐乐，不如众乐乐”还是有道理的，至少出了事，还能分摊责任，逃避惩罚，正所谓“法不责众”嘛！

你可以质疑李成梁的节操，但是绝对不能质疑李成梁的能力。

十二月，泰宁部落联合插汉部落，率领三万多骑兵经辽河，攻打东昌堡，深入边内直至耀州。

李成梁派遣诸将分别驻守要害城市以遏制土蛮，亲率精锐部队出塞二百余里，直捣圜山，斩杀敌军将领九人、士卒八百四十多人，收获战马一千两百多匹。

这样的工作精神，这样的工作效率，不封赏都不行啊！李成梁论功被封为宁远伯。

按照大明官职，爵位一共分为三级：公（超品一等爵）、侯（超品二等爵）、伯（超品三等爵）。

虽然是最低的伯爵，但是好歹是个爵，大小官员碰到他，都会亲切地称呼他为“李爵爷”，那场面有多拉风，看过电视剧《鹿鼎记》就知道了。

李成梁从参将到副总兵到都督佥事到都督同知到指挥使到宁远伯，只用了短短十三年时间，不得不感慨，李成梁的升迁速度，真是常人难及啊！

## 修建宽甸六堡

在战斗过程中，李成梁也在不断总结经验教训。

李成梁明白了一个道理，蒙古、女真这伙人的目标，不是打劫大明，就是骚扰大明，反正要跟大明过不去就对了！打是打不完的，必须修筑城墙，才能遏制他们。

李成梁马上实地考察，认真分析了辽东的实际情况，最后上报了前来巡边的兵部侍郎汪道昆，建议修建宽甸六堡（今辽宁省丹东市宽甸）。

所谓“宽甸六堡”，就是宽奠堡—长奠堡—永奠堡—大奠堡—新奠堡—苏奠堡，由孤山、险山两参将负责派兵守卫，每个城堡负责一段辽东长城，以防止蒙古、女真各部偷袭大明边疆。

宽甸六堡提供了汉人与辽东少数民族交易的场所，就相当于清末的通商口岸，只不过是定期、定时、定点开放的。

宽甸六堡在招商引资方面很有优势，吸引了大批淘金一族，前来这里做生意的、打零工的那是络绎不绝，使得人口急剧增长，光常住人口就多达六万四千多户。

所谓“坐山吃山，靠海吃海”，人多了，税收也就多了，辽东将士获得了大量的财富，吃得饱穿得暖，打起仗来就像五一劳模，无论是效率，还是质量都令人竖起大拇指。

这些做生意的人中，就包括建州栋鄂部首领王兀堂。

## 削弱栋鄂部

说起王兀堂，可谓是一世豪杰，当年的风云人物，很有两把刷子。

隆庆五年（公元 1571 年）二月，辽东巡抚李秋被罢免，内阁大学士高拱提拔张学颜为右佥都御史、辽东巡抚，巡视辽东。

万历三年（公元 1575 年），张学颜巡边，王兀堂抓住这个大好时机，打听好其行踪，率领建州各部首领蜂拥而出，里三层外三层把骑着马的张学颜团团包围，跪着各种问候，各种行礼，声称愿意送上人质，希望大明开放几个地方，让女真人能够交换盐和布。

真是千穿万穿，马屁不穿，不得不说，这一套确实很有效果，不服不行。

既然你们这么真心哀求，那我也只有勉为其难地答应了。

张学颜上书朝廷，开放开原、抚顺、清河、叆阳、宽甸，用于互市。

王兀堂瞬间就让人感觉 × 格爆表，极大地提高了知名度，名正言顺成了建州的大哥大。

王兀堂当上建州老大，就经常率领栋鄂军队去欺负努尔哈赤家族所在的苏克素护河部，最后还是六爷爷索长阿的儿子吴泰娶了王台的女儿，借来哈达军队，才勉强压制住了王兀堂的野心。

万历七年（公元 1579 年）七月，宽甸开市。

宽甸参将徐国辅的弟弟徐国臣以商人特有的敏锐头脑，发现了一个天大的商机。这个时候，辽东开市的就只有宽甸，可谓是天下独此一家，别无分店，女真人想要交换，只能到这里来，那何不搞垄断经营。

于是徐国臣仗着有个好哥哥，把盐和布的价格提得老高，而把人参、马匹这些辽东特产的价格压得低得可怜，爱买不买，爱卖不卖，就是这个价。

哪里有压迫，哪里就有反抗。王兀堂作为建州女真的大哥大，决定为自己的兄弟们讨回公道。

人生如戏，全靠演技，要想打败明军，不能不使点诈。

所谓军事指挥艺术，就是当自己兵力数量实际上居于劣势时，反而能在战场上化劣势为优势。

于是王兀堂联合赵锁罗骨，多次派遣零散骑兵前去骚扰大明边境。

刚开始，大明守将还有点紧张，结果才发现每次都才这么点人，根本不足为虑，就放松了警惕。

要的就是这种效果。

万历八年（公元1580）三月，王兀堂集结六百骑兵，大举进犯叆阳及黄冈岭。

这一招明修栈道暗度陈仓，堪称是炉火纯青已入化境毫无烟火气，这次进犯自始至终都没有遇到像样的抵抗，栋鄂军队砍得格外痛快，连明军指挥王宗义都被乱刀砍死了。

这不能怪王宗义无能，只能怪王兀堂太狡猾。

事情闹这么大，如果不检举，迟早要受到牵连，运气不好还要丢官去职。辽东巡抚周咏等人纷纷上书，弹劾宽甸参将徐国辅，他们揭露出来的罪行，都可以写成一本书了。

徐国辅提前退休，收拾铺盖卷回家乡养老了。

事情到了这一步，换成寻常人也就见好就收了，东西也打劫了，人也杀了不少，罪魁祸首徐国辅等人也受到了应有的惩罚，已经足够可以了。

很显然，王兀堂不是寻常人，而是一个爱显摆的人，当他获得胜利后，他会做出更加疯狂的事情。四月，王兀堂又率领一千多骑兵从永奠入关，大举进犯大明，掀起腥风血雨。

人不能没有自信，但是得有个度，自信过了头就是自大了。

有时候，事情就是这么巧，王兀堂碰到了李成梁率领的辽东铁骑。能说什么呢？只能说人生何处不相逢啊！

李成梁这伙人的出现，严重妨碍了王兀堂等人打家劫舍的好心情，更威胁到了他们的人身安全与身家性命。前方，高能预警！这个时候赶紧跑，慢一点就只能唱《征服》了。

这种包赚不赔、白捡便宜的事情，辽东铁骑自然是个个奋勇，人人争先，使出吃奶的劲追击栋鄂军队，一追就追到了关外，又追了二百里。

这算什么世道，好不容易出来打个劫，临了还要被别人追着打。

都跑了几百里了，全都累得气喘吁吁跟跑了马拉松似的，实在跑不动了，算了，不跑了，就在这里决战。

王兀堂将步兵完全当成摆设，只差直接让他们扮演盆栽了，最后左思右想，还是给他们安排了个工作，让他们登到山上擂鼓呐喊加油打气。王兀堂则率领骑兵阻挡辽东铁骑。

勇气可嘉，可惜本领欠佳。结果大败，战死七百五十人，被俘一百六十人。

从伟大崇高到荒谬可笑，期间只相差了一步。

王兀堂不甘心失败，就好像大明欠了他一大笔钱，颇有上门讨债的架势，又于同年十一月从宽甸入塞，进犯大明。

对于这种小角色，李成梁都懒得亲自出马，在旁边看热闹就行了。

副将姚大节率领明军，冲上去一通乱砍，一口气就把王兀堂打发回家了，王兀堂这次又被杀了六十七人，被俘十一人。

经过两次大败，栋鄂部彻底衰落，从此一蹶不振。

前人栽树，后人乘凉，努尔哈赤后来能这么顺利地统一建州，到底还是捡了个现成的便宜啊！

当时，从清河到鸭绿江以南属于建州，各大部落，都听从栋鄂部首领王兀堂的指挥；从抚顺到开原以北，属于海西，各大部落，都听从哈达首领王台的指挥。

如今栋鄂部衰落了，下一个该轮到谁，傻子也应该知道了吧。

## 王台的发家史

哈达能够在辽东众多女真部落中脱颖而出，做大做强，成功上市，获得辽东官员的一致认可，并且为其颁发荣誉证书，哈达首领王台自然是个很了不起的人物，很有些手段。

当初王杲与蒙古插汉、泰宁等部落勾结，经常连招呼都不打，就跑去邻居大明串串门，一点也不客气，见什么拿什么，王台夹在他们之间，左右为难，谁也不敢得罪，不知如何是好，只能独善其身。

事实证明，这个选择太明智了：大明让王台继承了大叔克什纳贝勒的位置，封都督。

万历三年（公元 1575 年），李成梁迁移孤山、险山诸堡，阻断了女真各部进入边境交易的通道。

王台跟王兀堂一样，将海西都动员起来了，凡是有点实力有点名望的都加入了，一起去请求大明互市。

结果张学颜让游击丁仿带话：必须先抓住王杲，再谈互市的事情。

这么艰难却又光荣的使命，简直是为王台量身定做的。于是王台联合建州卫都督大疼克等人攻打王杲，擒获王杲所部包括兀黑在内的将士八十四人，全部打包献给了大明。

领导很满意，肯定有好事。张学颜被王台的诚意感动了，答应互市。

随后王台抓住王杲，献给大明，大有忠心耿耿忠字当头忠厚老实的气势。

大明封王台为右柱国、龙虎将军，封他两个儿子扈尔干、康古鲁为都督佥事，赐黄金二十两，大红狮子纻衣一件。

叶赫首领清佳砮、杨吉砮可是聪明人，早年他俩将妹妹温姐嫁给王台，王台又将女儿嫁给了杨吉砮，凭着这层姻亲关系，叶赫逐渐强大起来。

随后，杨吉砮又跟插汉部恍惚太结成亲家，势力进一步壮大。

清佳砮、杨吉砮手下多了，地盘大了，朋友多了，腰杆就硬了，对王台也不像以前那样毕恭毕敬了，开始打起了自己的如意算盘。

反观哈达，正所谓"打天下不易，坐天下则更难"，王台与他的大儿子扈尔干学习老人们"辛苦在前，享乐在后"的生活作风，辛苦半辈子后，开始极其热爱吃喝玩乐、声色犬马，尤其是对敲诈勒索情有独钟。

王台整天带着儿子们在海西横行霸道，出门也不带钱，喜欢什么拿什么，看见漂亮姑娘，也不管人家愿不愿意，上去就动手动脚，至于吃霸王餐、乱停乱放那更是家常便饭。

部众们不堪忍受，他们知道清佳砮、杨吉砮兄弟早就看不惯王台了，而且一直都在盯着哈达这块肥肉，敌人的敌人就是朋友。于是纷纷义无反顾地投入了叶赫的怀抱。

这群人不仅背叛了自己的首领，逃离了自己的家乡，而且还积极为新首领清佳砮、杨吉砮兄弟出谋划策，对付自己的旧首领王台。

贝勒爷，感谢您的收留，只要您一声令下，我们非常乐意充当向导，带你们去打劫哈达。顺便问一句，贝勒爷，您老人家喜欢牛羊还是粮食，要不要再抢几个漂亮哈达姑娘回来伺候贝勒爷。

趁你病，要你命，不管那么多先干翻了你再慢慢说。叶赫联合乌喇，讨伐哈达，将以前哈达贝勒旺济外兰所侵占的八个城寨全部抢了回来。

此时王台只拥有五个城寨了。从此以后，叶赫、辉发、乌喇再也不受哈达约束。

人生大起大落，真是太太太刺激了！知道真相的王台，眼泪掉下来，吐血吐到连心肝脾肺肾都要吐出来了，于万历十年（公元 1582 年）七月离开了人世。

不管怎样，上帝的归上帝，恺撒的归恺撒。

## 哈达内讧

嫡长子扈尔干和私生子康古鲁为了贝勒的位置大打出手，最终嫡长子扈

尔干技高一筹，获胜，坐上了贝勒的位置。

康古鲁脚底抹油，逃往了叶赫，等待时机，以图东山再起。

清佳砮深知手快有手慢无的道理，当即好吃好喝好招待，还给他办了医疗保险、养老保险，分了经济适用房，顺便还将女儿嫁给了康古鲁，成了一家人。

我猜测，天使投资人清佳砮心里的小九九是：康古鲁以后争夺贝勒，成功了我是他岳父，不成功死的是女婿！如此收益大、回报多、风险小、损失少的投资项目当然值得大投特投。

王杲的儿子阿台与哈达可谓是有着一天二地恨，三江四海仇，一直在寻找机会为父亲报仇，如今岱善实力弱小，又缺乏外援，正是报仇的大好时机。

正所谓“物以类聚，人以群分”，既然阿台与哈达是仇人，就要往哈达的仇人堆里凑。阿台马上引诱叶赫一起出兵攻打哈达。

辽东总督吴兑听说此事后，遣守备霍九皋前去传达口令，警告他们不要去攻打哈达。

简直是心怀和平理念的志愿者组织啊！

阿台、清佳砮、杨吉砮等人不听劝阻，继续率领联军向哈达进发。

阿台、清佳砮、杨吉砮等人不明白，一个人暂时没有资本，一味逞强是最不明智的选择。

这是挑衅，一点面子都不给的挑衅啊！既然你们不听劝，那就没有别的办法了，只有暴力收拾你们了。

虽然暴力不能解决问题，但是暴力能解决制造问题的人。

能者多劳，李成梁既然你这么会带兵，那么会打仗，这个光荣的任务就交给你了。

先发制人，后发制于人。

李成梁率领辽东铁骑主动出击，在曹子谷、大梨树佃大败联军，斩杀一千五百六十三级。一路上到处都是尸体，所谓尸横遍野形容的就是现在这种状况。

扈尔干这家伙一肚子坏水，刚当上贝勒就开始冒坏水。

八月，扈尔干跟兆佳城城主李岱一起打劫瑚济寨，结果偷鸡不成蚀把米，反而被安费扬古、巴逊以十二人追击，损失了四十人。

扈尔干自尊心受到了深深的伤害，自信心受到了严重摧残，越想越气，越气越多想，就这样反反复复，终于被气死了，彻底消停了。

扈尔干死后，年仅十九岁的孟格布禄成为哈达新贝勒，被大明封为龙虎将军、左都督。

不过孟格布禄并没有网络小说主人公的王霸之气，自然不可能虎躯一震，众人纷纷拜服，笑脸相迎，俯首帖耳。他没有得到哈达所有人的认可。

哈达势力一分为三，孟格布禄、康古鲁、扈尔干的儿子岱善。

由于康古鲁又娶了孟格布禄的母亲温姐，因此孟格布禄为了自己的利益，和康古鲁联合在一起，共同对付侄儿岱善。

江湖险恶，人心叵测，你以为四海之内皆你妈啊？都惯着你哈达！

趁你病，要你命！万历十一年（公元1583年）七月，清佳砮、杨吉砮兄弟联合插汉部暖兔、恍惚太等人率领一万多骑兵攻打哈达。

蓟辽总督、兵部右侍郎兼佥都御史周咏考虑到岱善实力太弱，孟格布禄又太小，根本不是对手，自己要是不做点什么，估计用不了多久王台几个儿子坟头草都一人高了，于是出面调停。

你们闹来闹去不就是为了多得点好处吗？不如这样，你们把首领们的名字给我列个名单，我上奏朝廷，照单给你们封官，总行了吧。

就这样，清佳砮、杨吉砮他们总算消停了。消停是消停了，不过也就消停了几个月。

十二月，清佳砮、杨吉砮兄弟吃饱了撑的没事干，又准备玩一玩老把戏，于是又联合蒙古科尔沁贝勒瓮阿岱等人，率领一万多骑兵来攻打哈达。

要不要这么狠，我们哈达正在处理家务事，用得着招呼都不打，就跑来欺负我们吗？这是很不礼貌的行为，好不？

哥几个，外敌当前，内部矛盾先放放，先处理了外部的敌人再说。

孟格布禄、岱善率领两千骑兵前去阻击，但这全都是毫无效果。

哈达军队被人家追着打，一路打一路退，直接退回了老家。看样子没有几年时间养伤，哈达是连爬都爬不起来了。

从此以后，叶赫秉承着以往传统，有事没事就来哈达串门，那是走一路，抢一路，到了风过留痕、雁过拔毛的地步，所过之处，干净得像秋风扫落叶，自然收获不少。

## 收拾叶赫

清佳砮、杨吉砮兄弟不知道的是，他俩已经上了大明的死亡黑名单，大明认为他俩阴险狡诈、心狠手辣，早晚是祸害，一定要干掉他俩，才能睡个好觉。

万历十二年（公元 1584 年），辽东巡抚李松让备御霍九皋传话，邀请清佳砮、杨吉砮来开原做生意，赚点零花钱，贴补贴补家用，顺便与辽东的官员吃个便饭，联络联络感情。

这类邀请有一个专门的称呼——鸿门宴。

能在辽东这个复杂混乱的地方，惹是生非这么多年，还安然无恙地活得好好的，清佳砮、杨吉砮还是有两把刷子的。

您让我们去开原做生意，那我就来开原做生意，不过陪同的人员多点，谁叫天黑路滑世道不太平呢。

清佳砮、杨吉砮兄弟在两千多骑兵的陪同下，前来开原进行马市贸易。

李松见到这么多叶赫骑兵，立马派遣霍九皋前去责问清佳砮、杨吉砮：兄弟，我好心好意邀请你俩来开原发财，你俩带这么多骑兵来，到底是做生意，还是攻城啊！

清佳砮、杨吉砮没有办法，命令大部队驻扎城外，自己率领三百骑兵进入开原中固城。

李松站在城楼上，滔滔不绝、引经据典、口若悬河、唾沫横飞，细数了清佳砮、杨吉砮最近的种种罪行，呵斥他俩下马投降，从此以后听从大明的号令。

这是个好提议，就看清佳砮、杨吉砮兄弟接不接受了。

清佳砮、杨吉砮万万没有想到，原来李松这家伙请哥俩到开原来，不是让他俩发财的，而是为了兴师问罪，要办他俩啊！

遇到现在这种状况，胆小的早就服软妥协了，但清佳砮、杨吉砮一点不怕，打算死撑到底，示意部下斩杀周围的十几名明军，打算冲出城去。只要冲出城去，从此天高任鸟飞，海阔凭鱼跃。

既然对方不想和平解决，那就只有暴力解决了。

你不是喜欢人多欺负人少吗？现在倒要看看谁的人多。

一声炮响，埋伏在周围的明军早就如同洪水猛兽，里三层外三层地将清佳砮、杨吉砮他们彻底困住，然后就是一通乱砍啊，转眼间，硬生生地将这几百人砍成了满地碎肉。

炮响的同时，李成梁率领辽东铁骑冲出开原城，击杀留在城外的叶赫骑兵，斩杀一千五百多人。

叶赫士兵一向群殴别人惯了，当然知道群殴的味道不怎么好，如今被明军群殴死了这么多，剩下的二话不说，全部投降，宣誓永远受哈达的节制。

## 布斋、纳林布禄的野心

清佳砮、杨吉砮死后，清佳砮的儿子布斋、杨吉砮的儿子纳林布禄分别继承了叶赫东、西二城的贝勒之位。

布斋、纳林布禄认为明军之所以要剿灭他俩的父亲，是哈达去大明那里告了状。千错万错，都是哈达的错、布斋、纳林布禄他俩决定报仇。

年轻人就是有闯劲，说干就干！万历十五年（公元 1587 年）四月，布斋、纳林布禄联合亲家恍惚太，率领一万多骑兵攻打哈达的把泰寨。

看来，布斋、纳林布禄被死鬼老爹清佳砮、杨吉砮给传染了，而且还都继承了所有坏毛病。这种时候居然还能拉仇恨拉得这么满啊！见过不要命的，没见过这么不要命的！

正所谓“我不入地狱，谁入地狱”，就让我们大明替哈达人民阻挡这场浩劫吧。

明军的救援队，可真是声势浩大，旌旗招展，人山人海。

如今的叶赫军队早已被明军打出了恐惧症，一看见明军的旗帜就吓得一路溃逃，仅仅一瞬之间，就跑得无影无踪，看起来他们对于逃跑这门技术，已经熟练得不能再熟练了。

岱善，有大明这个强大的后台，针尖对麦芒，明着干是要吃大亏的，对付他，玩阴谋耍花样才是最好的选择。

纳林布禄为了自己的利益，悄悄联络姑姑温姐，怂恿她儿子孟格布禄帮助康古鲁，一起对付岱善。

孟格布禄这个人，毫无节操可言，纯粹是见钱就下跪，有奶就是娘，对诱惑几乎没有任何抵抗力，最喜欢听小人的教唆，被坏人利用，二话不说，就与叶赫勾搭在了一起。

岱善，作为一个刚出道没多久的毛头小子，要是没有人罩着，要在女真众多部落中站稳脚跟，怕是没那么容易。

岱善想起了不断壮大的努尔哈赤。

万历十六年（公元1588年），依照王台的遗愿，岱善亲自护送妹妹前往佛阿拉城，与努尔哈赤成亲。

机会，稍纵即逝；成败只在一念之间。

布斋、纳林布禄抓住这个机会，联合恍惚太，以孟格布禄为内应，率领五千骑兵，攻打哈达。

孟格布禄趁机将岱善妻子哈儿屯及儿女全部抓住，打包带去了叶赫，居住在十八里城。

康古鲁，看起来倒是人模狗样道貌岸然，不过薅起岱善羊毛来，那可是面不改色，手不软。他引诱岱善的部众背叛岱善，洗劫了岱善的牲畜财物。

很好很强大，这哪里是打仗，根本就是抢粮食、抢牲畜、抢财物、抢女人的打劫嘛！

孟格布禄、康古鲁，你俩是在向大明示威挑衅吗？到底谁给你俩的勇气啊？

大明送信孟格布禄，命令将劫掠岱善的土地、牲畜全部还回去，不然就断绝与哈达的贸易往来。

孟格布禄不但不听，还联合布斋、纳林布禄、康古鲁，一起前来开原找大明讨要说法。

大明这种狠角色，你不惹他，他还要找你麻烦，现在竟然敢主动挑衅，那就收拾你没商量了。

开原兵备副使王缄令裨将率领明军袭击了孟格布禄等人的营寨，活捉了温姐、康古鲁，从今以后他俩都有免费的房间，有免费的一日三餐。

辽东巡抚顾养谦命人送信给孟格布禄：将劫掠的东西全部还给岱善，并且跟岱善讲和，不然砍掉你母亲温姐的脑袋！

王缄就是个书呆子，成事不足败事有余，不但不能成事，还误事！王缄认为杀了温姐，孟格布禄绝对会攻打大明，于是悄悄将温姐放了，反正手里还有康古鲁。

别看康古鲁和孟格布禄见面你好我好哥俩好，转过身去就互相问候对方母亲！温姐逃脱后，孟格布禄再也没有了后顾之忧，立马联合叶赫，再次攻打岱善。

死道友不死贫道，王缄这个被上级坑、被下属瞒的家伙，自然成了第一背锅侠，被免去了开原兵备副使的职务，收拾铺盖卷滚蛋了。

## 出兵叶赫

布斋、纳林布禄，你俩这是要搞事情啊？不打得你俩满脸桃花开，你俩就不知道花儿为啥这么红！

三月十三日，李成梁率领辽东铁骑，岱善率领哈达军队在开原会合，主动出击，攻打叶赫。

布斋放弃西城，与纳林布禄合兵一处，据守东城，仗着城内的族人群众基础非常好，革命热情非常高，给他们灌输“保护叶赫，人人有责”“拼命拼命，不拼就没命”的理念，不主动出击，不没事找事，一直坚守不出，扼守城池。

战无不胜攻无不克的辽东铁骑，这次遇到了硬茬子，射箭、爬云梯、撞城门，忙得不亦乐乎，反反复复、周而复始，硬是没有攻进城内去！

李成梁没有办法，为了打进城去，他使用了另一种武器——大炮。

大炮，官方名称红衣大炮，主要功能是大规模轰杀敌人，辅助功能是摧毁城墙，最早使用者是荷兰人、葡萄牙人，现在正在使用的是辽东铁骑，宣传口号是：自从有了红衣大炮，统帅再也不用担心我们攻不下城池了！噢耶！

要说从欧洲国家进口的红衣大炮，除了价钱贵了点，运输困难了些，上弹麻烦了点，以及偶尔发生一点安全事故之外，整体情况确实不错，不仅射程远威力大，而且准头好偏差小。

明军没放几炮，叶赫的外城就被摧毁了。辽东铁骑就跟脚底踩了风火轮似的，眨眼就冲进了城内，不仅烧了叶赫的粮窖，还斩杀叶赫士兵五百五十四人，收获马匹、兵器七八百件。

人心散了，队伍不好带了。布斋、纳林布禄的意志瞬间崩溃，毫不犹豫竖起了白旗，发誓永远不再背叛大明。

杀鸡吓猴的效果立竿见影，虽然有些血腥恐怖，但是很有效。

开原兵备副使成逊、辽东巡抚顾养谦与李成梁商议，决定释放康古鲁，让他与岱善和解，这样哈达才能团结起来，才有实力在敏感地带与叶赫对抗，作为大明的战略缓冲。

到底是长年混迹于官场的老油条啊，成逊、顾养谦的政治见识远在其他官员之上。

大明与哈达经过友好协商，达成协议，大明释放康古鲁，放他回家与亲人团聚，并且要求岱善孝顺叔父康古鲁、祖母温姐。作为交换，孟格布禄需将岱善的妻子儿女五人，部众八百六十六人，马牛羊数百头，归还岱善。

虽然大明和哈达怀着不一样的目的，但这一次是一次催人奋进的协商，是一次圆满成功的协商，双方难得地获得了双赢，自然皆大欢喜，好不快乐。

因为大明的缘故，康古鲁回到哈达后，就过上了混吃等死的幸福生活，喝醉了就睡，睡醒了就接着喝，没过几个月，康古鲁就重病不起了。

康古鲁重要的事情说三遍，告诫孟格布禄和温姐，千万不要去招惹大明。

孟格布禄有事没事就喜欢打亲人财产的主意，算得上专业对口，所以干起来那是相当熟练。

康古鲁刚死，孟格布禄就打起了康古鲁遗产的主意。

孟格布禄害怕母亲温姐不同意，于是放火烧了温姐居住的房屋，联络布斋、纳林布禄，派人来打算将温姐强行接回叶赫。

没错，就是这样地简单粗暴。

既然儿子讨厌我这个做母亲的，那我就知趣地回娘家叶赫吧，别在这讨儿子烦。

从我们大多数人的角度来看，温姐这样被自己的亲生儿子抛弃、驱赶，活着真的很辛苦、很痛苦、很无助、很无奈。七月，温姐含恨而终。

人心不足蛇吞象，孟格布禄侵占了康古鲁的产业还嫌不够，又打起了侄儿岱善的主意。

开原兵备副使成逊这位乐于助人的仁兄虽然不是主角，却总在关键的时刻出场。老虎不发威，还真当我们是摆设啊！成逊派人狠狠警告了孟格布禄。

大明，别说是派官员来，就是随随便便派一个侍卫来，孟格布禄现在都得笑脸相迎，另眼相看。孟格布禄还是那副很窝囊的样子，当即做后悔状，埋着头像受了气的小媳妇，表示今后一定痛改前非。

# 结 盟

努尔哈赤很清楚，大明土地比女真广阔，人口比女真多，经济比女真发达，城池比女真坚固，武器也比女真先进，就算自己统一了女真各部，也难以与大明相抗衡。

俗话说一个好汉三个帮，一个篱笆三个桩，努尔哈赤要想生存下去，反抗大明，推翻大明，就不能独来独往、孤军奋战，必须找到强大的势力，与之联合，达成攻守同盟。

当然这个盟友不能距离自己太远，太远了，怎么合作，飞鸽传书啊？还是“兄弟你尽管去打吧，大哥在精神上支持你”！

努尔哈赤只有找一个接近辽东的，数来数去，也就只有蒙古人了。

当初朱元璋埋葬了大元帝国，将蒙古人打得抱头鼠窜，无奈之下只能跑到塞外。塞外的生活是很艰苦的，什么娱乐活动都没有，连衣食住行都成问题。而这一切都是大明造成的，所以大明跟蒙古人不共戴天、势同水火。

对于蒙古族我们并不陌生，蒙古人的祖先就是室韦人，而室韦人又是东胡人的后裔，所以归根结底，东胡这个民族才是蒙古人最早的祖先。

更加有趣的是，鲜卑和契丹这两个民族的祖先也是东胡这个民族，所以蒙古、鲜卑、契丹这三个民族的人民才会使用同一语系的语言。

隋唐时期，室韦人主要活动在契丹北部、鞑靼西面、突厥东面范围的广大地区，由于当时契丹、鞑靼几个部落的实力都比较弱，室韦人受伊利可汗阿史那土门建立的强大突厥帝国的统治。

室韦人受尽了突厥人的剥削与蹂躏，就算被呼来喝去，却没有反抗的勇气，老老实实的连个屁都不敢放。

贞观三年（公元 629 年），唐太宗李世民任命李靖为统帅，李世勣、柴绍、薛万彻为将领，兵分数路攻击东突厥帝国。唐军在定襄（今山西省定襄县）大败突厥铁骑。

东突厥首领颉利可汗阿史那莫贺咄设率领残部狼狈逃窜，在白道遭到李靖等人的截击，唐军俘获的东突厥部众多达五万余人，阿史那莫贺咄设也在逃往吐谷浑的途中被唐军生擒活捉。

立国七十八年的前东突厥宣告灭亡。

搏一搏，单车变摩托。室韦人的压力顿减，纷纷反水，脱离突厥人的统治，归附大唐帝国。

归顺大唐，有什么福利？我们只知道，从此室韦人过上了无忧无虑、自由自在的日子。

天宝三年（公元 744 年），回鹘首领骨力裴罗建立回鹘汗国。骨力裴罗做人很直接，能动手的情况下，从来不动口，兄弟们，跟我去给突厥小朋友上上课，教教他们怎么做人。

天宝四年（公元 745 年），回鹘军队斩杀白眉可汗阿史那鹘陇匐白眉特勒，兼并了颉跌利施可汗阿史那骨咄禄建立的后东突厥帝国，控制了东起额尔古纳河、西至阿尔泰山的广大地区。

几家欢喜几家愁，回鹘人这些年是春风得意，室韦人最近却很郁闷。如果人生分四季的话，室韦人受回鹘人统治后，几乎全是冬天。

会昌六年（公元 846 年），回鹘汗国属部辖嘎斯趁回鹘汗国与吐蕃长期战争的大好时机，起兵推翻了回鹘汗国。

一部分回鹘人迁到了新疆吐鲁番盆地，建立了高昌回鹘汗国；一部分回鹘人迁到了葱岭以西的地区，开创了葱岭西回鹘汗国；还有一部分回鹘人迁到了河西走廊，建立了河西回鹘汗国。

回鹘人迁徙没多久，室韦人也开始了迁徙。在迁徙的过程中，室韦人可谓窘迫到了极点，像丧家之犬一样，漫无目的地四处流窜，称得上风餐露宿、食不果腹！

唐朝末年，室韦人中的蒙八室韦人又从望建河（今额尔古纳河）下游东岸地区西迁到了斡难河（今鄂嫩河）、克鲁伦河以及土剌河（今图拉河）上游地区。

在迁徙的过程中，蒙八室韦人产生了矛盾，分裂成了尼鲁温蒙古和迭儿列万蒙古两大部分，这两大部分又各自分裂成了许许多多的部落。

这些部落经常为了点财物和小事，先是很友好地互相问候家属，然后是亲密的肢体纠缠外加远距离吐口水，最后一不留神就来个真人版战争场景实践。

古语有云：鹬蚌相争，渔翁得利，蒙古各部落之间的争斗极大地削弱了自身的力量，使其先后受到契丹人耶律阿保机建立的大辽与女真人完颜阿骨打建立的大金控制，受尽了剥削与压迫，生活苦不堪言。

宋开禧二年（公元 1206 年），蒙古族的杰出首领成吉思汗铁木真统一了蒙古草原各部落，结束了蒙古长期内战的局面。蒙古人的人生就此逆转，迎来了属于他们的春天。

其实军事实力的强弱与经济的发达与否联系不是很大。

匈奴建立的前赵，经济没有西晋繁荣，可是他们却推翻了西晋；契丹建立的大辽，经济没有北宋发达，可是他们打败了北宋；女真建立的大金，经济没有大辽和北宋昌盛，可是他们吞并了辽国与北宋……

蒙古族的军事实力非常强大，可是蒙古的军事制度非常简单，那就是“兵农合一”。没有仗打的时候，军队都成了牧民，有仗打的时候，年轻的牧民就成了骁勇善战的战士。

正因为他们军事制度简单，才有利于调动，因此蒙古军队的最大特点就是灵活、机动。

蒙古军队的另一个显著的特点，就是善于和经常使用弓箭，几乎百发百中。他们在冲锋前要射箭，在冲锋中要射箭，在追击中要射箭，在逃跑的时候也要射箭……

这是一个非常可怕和让人恐惧的作战方式。我们不妨猜测一下：

假如一万蒙古军队对付一万南宋军队，在冲锋前，南宋军队就有几百士兵成为刺猬，在冲锋中又有几百士兵成了蒙古军队的活靶子……

当双方交锋的时候，且不说蒙古军队的战斗力比南宋军队强，就是军队人数也占了优势，这个仗当然是蒙古军队胜了。

正因为这样，蒙古军队才能够驰骋欧洲，打败战斗力更强的欧洲重骑兵，欧洲重骑兵大多数不是被蒙古军队的马刀砍杀的，而是被射死的。

而对付亚洲这些国家更是小儿科，蒙古军队灭亡西夏用了二十二年（公元 1205—1227 年），吞并金国用了二十三年（公元 1211—1234 年），而且还是同时对西夏和金国作战，灭亡南宋稍微慢了一点，用了半个世纪的时间。

为什么蒙古军队灭亡南宋用了这么多年，而灭亡西夏、金国只用了二十几年？

西夏、金国的绝大部分子民都是少数民族，没有受过什么高等教育，打不赢就跑，跑不掉就投降，他们就是这么没节操，不丢人。

南宋基本上都是汉人，汉人很早就接受孔孟之道，把忠、孝、礼、义、信看得比性命还要重要，那就是宁可战死，也决不投降，文天祥、陆秀夫就是他们中的典型代表。

自从至元十六年（公元 1279 年），灭亡了赵构建立的南宋后，蒙古军队逐渐放松了对自身人生观、价值观改造，经不住声色犬马的诱惑，滑向了腐化堕落的深渊。

美女和美酒的诱惑，让蒙古人天天兴奋异常，肾上腺素一路飙升，感觉身体被掏空，居然被拿着菜刀、锄头的农民军打得满口喷血、屈膝跪地，就像一群毫无反抗的小鸡。这画面，呃，这画面……好美。

洪武元年（公元 1368 年），元朝灭亡，蒙古人被赶到了关外，又过上了苦日子，又只有刻苦锻炼，才有饭吃，真正做到了一滴汗水，一份收获。

蒙古人战斗力提高以后，招呼也不打，有事没事就跑去邻居大明那里串串门，把视线范围值钱的东西全都一扫而光，粮食也好、牲畜也好、女人也好，反正见什么拿什么。

抢劫是个体力活，也是个智力活，智力磨损体力消耗巨大，蒙古人连肚子都吃不饱，你让他们怎么更好地为政府工作，为人民服务！蒙古人觉得大家在一起一点意思都没有，嚷着吵着要分家。

蒙古先是分成了瓦剌和鞑靼，后来又分成了许多小部落。岁月静好，撕×到老。各个部落都把自己当成成吉思汗的嫡系传人，对其他部落越看越不顺眼，你恨不得咬我口肉，我巴不得吸你嘴血，相爱相杀得根本停不下来。

## 结盟

尽管蒙古各部现在衰落了，但是他们仍然有很大的能量，在蒙古高原和辽东地区仍然有不可小觑的影响，只要有他们的存在，就会对大明产生威胁，敌人的敌人就是朋友，努尔哈赤开始拉拢蒙古各部落。

万历二十二年（公元 1594 年）正月，科尔沁兀鲁特部明安贝勒与喀尔喀部老萨贝勒派遣使者来建州通好，从此建州开始与蒙古以团结互助为基础，以携手并进为原则，相互交往。

万历三十三年（公元 1605 年），喀尔喀巴约特部首领恩格德尔前来建州，送给努尔哈赤战马二十匹。

万历三十四年（公元 1606）十二月，恩格德尔又领着蒙古五部派遣的使者前来建州进献驼马，尊努尔哈赤为昆都仑汗。

恩格德尔等人是真心实意还是虚情假意，我们不得而知，但有一点是绝对可以肯定的，努尔哈赤晚上睡觉做梦都会笑出彩铃声来。

恩格德尔凭借几次的政治投机，给努尔哈赤留下了深刻的好印象，小伙子有前途，给你十万个赞。努尔哈赤于万历四十五年（公元 1617 年）二月将舒尔哈齐第四女，二十八岁的孙带嫁给了他。

为了加强与巩固同蒙古的关系，最好的途径就是实行建州与科尔沁等部落的政治联姻。看来联姻，一直都不是为了爱情，而是需要强强联合。

努尔哈赤作为建州首领，站在时尚界的顶端，引领大众潮流，更是身先士卒、以身作则，多次迎娶科尔沁等部落贵族的姑娘为妻，给儿子们和后金的文武大臣们树立好榜样。

万历四十年（公元 1612 年）正月，努尔哈赤迎娶了科尔沁兀鲁特部明安贝勒的女儿为妻。

万历四十三年（公元 1615 年）二月，努尔哈赤迎娶了科尔沁郡王孔果尔的女儿为妻。

这个女人创造了一个奇迹，她是大清历史上活得最长的一位后妃，直到康熙四年（公元 1665 年）才登上死亡列车，被康熙皇帝玄烨尊为寿康太妃。

上有所好，下必甚焉。有了努尔哈赤的带头，建州的贝勒台吉、文武官员自然想尽一切办法效仿。

皇太极作为努尔哈赤的第八子，也是紧跟他父亲努尔哈赤的步伐。

万历四十二年（公元 1614 年）四月，皇太极娶了科尔沁莽古思贝勒的女儿哲哲为妻，即后来的孝端文皇后。

天启五年（公元 1625 年）二月，三十三岁的皇太极又娶了科尔沁寨桑贝勒年仅十三岁的二女儿布木布泰为妻。

崇祯七年（公元 1634 年），皇太极又迎娶了科尔沁寨桑贝勒的另一个女儿海兰珠为妻。

多尔衮和阿济格，在联姻方面也不落下风。天启三年（公元 1623 年），多尔衮与阿济格同时迎娶了科尔沁的姑娘为妻，阿济格娶的是孔果尔的女儿，多尔衮娶的是吉桑阿尔寨的女儿。

……

虽然过程有点曲折漫长，但是最终结果还算是过得去。努尔哈赤通过联姻、结盟这些措施，终于与蒙古科尔沁等部落结成了强大坚固的政治联盟，解除了建州的后顾之忧。

只搞好外部关系那是不够的，还要搞好女真族的内部关系。

万历二十四年（公元 1596 年）秋七月，乌喇贝勒满泰及其子皆为部下所杀，努尔哈赤这个时候想起了布占泰。

说起布占泰就想笑，当初布占泰被擒的时候，建州军队根本就不知道他是谁，差点就将他剁成肉丝了。

布占泰本来是跟兄长满泰出来长长见识，顺道转发个朋友圈什么的，结果一不小心发现自己被捕了，还要被剁，当时就吓得跪地求饶，表示愿意出银子赎命。

建州将士忍不住满脸抽搐，心头好像有一万只羊驼奔腾而过。什么鬼啊？这是什么鬼？要不要贪生怕死到这种程度，传说中贵族的傲骨呢？所以说，女真首领的忠诚坚贞教育，有待加强刻不容缓啊。

事实证明，布占泰的运气确实比叶赫贝勒布斋好，不过也就好那么一点点。

虽然努尔哈赤知道了布占泰就是乌喇的二贝勒，但还是给他分了豪华的住所，将他软禁起来了，让他可以坐拥建州美景，尽享城市繁华，写意精彩人生。

这一软禁就是三年，要不是满泰死了，估计要被软禁一辈子。

满泰的死，对努尔哈赤来说，是一次难得的机会，自己应该加紧加以利用。努尔哈赤命令图尔坤、煌占、博尔坤、费扬古等人护送俘获的乌喇贵族布占泰回到乌喇，继任贝勒。

布占泰，放出来就好！以后要好好做人！别再到处惹是生非，为非作歹，穿新鞋不能走老路，这个世界上不是所有人都是你妈，都会毫无缘由地惯着您。

保镖真不白请啊！哥几个，就是我叔叔兴尼牙找我麻烦，你们受累，送他去下面找我兄弟满泰好了。

在建州军队的帮助下，布占泰击败了兴尼牙，兴尼牙逃往叶赫。看来布占泰要继任贝勒，谁都不敢拦着，谁拦谁死。

俗话说：滴水之恩，当涌泉相报，为了感谢建州的援助，布占泰继任贝勒后，就将布翰贝勒的女儿，自己同父异母的妹妹滹奈嫁给了舒尔哈齐。

不要羡慕我，我舒尔哈齐是脸盲，就是说我根本分不清谁漂亮谁不漂亮。

万历二十五年（公元 1597 年）正月，乌喇与建州正式结盟。

不久，布占泰向科尔沁明安贝勒送上盔甲十副、貂裘猞猁狲裘共十领、金银各十两、骆驼六只、马十匹、马鞍数副，作为聘礼，求娶他的女儿。

结果明安贝勒收了礼金，却拒绝嫁女儿。

明安贝勒！你还有脸吗？你干吗收了礼金，不嫁女儿，这是悔婚你知不知道，你还有没有一点羞耻之心，你明不明白“丢人”的“丢”字有几种写法！

宝宝心里苦，但是宝宝不说。布占泰没有办法，又向努尔哈赤求亲。

万历二十六年（公元 1598 年）十二月，努尔哈赤将弟弟舒尔哈齐的女儿，年仅十五岁的额实泰嫁给了布占泰。

这难道就是传说中的萝莉养成计划，据说萝莉有几好，超萌超害羞超可爱，清音体柔易推倒啊！对此我表示极度羡慕，不好意思，口误，是鄙视，是极度鄙视啦！

万历二十九年（公元 1601 年）十一月，布占泰又将亡兄满泰十二岁的女儿阿巴亥亲自送到了佛阿拉城，嫁给了整整大阿巴亥三十一岁的努尔哈赤。

万历三十六年（公元 1608 年），努尔哈赤又将自己的四女儿，年仅十四岁的穆库什嫁给了布占泰。

布占泰是舒尔哈齐的妹夫，舒尔哈齐又是布占泰的岳父，努尔哈赤是布占泰的侄女婿，布占泰又是努尔哈赤的女婿，努尔哈赤又与舒尔哈齐是兄弟，这关系乱得理都理不清了。

我都怀疑我要不要先读一夜党章，把世界观、人生观、价值观都给扭转过来。

大明还误认为努尔哈赤是为了帮助大明巩固边疆，封他为龙虎将军（正二品）。

努尔哈赤本来就不是什么正人君子，当然脸不红心不跳地接受了，谁叫大明笨呢！努尔哈赤更不会向大明解释：自己是为了壮大自己的实力，并不是为了巩固你的狗屁边疆。

努尔哈赤有了这么多盟友，实力不断壮大，建州各部落受他管辖的首领多达五十三人，于是努尔哈赤自称女真国建州卫，统管建州所有的人民。

# 一女亡四国

要提努尔哈赤统一辽东女真各部落的历史，就不得不提一个漂亮的女人，这个漂亮女人就是著名的叶赫老女。

这个叶赫老女名叫东哥，万历十年（公元1582年），出生在辽海卫富余（今吉林梨树县），是辽东出了名的美女，从小就长得天姿国色，美到了出门不带钱、吃饭打一折、违章停车不被罚款的程度。

如今的美女都能够遇到帅气的小伙子或者是超级有钱的富商，可历史上的美女却不同，她们都爱遇到什么巫师、喇嘛、和尚、道士、女巫之类的人物，并且还会给美女们说一些非常富有哲理的话。

电视剧《孝庄秘史》中年少的布木布泰就遇到了一个喇嘛，喇嘛告诉她："姑娘，你将来的富贵又岂是你今天能够预料到的啊！"最后布木布泰嫁给了皇太极，飞黄腾达，成为一代名后。

这一历史事件到底是不是真实的，至今已经无从考证，我也不想在这个无聊的问题上浪费时间，就此打住。

东哥遇到了一个高人，可这个高人不是喇嘛而是巫师，女真族并不像蒙古族与藏族，信奉喇嘛，他们信奉的是巫师。巫师在少数民族部落中，都有着非常崇高的地位。

这个巫师作出了一个足以惊天地、泣鬼神的预言：此女可使天下兴盛，也可使天下灭亡。

万历二十一年（公元1593年）九月，叶赫、哈达、乌喇、辉发、科尔沁、锡伯、卦勒察、珠舍里、讷殷九部三万多联军在古勒山被努尔哈赤的建州军队给一锅端了，兵器、家当丢得一干二净，短期内是不能够恢复了。

万历二十五年（公元 1597 年），叶赫、哈达、乌喇、辉发四个部落纷纷派遣使者向努尔哈赤示好。努尔哈赤，我们谁跟谁呢？来来，大家都是女真人，消个气，握个手，我们还是好朋友。

叶赫还表示愿意将贝勒布斋（在九部大战中战死）的女儿东哥许配给努尔哈赤。

其实，努尔哈赤早就与叶赫是姻亲关系了。

万历十六年（公元 1588 年）九月，纳林布禄将年仅十四岁的妹妹孟古送到佛阿拉城，与努尔哈赤完婚，如今再将东哥许配给努尔哈赤，那不是姑姑侄女共侍一夫？不过这在女真部落，是很常见的。

努尔哈赤早就对东哥这个女真第一美女垂涎三尺，只是由于东哥是对手叶赫的，没有机会，现在既然有这么好的事，当即表示同意。“牡丹花下死，做鬼也风流”这句俗话，看来所言非虚。

努尔哈赤迫不及待想拥有东哥这个美女，立刻派使者向叶赫下聘礼定亲，并且承诺“待我他日君临天下，定许你母仪天下”。

过去了，是路，过不去，是坎；再次过去了，还是路，再次过不去，那就是堵墙。努尔哈赤不知道的是，东哥对他来说，就是堵墙。

东哥不答应，努尔哈赤杀了她的父亲布斋，是自己不共戴天的杀父仇人，天下哪有嫁给杀父仇人做老婆的女人，除非是假装下嫁寻找时机报仇，可东哥并不打算这么做，她虽然没有能力亲手杀掉努尔哈赤，可是她有天下无双的美色。

东哥向哥哥布扬古贝勒表示：“努尔哈赤是我们兄妹的杀父仇人，我是坚决不会嫁给他，谁要是能够取努尔哈赤的性命，我就嫁给谁！”

布扬古想了想，觉得东哥的话不是没有道理，这个世界上有些人，就是可以靠脸吃饭的。

当初自己不是将东哥许配给乌喇贝勒布占泰为饵，诱使乌喇参加九部之战吗？只不过结果出人意料了点，不但没有玩死努尔哈赤，还赔上了布斋的

性命，布占泰也做了俘虏。

不过不要紧，妹妹仍然天姿国色、倾国倾城，属于男人爱女人恨那种，为什么不能像以前一样，以征婚为条件，联合其他女真部落共同对付努尔哈赤呢？

布扬古公开为东哥征婚：谁能够杀掉努尔哈赤，东哥就嫁给谁。

没有贫富的限制，没有等级的制约，也没有门第观念的碰撞，许多喜欢东哥的女真青年怀疑莫非自己人品大爆发，最近开始走桃花运了，一个个都跃跃欲试。

不过大多数人要考虑考虑自己有几斤几两啊，如果为了娶东哥赔上自己宝贵的生命那就不值得了啊！

不过没有关系，虽然不能拥有东哥，但是不妨碍广大男同胞去想象，正如那句俗话所说，所谓意淫，就是夺人贞操于千里之外。

## 第一个求婚者

哈达本来正在跟叶赫交战，孟格布禄还用三个儿子为人质，换得努尔哈赤派遣费英东等人率领二千人前来相助。一听说征婚的事情，二话不说，就投到了叶赫的怀抱，这画风也转得太快了。

当然这也不能怪孟格布禄，“美”字当头，一般人哪里禁得住诱惑。

孟格布禄的确不是出色的政治家和好首领，可他却如同周幽王姬宫涅、吴王夫差、陈后主陈叔宝、唐玄宗李隆基、南唐后主李煜、平西王吴三桂，为了心爱的女人，敢于付出一切，哪怕是自己的生命，甚至是自己的国家。

孟格布禄表示：我若在你心上，情敌三千又何妨；你若在我身旁，负了天下又怎样。孟格布禄和布扬古贝勒订下婚约后，突发神勇，做出了平生最强悍的一次举动。

万历二十七年（公元 1599 年）五月，孟格布禄向建州宣战。

气势很足，决定也很威严，孟格布禄忘记了，豪言壮语可以张口就说，可天底下的难事，难就难在说得出，不一定就做得到。

人生大起大落，真是太刺激了。哈达军队六月还在张牙舞爪、耀武扬威；

九月就被打得遍体鳞伤、满地找牙。

努尔哈赤用血淋淋的事实告诉孟格布禄：你爱了该爱的人，可以天天过情人节；你爱了不该爱的人，我就天天让你过清明节。

你以为孟格布禄是为了性命就出卖爱情的人吗？没错，你猜对啦，在生命与爱情之间，孟格布禄义无反顾地选择了生命，放弃了爱情，抛弃了心爱的姑娘，恬不知耻地向情敌努尔哈赤投降了。

孟格布禄，你现在才知道害怕，会不会太迟了？

努尔哈赤为人处世的原则就是“对情敌的宽恕，就是对自己的残忍”，努尔哈赤可以宽恕任何敌人，但情敌不行，努尔哈赤毫不犹豫地挥刀砍翻了孟格布禄。

孟格布禄因东哥而获利，又因东哥而死，真是报应不爽。

努尔哈赤，你在辽东惹是生非，将大明放在眼里了吗？大明派遣使者狠狠警告了努尔哈赤。

不能跟大明翻脸，至少，现在暂时还不能翻脸。

努尔哈赤没有办法，只有忍痛割爱，于万历二十九年（公元1601年）正月，把自己与衮代生的女儿莽古济许配给了孟格布禄之子吴尔古代，不过仍然将他囚禁在建州。

努尔哈赤，我们能不能多一点真诚，少一点欺骗，大明是让你送吴尔古代回哈达，不是让他当你女婿。

好吧，也是难为了努尔哈赤，居然在大明的咄咄逼人下，还能敷衍了事这么久，可人在屋檐下，不得不低头，大丈夫能屈能伸，今天低头是为了明天更好地抬头！努尔哈赤将吴尔古代送回了哈达。

哈达这么好欺负啊，我俩也试试。叶赫联合蒙古，入侵哈达。

大明这么够意思，不找他找谁。吴尔古代于是向大明求救。

兄弟，像这种小矛盾，我们外人还是不要插手比较好，大明理都没有理吴尔古代。

不久，哈达又爆发了大饥荒，穷得那叫一个惨，简直是自然灾害、经济萧条、债务危机。

吴尔古代没有办法，又向大明求救。大哥，嘘寒问暖，不如送点粮食。这个时候指望大明，不如指望那个红内裤的家伙从天而降！大明还是没有反应。

英镑你个日元啊！我吴尔古代上辈子到底做了什么缺德事啊！怎么交了大明这个损友啊！

吴尔古代不因困难而退缩，不因艰辛而放弃，又去找努尔哈赤求救。

要不要这么客气，真是睡觉，就有人送枕头啊！努尔哈赤二话不说，就将吴尔古代及其部众打包带去了建州，包吃包住逢年过节还发过节费。

努尔哈赤此举，既剪灭了对手，又顺便收买了人心，还几乎全盘接受了哈达的所有力量，可谓一举三得。

努尔哈赤势力急剧膨胀了，也是时候找正主叶赫谈谈了。

万历三十一年（公元 1603 年），努尔哈赤的福晋孟古病危，临终前，她最大的心愿就是再见自己的母亲一面。

病魔缠身，弥留之际，有家人在身旁，简直比什么都珍贵啊！尽管与叶赫部落已经结下了仇怨，但是努尔哈赤一咬牙，一跺脚，派遣使者前去与叶赫商量迎接岳母。

所谓商量，别管到底怎么谈，但是心平气和是第一前提。叶赫与建州已经敌视到无法妥协的地步，必须干翻对方才能解决问题了。

努尔哈赤，你还没睡醒吧！

我的地盘，我做主，纳林布禄不愧是总导演，连半点戏份都没有给孟古的母亲安排，直接指派孟古乳母的丈夫南太前往建州探视。

孟古本来就被病魔折腾得难受的要死，这下更是痛苦得不想死都难了！孟古带着对母亲的思念，对丈夫与胞兄之间争斗不休的无奈，撒手人寰，年仅二十九岁。

孟古病逝后，努尔哈赤非常难过，不仅将孟古葬在自己居住的院子里，强迫自己吃了几个月素食，还残忍地让侍候过孟古的四个婢女殉葬。你们就放心地随孟古去吧，你们的家人我会好好照顾的。

从这以后，努尔哈赤就记恨上纳林布禄了，决定找个机会，把那个不开眼的家伙给解决了。

万历三十二年（公元 1604 年）正月初八，努尔哈赤以叶赫不让孟古与母亲相会为由出兵攻打叶赫张、阿气郎二城，俘获二城七寨人畜两千多，才班师。

要是纳林布禄有先见之明，估计肠子都悔青了。

## 下一个求婚者

死亡的阴影，也无法掩盖对真爱的追求，孟格布禄追求东哥的悲惨下场，并没有使众多的追求者止步，他们为了这位女真第一美女争先恐后，都信誓旦旦地表示不娶到东哥，就不是男人，一定要把努尔哈赤分分钟轰杀成渣。

第二个不知道“死”字怎么写的追求者出现了：他就是辉发首领拜音达里贝勒。

拜音达里可是出了名的心狠手辣，当初拜音达里的祖父王机褚刚闭上眼睛，他就发动了政变，诛杀了七个叔父，自立为贝勒，开始统治辉发。

“斩草不除根，春风吹又生”，拜音达里的堂兄弟及其部属，纷纷逃到了叶赫，并鼓动辉发部众发动了叛乱。

砍人服务哪家强，辽东女真找建州。不过，这年头，人与人之间是没有基本信任的，你让人帮你忙，你总要拿出点东西，才能显示出诚意！拜音达里没有办法，将手下七员大将的儿子送到建州当人质，请求努尔哈赤出兵。

努尔哈赤出兵一千多人，帮助拜音达里镇压了叛乱，稳固了统治。

为了表示感谢，拜音达里和努尔哈赤的女儿订下了婚约。

后来拜音达里发现努尔哈赤的女儿不怎么漂亮，扭头就走，来也匆匆，去也匆匆，挥一挥衣袖，没带走一个新娘！

好饭不怕晚，好女不愁嫁，东哥这种女人，能让男性看见她之后，全身上下发软。拜音达里见了东哥，当时就有种中了五百万大奖的感觉。

拜音达里没有一点心理负担地毅然撕毁了之前的婚约，于万历三十五年（公元 1607 年）与叶赫订下婚约。

由此可见，拜音达里并不是什么好男人。

拜音达里，你咋不上天呢？努尔哈赤很生气，拜音达里的后果很严重。

这次拜音达里还没有来得及当回男子汉大丈夫，鼓起勇气向努尔哈赤宣战，努尔哈赤就等不及了，率领建州军队向辉发扑来了。

九月十四日，建州军队攻入辉发河边的扈尔奇城（今吉林省辉南县辉发山），斩杀拜音达里父子，辉发灭亡。

婚姻本就是爱情的坟墓，可悲的是，你居然敢来盗墓，不弄死你，弄死谁？

哈达首领孟格布禄和辉发首领拜音达里追求东哥，都落得了“身死国灭”的凄惨下场，可是这并没有引起其他追求者的恐惧与退缩，因为东哥的美貌对他们的诱惑太大了。

## 第三个追求者

乌喇贝勒布占泰是第三个追求者，他被东哥无与伦比的美色麻醉，把与努尔哈赤的六次联姻、七次誓盟的事情忘到九霄云外去了。

此时布占泰心里只有一个念头：生命太短，没有时间留给遗憾，不顾一切，娶东哥为妻。

布占泰不惜任何代价与叶赫订下了婚约。

布占泰没有孟格布禄和拜音达里那么笨，主动向强大的努尔哈赤宣战，那无疑是飞蛾扑火，自取灭亡，他没有这么傻，他必须等待，在等待中寻找机会。

这样成功率也会稍微大一点，虽然还是几乎等于零。

不在沉默中爆发，就在沉默中死亡，万历三十五年（公元 1607 年）正月，居住在蜚悠城的瓦尔喀人不堪忍受乌喇的压迫与剥削，在首领策穆特黑的带领下，归顺了建州的努尔哈赤。

对这些弱小部落的自愿加入，努尔哈赤是乐见其成的，毕竟再弱小的力量，聚集多了，也会变得无比强大，这就是“地不畏其低，方能聚水成海；人不畏其低，方能孚重成王”的道理。

努尔哈赤命令舒尔哈齐和自己的儿子褚英、代善，将领费英东、扬古利、扈尔汉、常书率领三千建州骑兵，前往蜚悠城接应策穆特黑的部众。

这一消息被乌喇得知，布占泰决定抓住这一难得的机会，去收拾这支建州军队，布占泰命令叔叔博克多率领一万乌喇军队埋伏在蜚悠城附近的乌碣岩，准备一举歼灭这支部队。

前方！发现可疑目标正在接近！

褚英马上命令扈尔汉率领三百骑兵护送五百多户居民先走，自己则和费英东等人率领剩下的二千七百多人殿后，阻击乌喇军队。

双方这种情况是无法调解的，必须把一方打趴下才能解决问题。

人生最奇妙的地方，就在于你不知道下一刻会发生什么。

乌喇军队有心算无心，结果却被毫无防备的建州军队打得落花流水、抱头鼠窜，统帅博克多被斩杀，常住、胡里布等将领被生擒，阵亡士兵三千余人，损失战马三千多匹，遗弃盔甲三千多副。

毫无疑问，这是赤裸裸的挑衅，完全值得被努尔哈赤痛扁一顿，而且还是扁完之后就地挖坑埋了的那种。

万历三十六年（公元 1608 年）三月，努尔哈赤命令褚英、阿敏等人率领大军出征乌喇，攻占罕阿林城。

通过两次大战，布占泰充分意识到，要打败努尔哈赤是多么困难。

打得过就打，打不过就求饶。没错，布占泰就这样没骨气。布占泰抓了五十名叶赫人送给努尔哈赤作投名状，我错了！我真的错了！我真的错得不能再错了！我们还能回到从前吗？

努尔哈赤同意了。

努尔哈赤是不得不同意，此时他的弟弟舒尔哈齐正在处处跟他作对，攘外必先安内，不把这颗钉子拔掉，怎么能够安心对外进行大规模的远程军事行动。

## 兄弟相残

舒尔哈齐在努尔哈赤起兵以后尽力帮助努尔哈赤，兄弟俩并肩作战，化解了一次又一次危机，渡过了一道又一道难关，可是随着建州的巩固与逐渐强大，使舒尔哈齐对至高无上的权力极度渴望，对哥哥努尔哈赤越来越感到厌烦。

万历二十三年（公元 1595 年）八月，舒尔哈齐奉努尔哈赤的命令，带领庞大的建州使团前往北京向朱翊钧进贡。

这一次远行，使舒尔哈齐大开眼界，他领略了大明王朝政治、经济、军事、文化中心的繁华与富庶，更被群臣向朱翊钧三呼“万岁”那种气势吸引。

舒尔哈齐多么希望自己有一天也能够像朱翊钧一样，坐在高高的龙椅上，接受那万人的朝拜。

舒尔哈齐也知道，这一切对他来说，只是一个遥远的梦，在他的上面还有一个比他更强大的哥哥，他哥哥注定会成为他前进道路上的一块绊脚石。

舒尔哈齐因此对哥哥产生了极大的不满，他坚信终有一天自己会把那块绊脚石踢开，这样他就可以轻而易举地成为女真民族的最高主宰者。

万历二十五年（公元 1597 年）七月，舒尔哈齐第二次率领女真使团来到了北京城，他受到了朱翊钧的热烈欢迎与隆重接待。

临走的时候，朱翊钧封舒尔哈齐为建州卫都指挥使，给他颁发了任命书，佩戴了小红花，还亲自把他送出宫门。

舒尔哈齐感激得泪流满面，与朱翊钧大有相见恨晚之感，他发誓永远都不与大明为敌。

只是舒尔哈齐不知道，大明对他的友好都是装出来的，其实只是想利用他。

建州日益强大，已经深深刺痛了大明的心，可是大明的大部分兵力都去救被丰臣秀吉欺负的邻居朝鲜王朝了，根本拿不出多少兵力来对付努尔哈赤，大明只好采取分化瓦解建州阵营的策略，而舒尔哈齐就是一颗最好的棋子。

从那以后，舒尔哈齐经常与大明联络问候，在辽东和内地都有了很多知己，更重要的是朝中文武百官，几乎都跟舒尔哈齐有过交集，不是新交，便是旧友，即使不是朋友，至少也混了个脸熟。

## 被离间的舒尔哈齐

舒尔哈齐也知道仅仅得到大明的支持是远远不足以与哥哥努尔哈赤并驾齐驱的，必须联合女真各部落，得到他们的广泛支持才能进一步壮大力量，才有可能与哥哥努尔哈赤对抗。

万历二十四年（公元 1596 年），舒尔哈齐娶了乌喇布翰贝勒的女儿、布占泰贝勒的妹妹滹奈为妻。

万历二十五年（公元1597年）十二月，舒尔哈齐又将长女额实泰嫁给了布占泰。

这叫作“有借有还，再借不难”。

舒尔哈齐通过两次联姻与乌喇结成了同盟，虽然舒尔哈齐与乌喇都没有多大诚意，不过是在相互利用、相互欺骗，但这毕竟也是一个名义上的同盟，对敌人或多或少还是有些威慑作用的。

舒尔哈齐知道李成梁的态度对辽东局势有着重要的影响，为了得到他的支持，舒尔哈齐把自己的二女儿娥恩哲嫁给了李成梁次子李如柏做妾。娥恩哲幸不幸福我不知道，年轻守寡是一定的。

舒尔哈齐还努力和自己的老邻居朝鲜搞好邻里关系。

舒尔哈齐的势力迅速壮大，很快赶上了他的哥哥努尔哈赤，与努尔哈赤的实力旗鼓相当。

辽东女真各部落逐渐被努尔哈赤歼灭与吞并，建州控制的人口越来越多，军队人数逐渐增多，实力得到了飞速发展，已经拥有足够的资本与大明对抗，努尔哈赤逐渐转变了对大明的态度，变得越来越敌视大明。

大明对辽东局势非常担忧，对辽东的文武官员频繁进行调整，该撤的撤，该免的免，该换的换。十年之间，更换了杨绍勋、尤继先、董一元、王保、李如松、李如梅、孙守廉、马林，共八任辽东总兵。

万历二十九年（公元1601）八月，辽东总兵马林被罢免，万历皇帝朱翊钧接受大学士沈一贯的建议，再度起用了退休多年的李成梁。

此前能够在辽东总兵这个位置上一待就是二十二年，李成梁当然不会是样子货，很有两把刷子。

七十六岁的李成梁一上任就决定对建州采取分化瓦解、各个击破的策略，用尽一切办法拉拢舒尔哈齐，对舒尔哈齐礼遇有加，亲如兄弟。

万历三十三年（公元1605年），舒尔哈齐的老婆病故，李成梁父子更是准备了丰厚的祭品，长途跋涉、不远万里前往佛阿拉城治丧，舒尔哈齐感激涕零，对于哥哥努尔哈赤对大明的敌视态度越来越反感。

舒尔哈齐与努尔哈赤的关系越来越恶劣，矛盾越来越激化，经常在贵族会议上为了一点小事争吵得脸红脖子粗，就差没有挽起袖子出去单挑了。

努尔哈赤的做人原则跟东汉末年的曹操一样，就是“宁可我负天下人，不可天下人负我”，即使是亲兄弟，也不能违背这个原则。

努尔哈赤决定找机会除掉这个威胁自己地位的对手。

俗话说“天作孽犹可活，自作孽不可活”，努尔哈赤终于等到了一个千载难逢的机会。

万历三十五年（公元 1607 年），舒尔哈齐、褚英、费英东、扬古利、常书等率领三千多建州骑兵前往蜚悠城整编归顺努尔哈赤的瓦尔喀部落。

让人没有想到的是，褚英、代善等人居然遭到了布占泰的伏击，双方展开了激烈的战斗，可是舒尔哈齐不想破坏自己与乌喇的友好关系，带领部下退出了战场，对褚英、代善与费英东等人与乌喇军队的激战熟视无睹。

叔叔，都是你自己找的，这可怪不得侄儿了！褚英、代善等人回到佛阿拉城后，把舒尔哈齐在蜚悠城的可耻行为报告了努尔哈赤。

努尔哈赤觉得幸福来得太快，有点承受不住。

努尔哈赤下令将舒尔哈齐的部将常书、纳齐布以临阵脱逃的罪名处死。

舒尔哈齐知道这是努尔哈赤要削弱自己的实力，于是极力反对。

努尔哈赤没有想到舒尔哈齐对这件事情反应这么强硬，为了避免与舒尔哈齐的正面冲突，努尔哈赤不得不收回成命，罚了常书一百两黄金，剥夺了纳齐布的兵马，并且乘机剥夺了舒尔哈齐的兵权。

舒尔哈齐现在只是废人一个，对努尔哈赤再也构不成威胁了。

权力就如同毒品一样，一旦沾上，就已经上瘾了，舒尔哈齐已经尝到了权力的巨大好处，拿掉他的权力就等同于拿掉他的性命。

舒尔哈齐绝对不会坐以待毙、束手就擒，去做一个普通平凡的人，舒尔哈齐与长子阿尔通阿、三子紥萨克图商议，最终决定，从今以后与哥哥努尔哈赤恩断义绝、一刀两断，另起炉灶。

万历三十七年（公元 1609 年）三月，舒尔哈齐率领五百部下逃出了佛阿拉城，跑到了黑扯木。

为什么舒尔哈齐不选择其他地方，偏偏选择黑扯木呢？

因为黑扯木接近大明的重要军事据点铁岭，而此地的东面与乌喇接壤，一旦努尔哈赤率领大军来讨伐他，他就可以迅速向明军与乌喇求救，迅速得到援助。

看来舒尔哈齐确实有非凡的才智与胆略。

舒尔哈齐命令手下砍伐树木，建造城楼，设置封锁线，拉起防护网，明岗暗哨一大堆，所有人员刀出鞘，箭上弦，严阵以待，如临大敌。

这么做，舒尔哈齐也不嫌累，反正也不用自己动手。

辽东总兵杜松立刻上书朝廷，希望朱翊钧能够封舒尔哈齐为建州左卫首领。

不过就是个称号，不给白不给，给了不白给。

赐封舒尔哈齐，就是为了激化舒尔哈齐与努尔哈赤的矛盾，一旦他两兄弟火并，建州女真实力势必被削弱，大明正好隔山观虎斗，坐收渔翁之利。

杜松果然深得厚黑学精髓，不去北京城玩政治真是可惜了。

跟我努尔哈赤玩猫腻，杜松你还嫩点！努尔哈赤觉得舒尔哈齐还可以再抢救一下，于是派出使者去说服舒尔哈齐，江湖风大，早日回家。

为什么使者这个最危险的角色，偏偏轮到我呢？稍有不慎，明天乱坟岗就会多一个土丘。

可有什么办法呢？努尔哈赤是老大啊！随便动动嘴皮子，下面的人不管愿意不愿意，都得跑断腿去做。

我是大汗努尔哈赤派来的使者，请贝勒爷您敞开心扉，说出您的委屈。

贝勒爷，你不回答我就算了，为什么还把头扭到一边儿去，您是不是看不起我？您这样，我很难做的。

使者留也不是，走也不是，场面有点尴尬。

使者今天跑黑扯木，明天跑佛阿拉，累坏了腰，磨破了嘴，身体差点没累垮，自然要找人出出气。

使者回去以后，把舒尔哈齐的行为添油加醋地告诉了领导努尔哈赤。至于添油加醋到什么程度，那就看使者的节操还剩多少了。

舒尔哈齐这不仅仅是严重拖努尔哈赤的后腿了，已经把努尔哈赤裤衩子拽下来了！努尔哈赤愤怒了。

努尔哈赤这个人，发起飙来连他自己都害怕。

既然不能够杀舒尔哈齐，那就父债子还。看起来，又是一场腥风血雨啊！

努尔哈赤把舒尔哈齐的儿子阿尔通阿和紥萨克图砍了，又把舒尔哈齐的部将武尔坤吊在树上活活烧死。

努尔哈赤还打算杀舒尔哈齐的次子阿敏和第六子济尔哈朗。

阿敏、济尔哈朗这两兄弟不但讲义气，人缘还特好。帮他俩求情，根本不需要动员，在众人的劝说下，阿敏和济尔哈朗总算暂时保住了性命。

努尔哈赤这么做，除了手段有点残忍血腥，效果还是挺可观的。

舒尔哈齐看着自己的儿子一个个惨死，那真是白发人送黑发人啊，他再也没有能力与精力承受人世间最大的痛苦了，只有率领部下回到了佛阿拉城。

努尔哈赤对威胁自己地位的人，从来都不会手下留情，他立刻调集军队，闯进舒尔哈齐的府邸，逮捕了舒尔哈齐，把他囚禁在一间暗室里，还用铁链锁住了他的手与脚，整个房间只留两个小洞，以给他传递食物。

舒尔哈齐落得了与明英宗朱祁镇一样的下场，只是朱祁镇还有出头之日，能够在几年后重新登上帝位，再享荣华富贵，而舒尔哈齐不要说重享荣华富贵，就是走出这个房间的机会也没有了。

总的来说，无论换成谁，在小黑屋子里关久了，都会疯掉的。

舒尔哈齐没有疯掉，他死掉了。

万历三十九年（公元 1611 年）八月十九日，四十八岁的舒尔哈齐走完了他传奇而又凄惨的一生，再次回到了无边的黑夜中。

## 布占泰的最后结局

不得不说，布占泰这家伙有拉仇恨的天赋。

布占泰觉得人生真是太寂寞，需要寻找一些刺激。居然想用弓箭射杀努尔哈赤的四女儿穆库什，最后念及夫妻之情，没有射杀，改为囚禁了。

这比始乱终弃还要过分啊，怪不得爱尔兰剧作家萧伯纳要说“我见过的人越多，我就越喜欢狗”了。

随后，布占泰学习拜音达里，将儿子绰齐奈、女儿萨哈廉以及十七位大臣的儿子打包送到叶赫当人质。

布占泰这是在坑乌喇的道路上自驾游啊。熟悉的味道，熟悉的配方，自然没有逃过努尔哈赤明察秋毫的眼睛。

我们都知道，努尔哈赤有两个逆鳞千万碰不得，一个是他的尊严，另一个是他的亲人。布占泰两个都碰了，努尔哈赤非常愤怒，决定彻底解决不听话的乌喇。

万历四十年（公元1612年）九月，努尔哈赤在第五子莽古尔泰、第八子皇太极的陪同下，率领八旗精锐进攻乌喇。你没看错，我也没写错，努尔哈赤处理突发事件就是这么粗暴狂野。

乌喇军队数万精锐被打得只剩下一个零头，八旗军队趁机攻占河西六城。建州军队打出了威风，又发了横财，真可谓是“名利双收”啊！

布占泰害怕了，向努尔哈赤乞和。大家都是女真人，打打杀杀多不好，原谅我这次呗，只要人人都献出一点爱，世界将变成美好的人间。

布占泰，你整天就知道欺负你女人，勾搭东哥，一点礼义廉耻都没有，怎么建设美丽乌喇。努尔哈赤把布占泰劈头盖脸臭骂了一顿。

努尔哈赤，你嘴巴这么毒，心里一定很苦吧！

努尔哈赤最终提出，只要布占泰愿意交纳人质，允许建州在乌喇驻军，自己就退兵。

布占泰，你最好快点做决定，你打算直接答应呢，还是打算被我们打到答应呢？

我布占泰是不提倡暴力的，为了讲文明、树新风，我还是点头同意吧！

布占泰，咋混的，人咋就越混越少了呢？再混几天你可就得单飞了啊！

人生要是没有小目标，那跟咸鱼有什么区别，布占泰想娶东哥，那就必须跟叶赫搞好关系。

布占泰于万历四十一年（公元1613年）正月又投靠了叶赫，本着精诚合作、强强联手的精神，进行了友好交流，有事没事就陪着金台石和布扬古两位贝勒喝喝酒、跳跳舞、联络一下感情。

我佩服布占泰的决心和毅力，但我也坚信，地球的寿命撑不到那一天。

努尔哈赤不怕事多，也不怕事大，率领八旗军队击败三万乌喇军队，连克乌喇河、孙孔泰、郭多、俄漠、乌喇五城，斩杀万人，获甲七千副。

布占泰跑得那叫一个溜，搞得跟长跑冠军似的，就差身上披面红旗了，转眼就逃到了叶赫。

你是电，你是光，你是唯一的神话！跑得好，跑得妙，跑得呱呱叫！叶赫这么大，我想去看看，努尔哈赤发挥“痛打落水狗”的精神，率领军队继续追击布占泰。

这才是“人在家中坐，祸从天上来”啊！真是“躺着也中枪”啊！叶赫贝勒金台石和布扬古对此内心几乎是崩溃的。

布占泰大哥，我虽然答应把东哥嫁给你，可毕竟现在还没有嫁给你啊！你往哪里跑不好，为啥往我这里跑啊！我和你友谊的小船翻了！

这是正常的心理反应，人受到刺激惊吓都会跑路的，我看布占泰这孩子不错，跑路都想着娘家人，我们就原谅布占泰吧！

唉，啥也不说了，有困难，找大明，赶快向大明这个老大哥发求救信号吧，要是慢了，那就不是大明来救自己了，而是来给自己收尸了。

一支穿云箭，千军万马来相见。

大明还是很够意思的，收到叶赫的求救信后，立马派遣游击马时楠、周大歧率领一千枪炮手前往叶赫。

你要记住，在辽东，大明是老大，你大爷永远是你大爷。

明军一出现，这场仗铁定是打不成了，在辽东，谁敢不给大明面子，大家闲扯一阵后，就各回各家，各找各妈了。

努尔哈赤回去以后，立马修书大明，详细解释了自己出兵叶赫是多么地迫不得已，叶赫不但将许配给自己的妻子许配给了布占泰，还把布占泰给藏匿了。这都能够容忍，那还是男人吗？

为了表示诚意，努尔哈赤还亲自将修书送到了抚顺。

明明可以靠实力说话，却偏偏要靠演技，不给他个奥斯卡小金人，简直都对不起我们这些吃瓜群众了。

人生已经如此地艰难，有些事情就不必拆穿了。

抚顺游击李永芳率领明军出迎三里，将努尔哈赤引入教场，期间免不了推杯换盏，把酒言欢。

至于李永芳是不是这个时候就与努尔哈赤眉目传情、暗通款曲了，本人就不得而知了。

英雄救美固然可歌可泣，可没有哪个美女记得被打成猪头的狗熊，布占泰现在没房没车没彩礼，丈母娘家翻脸比翻书还快，跟学过川剧变脸似的，只字不提把东哥嫁给他的事情。

布占泰觉得自己很倒霉，倒霉得连人品都碎了满地，可是又有什么办法呢，人在屋檐下，不得不低头啊！

布占泰现在穷得可以，估计耗子进来走一圈都得流着眼泪离开，小偷进来都以为同事来过呢。

都怪我轻狂高傲，我懵懂无知，只怪我太年少……布占泰每日以泪洗面，于万历四十七年（公元 1619 年）就坐上了去西方极乐世界的航班，年仅四十四岁。

布占泰的一生，是战斗的一生，是光辉乱颤的一生（此处应该有掌声）！

## 叶赫与叶赫老女最后的归宿

一家有女百家求，每年来叶赫保媒求婚的，跟绿豆苍蝇似的不胜其烦。

万历四十三年（公元 1615 年）五月，叶赫将三十三岁的东哥嫁给了蒙古喀尔喀部达尔汗贝勒之子莽古尔岱。

那些泼过我冷水的人，那我就把水烧开了，还给你们。叶赫为了报复此前建州出兵攻打自己，还下令逮捕了六个建州人。

我没有去找你麻烦，你还敢找我麻烦。看来不教训教训你，你还不知道，人生就像一场戏，别总把自己当主角。

万历四十三年（公元 1615 年）七月，努尔哈赤发兵三千，驻扎南关旧地，准备一举荡平叶赫。

此时叶赫的形势已经危在旦夕。

“冲动是魔鬼，过后就后悔”，啥也不说了，向大明求救吧！

努尔哈赤，你说你，除了欺负老实人，你还会干点啥！

对此努尔哈赤无可奈何，还没有彻底跟大明撕破脸皮，能怎么着呢？退兵噻！努尔哈赤，我就喜欢你看不惯我，又干不掉我的样子。

忙活了这么多年，结果努尔哈赤还是活得好好的，东哥感觉自己不是看不到明天，而是压根没有明天。

想法太多占内存，身体容易死机。东哥出嫁不到一年，就病逝了。

这个影响女真民族数十年的女人终于走完了她富有传奇色彩的一生，她对女真历史的影响也因她的去世画上了一个凄惨的句号。

东哥的死并没有消除努尔哈赤的怒气，万历四十七年（公元1619年）八月，努尔哈赤率领八旗部队讨伐叶赫。

大明经历萨尔浒之战的惨败，丧失了在辽东的大部分土地，哪里还有时间和能力再扮演乐于助人的红领巾，救小弟于水火之中。

兄弟，大哥对不起你，这次只能靠你们自己了。

叶赫金台石和布扬古贝勒没有办法，只有分别驻守东、西二城，拒不出战，打算与努尔哈赤来场旷日持久的攻守战。

这根本没有难住努尔哈赤，努尔哈赤命令八旗将士日夜不停地挖掘地道，虽然地道没有挖进城，但是把城墙挖塌了，八旗军队一拥而上，金台石贝勒眼见大势已去，将自己给点燃了，此刻别说是人了，你能找到一片衣角都算你厉害。

布扬古贝勒见东城被攻陷，立马打开西城城门向努尔哈赤投降。砍头不要紧，只要主义真，只要不杀我，让干啥都行！

努尔哈赤并没有放过布扬古，还是杀死了他。气得布扬古在临死前不停地诅咒：“只要我们叶赫还剩下一个女人，也会灭亡后金。”

不知道这句话是不是后人杜撰的，叶赫后来真的出现了一位著名的女人（叶赫那拉·杏贞）慈禧，控制同治、光绪两位皇帝，暗中操控大清王朝长达半个世纪，使清朝走向了衰落与毁灭，当然这是后话。

对努尔哈赤来说，活着看到敌人一个又一个地倒下，这就是人生最快乐的事情。为了使这份快乐一直持续下去，努尔哈赤将矛头指向了东海女真的渥集、瓦尔喀、库尔喀三部。

在接下来的时间里，建州军队充分演绎了什么叫作群殴艺术和暴力美学，接连攻克瓦尔喀部和渥集部的大部分地区，不是斩杀某某首领，就是俘获多少多少部众，原本要水上几千字的战斗，就这么结束了。

不过努尔哈赤距离统一东海女真仍然有一定的距离，这个距离不仅需要努尔哈赤有足够的耐心，也需要他的继承者有足够的耐心，因为这不仅需要实力，还需要智慧和时间。

努尔哈赤通过三十多年的努力，终于基本统一了建州女真、长白女真、海西女真、东海女真，实现了他梦想的一部分。

其实努尔哈赤统一辽东女真这件事情，大明是知道的，只不过大明也是有心无力，大明这期间正在帮着朝鲜王朝抗击日本侵略军。

# 战国时代

大明帮助朝鲜王朝抗击日军，共投入军队十六万六千七百多人，占当时总兵力（八十四万五千多人）的19.73%；

每年花在抗击日军上的白银高达二百四十多万两，万历二十年（公元1592年）大明国库的存银是七百万两左右，每年流入国库的白银大约是二百一十万两。

也就是说，援朝战争期间，大明每年在抗击日军上不仅花光了全年的收入，而且还要从国库拿出三十万两左右的白银。

不难看出，援朝战争的爆发，不仅消耗了明军的有生力量，暴露了明军的作战方式，而且也造成了大明严重的财政危机。

关于这场战争，我们还是追本溯源，从日本的幕府说起。

所谓“幕府”，就是封建时代日本将军在权力凌驾于天皇之上以后，建立的政治权力机构，相当于今天君主立宪制国家的内阁，但在性质上又有相当大的区别。幕府将军就如同我国东汉末年的董卓与曹操，常以“挟天子以令诸侯”的方式来对国家与大名进行统治。

看哪个不顺眼，哪个没有送礼，就以天皇的名义率军讨伐。这当然要建立在强大的军事实力基础上，即所谓的“强权就是真理”，不然就会没吃到羊肉还惹得一身膻。

幕府的最高长官称为征夷大将军，也叫作幕府将军，相当于我国封建时代的宰相，但又比宰相的权力大，毕竟幕府将军能废立天皇，甚至在一定程度上可以诛杀天皇。

日本从后鸟羽天皇元历二年（公元 1185 年）开始实行幕府统治，到孝明天皇庆应三年（公元 1867 年）幕府统治结束，在这六百八十三年期间相继出现了镰仓、室町、江户（德川）三个幕府统治时期。

幕府原来的意思是指将军的住所，但从源赖朝建立镰仓幕府开始，幕府就成为日本封建时代最高权力机关的代名词，就好比一提到亚历山大，就会联想到了横跨欧、亚、非三大洲的亚历山大帝国；一提到拿破仑，就会联想到了法国历史上赫赫有名的拿破仑帝国；一提到希特勒，就会联想到臭名昭著的德意志第三帝国。

日本从源赖朝建立镰仓幕府开始，就长期处于将军干政的辉煌历史时期，领主、大名、武士都以成为征夷大将军为人生的最高奋斗目标，以开设幕府为最高荣耀。

拿破仑那句“不想当将军的士兵不是好士兵”的名言，在日本要改为“不想当征夷大将军的大名、武士，不是好大名、好武士”。

幕府的最高统治者，往往凭借强大的军事实力威逼天皇封自己为征夷大将军，然后利用庞大的军队，对日本人民实行残酷的军事统治，并威慑实力相对弱小的领主、大名向自己进贡。

幕府的权力已经凌驾于至高无上的天皇之上，然而天皇只有忍气吞声，毕竟他们没有能力反抗幕府，“落后就要挨打”是自古不变的道理。

到了室町幕府统治后期，征夷大将军的实力被削弱了，直接统治的领地越来越少，直属军事力量越来越弱，这就造成各地有实力的大名独霸一方。如果征夷大将军的权力不足以约束各地大名，就会出现像我国春秋战国时代一样的军阀混战。

后土御门天皇应仁元年（公元 1467 年），足利义政继承了大哥足利义胜的职务，成为室町幕府的第八代征夷大将军。

此时，日本爆发了细川胜元和山名持丰等六名守护大名为了争夺幕府管领职务发动的战争，其范围遍及除九州等部分地方以外的日本全土，历史上称其为“应仁之乱”，日本从此进入战国时代。

## 战国时代

众所周知，战国没有规则可讲，谁拳头大，谁就占有更大的生存空间，就能活得舒服一点。在这期间，每一个大名都在为了自身的生存与发展而努力战斗，都在为成为日本的主宰而血腥厮杀。

战国时代，就别说什么手段卑鄙了，在那个弱肉强食的坑爹世道，光明正大是留给死人的。在那个时代，胜利者只有一个，也仅有一个，其他的都会身死国灭，为天下笑。

中国战国时代主要是齐、韩、燕、楚、赵、魏、秦七国之间的战争，而日本则不同，虽然日本国土面积狭小，但是基本上一个县就会出现一个割据势力，所以日本战国时代战争爆发的频率相当高，达到数百次。

由于日本国土面积狭小、人口稀少，战国时代的战役规模都不大，最大的战役也才几万人参加。这当然不能与我国战国时代的战役相提并论。

举个简单的例子，赵秦之间爆发于秦昭王嬴则四十七年（公元前260年）的长平之战，秦国将领白起就活埋了赵国降卒四十万人，这还没有算上战死的人，可见规模之大。

要提到日本战国时代的战争，就不得不提到一个著名的中国人——汪直，为什么在这里要提到汪直呢？因为此人对日本战国时代的战役影响重大啊！

## 汪直

汪直，号五峰，弘治十四年（公元1501年）四月三日出生于南直隶徽州府歙县结林一个商人家庭。虽然商人地位不是很高，但是好歹有钱。这已经算不错了，毕竟有钱便可拥有很多东西。

据万历年间的史书《歙志》记载，汪直出生的时候，他的母亲汪氏曾经梦见一颗耀眼的星星从天空飞入自己的肚子中，星星旁边还有一个戴着高帽子的人。

汪氏很惊诧地说：“这是弧星啊，我儿子将来一定会在土匪盗贼中出名，可是最后也必将死在土匪盗贼的职业上。”

没过多长时间，南直隶徽州府歙县结林地区天降大雪，连野草树木都结了冰。汪直一边欣赏着大雪一边还自言自语地说："天星入怀，这说明我不是肉眼凡胎；草木结冰，这是兵乱的征兆。难道是上天要让我在兵乱中名扬天下、青史留名？"

汪直决定朝着这方面靠近，开始与家乡的一些地痞流氓、混混无赖，比如叶宗满、徐惟学、谢和以及方廷助这些人勾结，组成了庞大的犯罪团伙，干一些违法乱纪的勾当。

嘉靖十九年（公元1540年），汪直伙同狐朋狗友徐惟学、叶宗满等人趁大明海禁松弛的大好时机，离开家乡，来到了广东沿海地区。

没吃过猪肉，还没见过猪跑吗？汪直等人开始打造巨型战船、商船，载着大明特有的硝磺、丝绵、瓷器等珍贵商品前往日本、朝鲜、东南亚各国贸易经商，赚取大量的外汇收入。

汪直继承了家族经商的经验，很有商业经济头脑，只用了两三年时间，就打响了知名度。汪直成为走私集团的年度新人王，一连十二月占据各大推荐榜单前几名。昔日指点江山的小混混，终于混成了雄霸一方的商界大佬。

嘉靖二十一年（公元1542年），汪直在宇久盛定的引荐下，接受了日本肥前国第二十五代家督松浦隆信的邀请，在肥前国的平户岛（今长崎县）和萨摩国的松浦津建立基地。

作为四十来岁的有志中年，汪直要求进步的心情那是相当迫切的，没用多久就超越了其他的走私团伙，成为东南沿海地区数一数二的走私犯，人们都"亲切"地称呼他为"五峰船主"。

当时活跃在福建浙江海域的商业走私团伙主要有两个，一个是以福建人李光头为首的商业走私集团；另一个是以徽州府歙县人许栋为首的商业走私团伙。

许栋的商业走私集团最初与欧洲的葡萄牙合作，后来又有日本私商入伙，是名副其实的"中外合资企业"，在当时真的称得上高端大气上档次，低调奢华有内涵，奔放洋气有深度，简约时尚国际范。

俗话说远亲不如近邻，嘉靖二十四年（公元1545年），汪直凭借着同乡

的关系，顺理成章地就加入了许栋的商业走私集团。

汪直运气实在不怎么样，刚刚投靠许栋没几年，明军就开始围剿海上走私集团。

嘉靖二十七年（公元1548年）四月，浙江巡抚朱纨命令都司卢镗率领明军从海门出发，攻打宁波的双屿港。明军在九山洋大败许栋的商业走私集团，连许栋本人都被明军擒获。

这对汪直来说，未尝不是件好事，至少汪直从此以后可以单飞，不用再看任何人的眼色行事了。

汪直表面挺郁闷，心里挺乐呵。许栋被明军剿灭没过多久，汪直就收拢许栋旧部，自立为船主，成为东南沿海地区商业走私集团的龙头老大。至此，汪直终于从许栋手下的打工仔，成功逆袭，翻身做了老板。

汪直并不满足现状，他希望能够控制东南沿海地区的所有商业走私集团，成为名副其实的海上霸主。

为了达到这个目标，汪直对东南沿海地区的其他商业走私集团发动了全面进攻，东南沿海地区的其他商业走私集团哪里是汪直的对手，不是被汪直消灭，就是归顺了汪直。

汪直的势力在东南沿海地区不断壮大，影响也逐渐扩大，据说东南沿海地区其他商业走私集团的船只要出海贸易，都必须悬挂“五峰船主”的旗帜才敢出海，不然不是遇到风暴，就是撞到海礁，总之一句话，那就是回不来了，更不用说赚钱了。

俗话说“树大招风，人大招恨”，汪直的狂妄自大，引起了朱厚熜的关注。

朱厚熜也是个想得出、做得到的君主，既然他看汪直不顺眼，那么他就要马上收拾汪直。

铲除邪恶，打击罪犯，是官军的天职！嘉靖三十二年（公元1553年）闰三月，浙江巡抚王忬派遣总兵俞大猷偷袭沥港，围歼汪直。

汪直还是挺识时务的，立即对大明粉转路，路转黑，将总部迁到了日本。跑这么远干吗？你能不能有点骨气啊？

日本当时正处于刀兵四起、烽火连天的战国时代，对中国的火器、火药都有很高的需求，汪直正好能够满足他们的需求，在日本很受领主的欢迎。

汪直到达日本后，将商业走私团伙的总部设在繁华的平户城，还挂起了“徽王”的大旗，招收日本的浪人、武士为员工，不断扩大实力和壮大势力。

不管是冷兵器时代，还是热兵器时代，一件性能远超当前武器水平的新式武器，将使拥有它的人掌握多大的战争优势，那是不言而喻的。

汪直通过与西班牙、葡萄牙进行的转手贸易，给日本带去了大量先进的武器——火绳枪。

火绳枪在日本迅速而又大规模地传播，成为历史格局变迁的导火线。

## 一代枭雄织田信长

正亲町天皇永禄三年（公元 1560 年）五月十九日这一天，一支两万五千多人的大部队，不顾倾盆的大雨，在坑坑洼洼的山间缓缓地向前移动。

突然之间，伏军四起，他们如同洪水猛兽，里三层外三层地将敌人团团围住，每个人都争先恐后满面狂热，杀气腾腾势如猛虎。

惊不惊喜？意不意外？

惊是惊了，但是一点都没喜，真的！

如此形势，简直就跟菜市场集体群殴似的，连敌我双方都分不清了。此时别说突围，就算是挤，估计都挤不出去。

在千军万马的大混战中如何才能确保安然无恙，在线等，急！今川军队惊慌失措，四处奔逃，饭碗丢了还可以去找，脑袋丢了可没处去找。

在千军万马中找到敌军统帅今川义元困难吗？不难，因为今川义元这个人不喜欢骑马，而喜欢坐轿子。

兄弟们，梦想还是要有的，万一实现了呢？轿子旁边的就是今川义元，只要杀了他，大家这辈子都不用这么拼命了，吃香的喝辣的，豆浆买两碗喝一碗倒一碗。

所以说，有时候太高调是很危险的。

今川义元突然觉得，自己选择坐轿子，简直就是一个天大的错误。自己要是死了，都是轿子惹的祸。

闪，此时不闪，更待何时？

今川义元马上舍弃大部队，骑着战马，在岛田左京、泽田长门守等十二三个部将的保护下，向大高城方向逃去。

名额有限，报名从速！老子要弄死今川义元，都别跟我抢，谁跟我抢谁死！

啊！谁扔的砖头，有意见不能好好提吗？

侍臣一个个被杀，最后只剩今川义元孤身一人。好吧，也难为这些侍臣了，居然在这种压倒性优势的群殴下，还能坚持保护统帅跑这么远。

有把握要上，没把握也要上！

今川义元措手不及，还没明白过来，先被服部小平太刺中，又被毛利新介砍了脑袋，吃饭的家伙就稀里糊涂地没了。想不到我成了第一个领盒饭的杂鱼。

擒贼先擒王，于百万军中直取上将首级，重现江湖。

织田信长用区区三千兵马，击败了今川义元强大的两万五千大军，斩杀三千人，这就是著名的桶狭间合战，与河越合战、严岛合战，并称为日本战国三大奇袭战。

桶狭间战役过后，织田信长率领军队以迅雷不及掩耳之势，打败了许多弱小势力，控制了肥沃的京畿地区。随后，织田信长又意气风发地率领凯旋之师进入了天皇的住所——京都。

织田信长拥立听话的足利义昭为室町幕府新的征夷大将军，送给正亲町天皇大量的金银珠宝、绫罗绸缎，以获得他俩的支持，这招叫作“两头都不得罪，两头都讨好”。

织田信长凭此迅速在京畿地区站稳了脚，随着势力的不断发展，织田信长很快就成为京畿地区新的霸主，这也证明了“金钱不是万能的，没有金钱是万万不能的”这句话的正确性。

织田信长是日本的一代枭雄，自然不会被眼前的一点成绩蒙蔽了双眼，他的目标是统一整个日本，成为继室町幕府之后新幕府的征夷大将军。

虽然织田信长现在的领地只占日本国土的二十分之一，但是织田信长坚信只要有理想、有雄心、有抱负，再为之努力，胜利最终会属于他。

织田信长为了这个崇高的目标奋斗着，他率领军队，不断征战，去打败那些不堪一击的大名，吞并他们的领地，不断壮大自身实力。

织田信长甚至可以做到两面三刀：时而支持佛教，时而又反对佛教，放火烧毁佛教圣山，投入基督教的怀抱，支持基督教教徒布教；时而又将领地上的关卡统统撤掉，时而又一反常态，对商人增收重税，甚至可以调兵去强制收税。

对织田信长来说，这些都不是目的，而仅仅是达到目的的手段，为了自己的远大理想，礼义廉耻对他来说毫不重要。

在日本战国时代，是不允许善良、仁慈而又没有聪明才智的领主存在的，只有像织田信长那样老奸巨猾，为了目的不择手段，并且不断发现猎物，不断改变策略的人，才能在那个黑暗的时代存活下去。

虽然此时的织田信长取得了巨大的成功，但是他也不能掉以轻心。在整个战国时代，有强大实力的领主绝不是仅仅有织田信长一家。

甲斐的武田氏家族、北陆的上杉氏家族、中国的毛利氏家族、九州岛的大友氏家族个个手握重兵，控制了日本大部分土地，可以说是割据一方的大诸侯。

君子成人之美，小人夺人所爱！对于织田信长的出色表现，有人害怕，有人嫉妒，有人眼红！这些诸侯顿时义愤填膺，正义感跟雨后春笋似的冒了出来。

织田信长，咋哪都有你呢？你是穆桂英啊？还是汽车人啊？阵阵不落下！

要不是打不过，这些大诸侯分分钟砍死织田信长！

要打败织田信长，就必须联合，这条路上有你，也有我！这些领主为了共同的目的与敌人，暂时放下他们之间的仇恨，联合在一起，组织联军。

织田信长，有种你就放马过来。

太不像话了，动不动就打打杀杀，万一教坏小朋友咋办？

在这危急关头，织田信长的聪明才智与临危不乱的勇气，再次发挥了至关重要的作用。

织田信长一边不动声色地调集各路大军，做好战争准备；另一边派出使者，

携带大量财物去分化联军阵营。

这个世界没有金钱解决不了的事情，如果有的话，那这话就当我白说。

什么轰轰烈烈的对抗，什么忠贞不渝的联盟，在金钱面前，许多诸侯的主张是，去他滴！

这水太深了，太可怕了。联军土崩瓦解，被织田信长击杀的军队不计其数。

织田信长用实际行动，告诉这些诸侯：在日本，我不管怎么折腾，都是王都是霸，都是王霸。争夺天下这种技术含量很高的工作，真的不适合你们，活着不容易，且行且珍惜吧。消停对你们有好处，一边玩去是你们唯一的出路。

我们都认错了，织田信长你把手里的刀放下好吗？

台前无敌手，台后下功夫。织田信长从不放弃身边的任何机会，利用这些机会去创造伟大的事迹，这也是织田信长有别于常人的地方。

但在日本仍有织田信长害怕的对手，那就是甲斐的武田氏家族。

## 强大的武田氏家族

武田氏家族原本没有什么了不起，可这个家族却出现了一个伟大的人物，他就是武田信玄。此人对兵法颇有研究，深通战略战术，可以算得上日本历史上著名的军事家。

自从武田信玄得到一本我国伟大军事家孙武写的军事著作《孙子兵法》以后，便认真学习、刻苦钻研，功夫不负有心人，武田信玄最终小有所成，对《孙子兵法》有其独到见解。

武田信玄尤其崇尚《孙子兵法》中“疾如风，徐如林，侵略如火，不动如山”四句，他将这几句写在战旗上，让武家军团时刻谨记。

武田信玄凭借杰出的军事才能，对武家军团进行了一系列军事改革：他将自己的部队分成五个部分，各用一种颜色表示，称为五色备，这主要的作用是可以更有效地调动部队，达到“疾如风，徐如林”的“特技效果”。

在武田信玄的军事改革中，涌现了大量有用的军事人才，例如，武田信繁、武田信虎子、武田信廉、板垣信方、甘利虎泰、饭富虎昌。

他们成了武田氏家族的智囊团，出了名的就多达二十四人，历史学家称他们为“武家二十四将”，不著名的更是数不胜数。

因此，武田信玄被日本历史学家公认为甲斐之虎。

武田信玄去世后，武田氏家族的实力没有丝毫削弱，毕竟武田信玄的战略战术与强大的武家军团仍然存在，而新的家主武田胜赖也继承了他父亲武田信玄的运筹帷幄、骁勇善战。

织田信长对强大的武家军团极度恐慌，欲除之而后快，可凭织田信长一家之力，要除掉这支军队，无异于痴人说梦。

织田信长想到武田氏家族是德川家康前进道路上的绊脚石，德川家康与武田氏家族水火不容，应该可以说服德川家康与自己结盟，共同对付武田氏家族。

矛盾是暂时的，友谊是长久的，和谐是必需的。织田信长与德川家康这两个日本历史上著名的枭雄站到了一起，开始了与武田氏家族的较量。

这一事件再一次印证了一个道理：政治实在是这个世界上最钩心斗角、最尔虞我诈的一门学问。两个政治家，哪怕一个有杀父之仇，一个有夺妻之恨，利之所至，他们也能迅速变脸，由不共戴天的仇人，变成最亲密的政治伙伴。

## 讨伐长筱

天正元年（公元 1573 年），长筱城主奥平信昌违背职业道德，冒着被处死的风险，率领所部人马投靠了三河的德川家康。

长筱城，位于武田氏家族的领地甲斐境内，由今川氏家臣菅沼元成于永正五年（公元 1508 年）建成，城池坚固、易守难攻，一点也不逊色于我国明朝的“天下第一关”山海关。

德川家康控制了长筱城，就有了进攻武田氏家族的前沿哨所，等于掌握了进攻武田氏家族的主动权。

天下掉下来这么大的馅饼，德川家康自然没有不予笑纳的道理。

对于奥平信昌来说，也不是第一次背叛了。奥平信昌本是今川氏家臣，今川氏衰弱后，奥平信昌就投靠了武田信玄，成为武田氏家臣。

打了一辈子雁，反被小家雀啄了眼！武田胜赖不是那种被人打掉了牙往

肚子里咽的主，他绝不能容忍那种哑巴吃黄连——有苦说不出的事情发生。

武田胜赖心潮在翻滚，愤怒在升腾，连夜叫来各大家臣，商讨出兵问题。

武田氏家族的军事实力非常强大，他们称第二，就没有人敢说自己是第一。家臣们都力挺武田胜赖攻陷长筱城，打倒奥平信昌，活捉德川家康，捍卫武田氏的尊严与荣誉。

冲动是魔鬼，冲动的人就应该付出代价。武田胜赖及其家臣虽是能人，却不是超人，他们冲动了，也要为此付出代价。

天正三年（公元 1575 年）四月，武田胜赖率领一万五千骑兵，向长筱城浩浩荡荡开来，准备先拿下长筱城，活剥了奥平信昌，再乘胜灭了德川家康，以泄心头之恨。

虽然长筱城在日本具有重要的战略意义，但是那里的守军仅仅有五百多人。武田胜赖那种自负的人，怎么会把小小的长筱城放在眼里，他认为自己带领这些人马去攻京都已足够了。

打你是看得起你，打你不是目的，打死你才是目的。

四月二十一日，武田军队攻陷了除了长筱城和吉田城外的几乎所有城寨。

先前取得的成绩，不能说是大意思，但可以说是小意思。兄弟们，先忍耐一下，等攻陷长筱城，再休息。

吹冲锋号，兄弟们冲啊！

武田胜赖没有等到长筱城的大门为他大开，而是看到了长筱城下数百名武田氏家族士兵血淋淋的尸体。

让敌人饱受折磨，是我最喜欢的方式啦！武田盛赖立刻下令停止进攻，派兵包围了长筱城。

北面，武田信丰、马场信房、小山田昌行率领二千士兵驻守大通寺；

西北，一条信龙、真田信纲、土屋昌次率领二千五百人驻守；

西面，内藤昌丰、小幡信贞率领二千人驻守；

南面，武田信廉、穴山信军、原昌胤、菅沼定直率领一千五百人驻守。

同时老将山县昌景及高坂昌澄率领一千人，四方接应；

武田信实率领一千人马驻守与长筱城隔河相望的鸢巢山上；

甘利信康及小山田信茂率领两千人作为后援；

武田胜赖亲率三千人驻扎医王寺山。

好主意，就这样决定了！兄弟们一定要严格履行门前三包责任制的承诺！

武田胜赖等待长筱城中的军队把粮食消耗完后主动投降，武田胜赖也盼望德川家康能够率领大军前来救援长筱城。那他就能够一箭双雕，既收回长筱城，又教训德川家康。

小人一旦发达了，就难免找不到北。

武田胜赖太狂妄了，他根本不可能意识到自己等来的不是德川家康的援军，而是织田信长与德川家康的庞大联军，他们来的目的不是救援长筱城，而是要一举歼灭强大的武家军团。

## 求援

武田胜赖做事的方法，向来简单而粗暴。守军不知道武田胜赖什么时候再次发动攻击，他们只知道，下一次杀戮，不来则已，一来势必就要满城腥风血雨。

守军一个个提心吊胆、唉声叹气，士气极其低落。

再这样下去，长筱城的士兵难保不像他们的城主奥平信昌学习，出现几个卖主求荣的叛徒，您给我们一个重新做人的机会，我们还你一个洗心革面的奇迹。

到那时候，真的是叫天天不应，叫地地不灵，哭都找不到坟头了。

俗话说“预防胜于治疗”，即日起，展开严密排查，将长筱城内全都过滤一遍，只差发动朝阳区群众踊跃自发参与了。

奥平信昌知道即使他打开城门，向武田胜赖投降，也会被武田胜赖毫不留情地杀掉，毕竟战国时代是不会允许背叛主子的人存活下去的。

既然不战是死，战也是死，那还不如拼死一战，这样还有机会当英雄，不当英雄，当烈士也可以啊！

奥平信昌还是希望抓住最后一根救命稻草，派人去向自己的新主子德川家康求救。

鸟居胜商，这么多年，你小子一直清汤寡水，有妞不能泡，有气不能撒。别说大哥不照顾你，不给你机会，只要你出去传个信，我保证你以后整天山珍海味、绫罗绸缎、妻妾成群，有事收收租子，没事就提着鸟笼，带着帮奴才上街调戏良家妇女。

鸟居胜商在高官厚禄的许诺下，答应出城传递消息，让德川家康知道长筱城此时面临的困境，请求德川家康出兵救援。

鸟居胜商，最后就看你的了，留给我们的时间不多了。

五月十四日，趁着漆黑的夜色，鸟居胜商拍拍屁股，转身就从野牛郭的污水排水口游出了城，轻易躲开了武田胜赖的哨兵，跑到了德川家康的居所三河。

鸟居胜商，你牛啊！请收下我的膝盖！

鸟居胜商向德川家康传达了长筱城已经被武田胜赖包围数天，弹尽粮绝，情况万分危急的消息。

事情就是这么个事情，情况就是这么个情况。

## 结盟

德川家康早就知道长筱城被围的消息，他于五月六日率领五千精兵进驻吉田城，同时让他的长子德川信康率领七千军队驻守宝藏寺，以确保冈崎城的安全。

德川家康现在就是一个有点实力的小康阶层，空有救援长筱城的勇气，却没有救援长筱城的本钱。德川家康于是派使者向织田信长求救。

织田信长觉得出来混，不罩着小弟有点说不过去。

织田信长收到德川家康的求救后，于五月十三日调集三万大军，带好各种武器（包括火绳枪），从岐阜城出发，前往三河与德川家康会合，与武田胜赖决战。

德川家康命令鸟居胜商返回长筱城，将援军即将到达的消息报告奥平信昌。

还是老总知道心疼人啊，现在像这样的好领导不多了。

遇到这么好的领导，不把活干好，对得起自己的良心吗？鸟居胜商立刻动身潜回长篠，向一起并肩苦战的战友们报告喜讯。

武田军早上也看到了雁峰山上的狼烟，知道有奸细出城通风报信，于是准备了一个很大很深的坑，掉进去就爬不出来的坑。

不幸的鸟居胜商主动跳进了坑里，被武田军队生擒活捉了。

鸟居胜商，你刚跑出城，又想跑回城，奸细不好当啊！

我伪装得这么深，你们是咋看出来的？

武田胜赖见织田德川联军已经开到，生怕煮熟的鸭子飞了，再难以攻下长篠城，于是心生一计。

我有一个小小的计划，需要你配合一下。只要你告诉守城士兵，援军不会来了，我不但饶你不死，以后只要有我在，保证让你搂着姑娘喝着酒，好日子天天有。

丫的，你出门忘吃药了吧？还挺敢想。正愁找不到机会，给城里的同胞传递信息，你却白白送给我这样的机会。

没问题，只要有足够的赏赐，让我干什么都行！鸟居胜商爽快地答应了。

啧啧，这戏演的，妥妥滴！如果不是我看过剧透，我差点就信了。

五月十六日夜，武田军押解着鸟居胜商来到长篠城下，要他向城中喊话。

被五花大绑的鸟居胜商来到城下，向城中大声喊道：我鸟居胜商生是长篠城的人，死是长篠城的死人，织田援军两三日就会到来，兄弟们务必死守待援！

兄弟们，看在我这么辛苦表忠心的分上，一会记得帮我截图发朋友圈！

武田军队一听，都精神了，也不是，都神经了。你看看我，我瞧瞧你，一脸懵×！这画风，这画风不对吧！

骗子！你个骗子！

武田军队感觉自己的小心灵，受到了一万点伤害。

武田军队一拥而上，长枪乱刺，鸟居胜商瞬间变成了筛子，全身上下想要找个完整的地方都没有。

## 奇袭鸢巢山

织田信长与德川家康的军队人数比起武田胜赖的军队的确占很大优势，但武田胜赖的军队经过军事天才武田信玄的训练，战斗力是日本最强的，织田信长与德川家康的联军根本就不能望其项背。

织田信长与德川家康这两个老奸巨猾的政治老油条，权衡再三，决定将大军主力部署在设乐原。

设乐原有两道河川，中间的土地更是坑坑洼洼，空间非常狭小，不利于武田胜赖的强大骑兵展开。

织田信长把部队主力设在山坡上，准备了大量的栅栏，里面堆积了成千上万块石头，想再导演一部桶狭间战役的续集。

可武田胜赖毕竟不是桶狭间战役中的敌军统帅今川义元，织田信长不敢大意轻敌，以防万一，织田信长还布置了三千条火绳枪，放置在主力部队后方，以备不时之需。

武田胜赖的直觉告诉自己，织田信长与德川家康的庞大联军，已经向自己扑来。武田胜赖虽然有强大的武家军团，但是面对数倍于己的敌军也不敢大意，马上召集家臣，商讨下一步的行军计划。

有的家臣建议武田胜赖率领强大的武家军团与织田信长和德川家康拼死一战，重新树立武家军队天下无敌、战无不胜的荣耀；

有的家臣分析了双方实力悬殊的现实，建议武田胜赖不能拿鸡蛋去碰石头，不如率领军队退回根据地甲斐，保存实力，来日再战。

在封建社会，大臣只有发言权，而没有决策权，最终是决战还是退兵，还是要由武田胜赖来决定。

不计后果做事是武田胜赖的风格，事后不后悔是武田胜赖的作风，武田胜赖牛得不行，狂得没边，力排众议，决定把织田信长与德川家康往死里整，不留一个活口。

武田胜赖率领大军浩浩荡荡向设乐原开去。

武田胜赖并没有像西楚霸王项羽一样，破釜沉舟，没有任何顾忌，他还是考虑了失败后的退路，留下了武田信实及其一千士兵防守鸢巢山。

鸢巢山是武田胜赖退回根据地的唯一道路，如果被德川家康与织田信长的军队切断，那后果是可想而知的。

德川家康与织田信长也意识到了鸢巢山的重要性，可由于那里跟长筱城一样，地势险要、易守难攻，他俩不知道谁能够担当攻取鸢巢山的重任。

酒井忠次在德川家康的手下混了多年，还是那种名不见经传的小人物。酒井忠次想在这一次战役中建功立业，树立自己的威信，可以说是想“毕其功于一役”。

酒井忠次在德川家康与织田信长急得焦头烂额、不知所措的时候，主动请缨，表示他愿意带领人马，去迂回突袭鸢巢山，切断武田胜赖军队的退路。

杀贼有风险，出击需谨慎！酒井忠次，能消停会不？就你？战斗力五的渣，还想跟武家军团比画比画，嗑药了？出现幻觉了？不知道自己是谁啦？

德川家康连眉头都没有皱一下，就严词拒绝了他。

公门自古出牛人，酒井忠次别的什么本事没有，最大的本事就是脸皮厚，不管德川家康怎么拒绝他，他就是坚持要去偷袭鸢巢山。

德川家康终于被他那种死缠烂打的诚心感动，同意了他的请求，随手命令他带领人马去偷袭鸢巢山，算是勉强给他混碗饭吃的机会。

对于这个决定，织田信长是举双手双脚表示赞成。

酒井忠次，你很有前途，我很看好你哦。

织田信长命令金森长近率领部分兵力，听从酒井忠次指挥，以增加成功偷袭鸢巢山的筹码。

五月二十日夜，酒井忠次、金森长近、酒井家次等人率领五百枪手、二千步兵趁着夜色，渡过丰川，沿大入川、吉川，越过松山，到达天神山城，成功迂回到鸢巢山下。

我们出来混的，能惹事，就别怕事！酒井忠次立功心切，没有作半刻停留，就命令疲惫不堪的士兵开始进攻。

刹那间，火光冲天，刀剑发出“叮叮当当”的碰撞声，喊杀声此起彼伏。

由于双方实力悬殊，从战斗一开始，就毫无悬念，没有经过多久的战斗，

武田信实战死，武田氏家族在鸢巢山的守军就被全部歼灭，无一人逃脱。

酒井忠次终于混出了大名堂，天使投资人织田信长的眼力可真不是盖的！

武田胜赖的退路已经被彻底切断，除了与织田信长和德川家康拼死一战之外，别无他法。

## 设乐原战役

失败，甚至全军覆没的命运在武田胜赖的心里真实无比地升起，这不必用什么经验去判断，他只能有一条路可走了。

走过去就会拨云见日、一飞冲天；走不过去就可能前功尽弃、万劫不复！

五月二十一日上午，武田胜赖率领武家军团就如同一只饥饿的老虎发现了兔子一样，向织田信长驻守的设乐原阵地猛扑过来。

织田信长马上指挥火绳枪队向武家军团射击。

随着织田信长的一声令下，火绳枪齐发，子弹如雨点般扑向蜂拥而来的武家军团，武家军团的士兵纷纷被射下马来，被射杀的，被马踩死的，不计其数。

好吧！你都不能想象这画面有多惨烈！

没有人为死者叹息惋惜，也没有人去关注倒在自己面前的到底是谁。在血与火浇筑的战场上，死亡是如此平常，就是一个再感性的人，也会变得心狠手辣、六亲不认。

在这危急关头，武家军团在武田氏家族头戴高大头盔的四名臣之一的山县昌景的带领下，向织田信长的指挥部奔来。

织田信长的士兵纷纷冲上去，保护主子，都被英勇的山县昌景砍杀，眼看“射人先射马，擒贼先擒王”的故事又要发生在一代枭雄织田信长身上。

织田信长不愧是一代霸主，临危不乱，很快认出了山县昌景：高帽，活脱脱一个将领的顶级装备，我认为他就是山县昌景。

织田信长立刻命令士兵集中火力，射击那头戴高帽的人。

一阵枪响后，山县昌景身中数弹，跌下马来，气绝身亡。

不忍直视啊！真的是不忍直视啊！

山县昌景一亡，武家军团开始出现混乱，织田信长与德川家康的军队瞬

间精力猛增，像打了鸡血一样，暴跳起来冲向山下，冲得那叫一个欢实。

日本的武士道精神在这里表现得淋漓尽致。

武田氏家族中四名臣之一的内藤昌丰为了给主子武田胜赖赢得逃跑时间，率领所部人马殿后，全部战死，无一人投降。他们的鲜血染红了设乐原的土地，空气中到处飘散着血花的腥味。

侍奉武田氏家族三代领主的老臣马场信房，带领武田胜赖冲出重围，把武田胜赖带到安全的地方后，又带领少数人马，杀回织田信长军中，被织田信长军队乱刀砍死。

武田氏家族在此战中损失了大量优秀的将领与士兵，包括山县昌景、内藤昌丰、马场信房，武田氏家族四大家臣，四去其三，另外还有十四位武田氏家臣战死。

武田氏家族从此衰落下去。

织田信长在此战中树立了自己在日本的威信，为他成为战国时代的霸主奠定了基础。

而在此时，织田信长手下的一位将领也开始迅速壮大，并成为后来影响日本、朝鲜与明朝的创始人，他就是——丰臣秀吉。

# 丰臣秀吉的流浪生涯

后奈良天皇天文五年（公元1536年）二月初六，尾张国爱知郡中村（今爱知县名古屋市中村区）一个普通农民家庭的妇女阿仲，产下了一个男婴。

据男婴的母亲阿仲说，她产男婴的头一天晚上，梦见太阳钻进了她的肚子，他就是后来大名鼎鼎、统一日本，并给中国和朝鲜人民带来深重灾难的丰臣秀吉。

当然这个时候，丰臣秀吉并不叫丰臣秀吉，而叫藤吉郎，不过为了全文连贯，我就一直叫他丰臣秀吉吧。

丰臣秀吉的父亲木下弥右卫门原本是织田信秀手下一名铁炮足轻（火枪步兵），由于在一次战役中，被敌人砍伤大腿，失去了战斗力。

领主织田信秀售后服务态度还是挺好的，赏给木下弥右卫门了一小块土地，他就从武士阶层变成了农民阶层。

出生在这样的家庭，丰臣秀吉美好的少爷梦破灭了，三妻四妾梦破灭了，享受有钱人生活的梦，也破灭了。只能说，投胎是个技术活。

丰臣秀吉七岁的时候，木下弥右卫门病逝了，这个原本贫困的家庭雪上加霜。

丰臣秀吉的母亲阿仲只能依靠洗衣、织布，挣点微薄的小钱来养活丰臣秀吉和他的姐姐阿友。

穷人的孩子早当家，大家不要认为丰臣秀吉后来有所成就就认为他小时候就懂事、勤奋，事实上并不是这样。

丰臣秀吉小时候跟汉高祖刘邦一样，是那种无所事事、放荡不羁的人，唯一的爱好，就是悄悄把他父亲木下弥右卫门留下的那把武士刀带出来，指挥小伙伴们分成两队进行战斗，俨然一副将军的模样。

这跟沙皇俄国彼得大帝小时候颇有相似之处。

阿仲用勤劳的双手，根本不可能养活丰臣秀吉与他的兄弟姐妹们。一切为了孩子，阿仲想到了一个笨办法，那就是——改嫁。

阿仲改嫁后，继父竹阿弥对丰臣秀吉极为不满。打是亲，骂是爱，不打不骂是祸害，竹阿弥对丰臣秀吉，那是伤痕累累满满的爱啊。

怎么把孩子虐待成这样了？还有没有人道主义精神了。这年头，连继父都这么暴力，简直是太不和谐了。

在这个家里，丰臣秀吉就属于那种姥姥不亲，舅舅不爱，多你一个不多，少你一个不少的龙套陪衬，丰臣秀吉自然对这个家也没有什么好感。

此处不留爷，自有留爷处，情况不妙，咱家要跑路了。丰臣秀吉拿着父亲木下弥右卫门给他留下的唯一财产——那把日本武士刀，开始了他的流浪生涯。

伟人就是这样，总会经历许许多多的困难与艰难险阻，方能走向成功。丰臣秀吉要成为伟人，当然也要吃尽苦头，方能拨开云霓见彩虹。

## 流浪青年丰臣秀吉

这里不得不提的就是，在丰臣秀吉开始流浪生涯，到达美浓这个地方的时候，认识了当地的著名土豪蜂须贺小六（就是后来的蜂须贺正胜）。

蜂须贺小六在美浓经营了多年，有着庞大的势力，仅武装人员就多达数千人，然而我们不能够称他们为武士。

在日本，武士并不是武装人员的意思，须经过大名与天皇册封，而这里的人都是蜂须贺小六自己召集的。

丰臣秀吉在蜂须贺小六身边干了多年，蜂须贺小六看出丰臣秀吉异于常人，绝非池中之物，将来一定能够干出一番大事业，对丰臣秀吉礼遇有加。

丰臣秀吉渐渐发现，蜂须贺小六虽然势力庞大，有众多的武装人员，但是没有什么才干，终究不能成就大事。

我来到这里是个美丽的错误，我不是归人，只是个过客。这里没我啥事了，我还是回去玩泥巴吧。丰臣秀吉毫不犹豫地离开了蜂须贺小六。

蜂须贺小六也有自知之明，知道自己这座小庙容不下丰臣秀吉那尊大佛，不但没有挽留他，反而高高兴兴地送他出了家门。

丰臣秀吉又开始了他居无定所、漂泊在外的流浪生活，此刻没有人了解他的满腔抱负，也没有人发现他统一天下的雄心。

也许还有一样东西理解他，那就是他父亲留下的那把冰凉的武士刀。

丰臣秀吉在远江遇到了今川家族的武士松下嘉兵卫。

丰臣秀吉敏锐的洞察力告诉他，松下嘉兵卫绝对不是一个普通的武士，投奔他，将来一定能飞黄腾达，实现自己的抱负。

显而易见，丰臣秀吉没有蜂须贺小六看人那么准确。

丰臣秀吉在信念的支撑下，投靠了松下嘉兵卫，成为他忠实的仆役。

在这四年时间里，丰臣秀吉从底层做起，凭着他吃苦耐劳、勤劳肯干的行为与聪明的才智，赢得了松下嘉兵卫的信任与赏识。

新人太优秀，很容易被同伴欺负的，别问我怎么知道的这么多。丰臣秀吉的勤劳肯干与吃苦耐劳的行为遭到那些懒惰仆役的反感，对他极为排斥。

那什么，牺牲你一个，幸福千万家。其他仆役干脆落井下石、泼冷水，大有直接将丰臣秀吉淹死在水里的架势。

虽然松下嘉兵卫再三保护丰臣秀吉，但仍然阻止不了众人的诽谤。

最终松下嘉兵卫给丰臣秀吉善意地说明原委后，将其解雇了。

丰臣秀吉幸亏被松下嘉兵卫赶了出来，不然后面今川义元被织田信长在桶狭间战役打败后，丰臣秀吉就算有九条命，也基本死光光了。

成功后的丰臣秀吉对此感慨良久，专门派人找到了松下嘉兵卫，封其为大名，赐给他远江国久能一块三万一千石的领地。

没有点门路，想混口饭吃，不是那么容易的事情。

后奈良天皇弘治元年（公元 1555 年），丰臣秀吉这个流浪多年的青年，又一无所成地回到了家乡尾张。

不知道丰臣秀吉是怎样的心情，自己阔别家乡，带着满腔热情与远大理想去他乡奋斗，经过多年的努力，还是一无所成。

泪水从丰臣秀吉这刚强的男人饱经沧桑的脸庞滑下，现在又有谁明白他此时心里所想。

只有夺走你所拥有的全部，才能使你成功摆脱人世之间全部的诱惑与陷阱，经受千锤百炼、千磨万击，去开创万世基业，建立不朽奇功！

# 织田信长时代下的丰臣秀吉

在这个世界上，机遇总是不会被伟人与圣贤错过，就如同太阳和月亮分开后，仍然能够在同一天空再相遇一样。

此时织田信长正在加紧征集军队，壮大实力，以便今后与东海道实力最强大的大名今川义元决一死战。

名额有限，报名从速！

加入你们，有什么福利？

丰臣秀吉抓住了这次难得的机会，投到了织田信长的麾下。

人的长相真的这么重要吗？三分天注定，七分靠打拼，剩下九十分全看长相，你说重不重要？

织田信长对丰臣秀吉印象太深刻了，他完美地躲过了所有人样！丰臣秀吉没有能够成为一名武士，而是成为一名普通的打杂仆役，又干回了自己的老本行。

就算一切看脸，也不要做得这么明显好吗？

天上的雨水绝对不会因为落到了地上的泥潭里，就失去它本来的光彩。丰臣秀吉的辛勤劳动与聪明才智得到了织田信长的信任与赏识。

不飞则已，一飞冲天；不鸣则已，一鸣惊人。

丰臣秀吉立刻由一名普通的仆役变成了一名下级武士，虽然级别比较低，但是毕竟由农民阶级转变为了武士阶级，包吃包住，还有补助，从此命运之神向他微笑。

正亲町天皇永禄三年（公元1560年），在织田信长与今川义元的决战中，丰臣秀吉的军事才能得到了广泛的施展，受到了织田信长的另眼相看，被破格提拔为织田信长家族的足轻组头。

所谓“足轻”，就是临时征集的农民兵，就如同蜂须贺小六那数千武装人员一样，“组头”就是小头目。

丰臣秀吉领导的这支实力弱小的军队，也参加了织田信长对今川义元的伏击战——桶狭间战役。

丰臣秀吉表现英勇，拿着父亲留下的武士刀，砍杀许多敌人，战功颇丰。得到了众多同事的一致好评，赢得了至少三十二个赞。

织田信长因此对丰臣秀吉宠爱有加，把浅野家族的养女宁宁嫁给了他，这恩宠，简直不要不要的啊！

这位宁宁小姐后来成为丰臣秀吉的贤内助。

织田信长的军队打败了强大的今川义元后，就迫不及待与从今川家族分离出来的松平元康（就是后来日本历史上德川幕府的创建者德川家康）联盟，以稳定东部防线。

其实年轻人什么都不需要，只需要一个机会而已，而机会很快就来了。

永禄九年（公元1566年），织田信长的军队多次攻击斋藤家族都没有成功，织田信长决定在墨俣河上修筑墨股城，想与斋藤家族长期对垒。

织田信长连用了柴田胜家与佐久间信盛两员猛将去修建墨股城，都没有修建成功。

丰臣秀吉官职不大，可是眼光远大，他感觉到盼望已久的建功立业的机会终于降临了。

丰臣秀吉主动请求织田信长派他前去修建墨股城，如果没有修建成功，甘愿军法处置。

织田信长被丰臣秀吉的勇气与诚心感动，力排众议，让这个默默无闻的小人物去修建至关重要的墨股城。

丰臣秀吉一上任，就想到了他的老乡蜂须贺小六手下的数千名武装人员，连夜跑到美浓，拜访了蜂须贺小六。

丰臣秀吉毫不避讳地告诉蜂须贺小六，自己此次前来的目的，就是带走他手下的数千武装人员。

丰臣秀吉还向蜂须贺小六保证，此次成功后，那些武装人员将成为人人羡慕的武士，而蜂须贺小六就是这伙武士的小队长。

大队长是丰臣秀吉，丰臣秀吉是大队长。呵呵，想想都有点小激动呢。

蜂须贺小六看人看得的确很准，他看好了丰臣秀吉这只潜力股，于是把所有的本金都投了进去。蜂须贺小六率领数千名武装人员，连夜出发去修建墨股城。

在高官厚禄的许诺下，他们用一晚上的时间修起了墨股城。效率简直是刷新了所有人的常识好吗？这是人类建筑史上的奇迹。

更加不可思议的是，他们在筑城的过程中，还击败了慎村丑之助的军队，我们由此可以想象，物质财富对人的诱惑是有多大。

墨股城修建成功后，织田信长将居城搬到了离美浓更近的小牧山城，以便能够随时偷袭斋藤家族。

人生处处有惊喜，有时候还是毫无节操的惊喜。

永禄七年（公元1564年）二月的一个夜晚，美浓国菩提山城主，年仅十九岁的竹中半兵卫凭借十七个骑兵，斩杀稻叶山城守将斋藤飞弹守，轻易拿下了斋藤家族的居城——稻叶山城。

稻叶山城城主斋藤龙兴化装成农妇，狼狈逃往揖斐郡。关键时刻，掌握一门技术是多么重要啊！

得知固若金汤的稻叶山城已经易主，织田信长立刻派人前来：年轻人，我看你是个人才，只要你肯跟着我混，美浓国一半以后就是你的了。

竹中半兵卫拒绝了。一个字，强！两个字，很强！三个字，非常强！牛人就是牛人，不服不行。

竹中半兵卫攻下稻叶山城后，并没有把它据为己有，而是离开了这繁华的城市，将其原封不动地还给了斋藤龙兴。

竹中半兵卫的胸襟跟意大利统一战争中的加里波第与南美独立战争中的圣马丁一样宽广。

竹中半兵卫离开稻叶山城后，就跑到近江伊吹山隐居。近江小谷城主浅井长政聘用了他，将东浅井郡草野赏给了他。

诸侯的世界，什么最重要？人才啊！领兵打仗的本事，在日本战国那种动不动就需要砍人的年代，这种本领还是很吃香的。

丰臣秀吉学习刘备“三顾茅庐”请诸葛亮出山的故事，三次拜访竹中半兵卫。

哥，啥也别说了，跟定你了。

竹中半兵卫最终被丰臣秀吉的诚心与执着打动，同意出山，帮助丰臣秀吉成就霸业。

君以国士待我，我必国士报之。

从这以后，竹中半兵卫就忠心耿耿地待在丰臣秀吉身边，为其出谋划策，直到生命的最后一刻。

在竹中半兵卫的帮助下，稻叶一铁、安藤守就、氏家卜全三个美浓强大势力，平时一个个眼高于顶的，现在集体发花痴了，全部投靠了丰臣秀吉。

丰臣秀吉的势力得到进一步壮大，成为织田信长麾下举足轻重的人物。

## 织田信长的称霸之路

低调，是属于弱者的专利，战场上的强者，从来都不需要掩饰。永禄九年（公元 1566 年），织田信长亲率大军直捣稻叶山城。

织田信长知道，斋藤家族众叛亲离，不会有人来救援的，可以放心地打，随心所欲地打。

斋藤军队被织田信长打得灰头土脸满头包，连家主斋藤龙兴也被织田信长抓获，斋藤家族从此退出了日本战国时代的舞台。

织田信长迁居歧埠城（稻叶山城），并以天下布武的名义，征召军队，调遣大军，开始了他统一日本的远大目标。

永禄十年（公元 1567 年），室町幕府的征夷大将军足利义辉被三好家族杀害，而足利氏家族此时已经是土崩瓦解、名存实亡，根本没有能力去讨伐三好家族。

足利义辉的弟弟足利义昭跑到美浓向织田信长求救。

虽然此时室町幕府已经名存实亡，但是它在日本仍然具有崇高的象征意义，织田信长感觉到统一天下的良好时机已经到来，欣然同意了足利义昭的求援要求。织田信长以援助室町幕府的征夷大将军为名，率领织田信长军团向上洛浩浩荡荡开去，以迅雷不及掩耳之势打败三好家族，拥立足利义昭为征夷大将军，获得了足利义昭的好感与信任。

元亀元年（公元1570年）二月二十五日，织田信长又以违抗征夷大将军足利义昭号令的名义，联合德川家康，亲率三万大军讨伐越前国的朝仓义景。

常在江湖漂，哪有不挨刀。浅井氏和朝仓氏是世交，近江国浅井氏是在朝仓氏的庇护下建立起来的。在父亲浅井久政与重臣们的施压下，浅井长政背叛了织田信长。

浅井长政屯兵于江北山中，截断了位于敦贺平原中的织田德川联军的后路。

敦贺平原东、西两面有高山阻隔，如口袋状，只有南、北可以通行。北面是朝仓义景的越前国，南面恰好是浅井长政的近江国。

织田信长、德川家康，你们已经被包围了，摆在你们面前的只有两条路，第一条路是投降，第二条路还是投降。

浅井长政虽然长得不怎么样，可想得却挺美。浅井长政大度地允许阿市向织田信长通风报信。

织田信长接到了阿市送来的两头给绑住的一袋小豆：

谁能解释下，这是什么情况？

家臣们你看看我，我瞧瞧你，一脸懵×！丰臣秀吉第一个反应过来：

浅井长政当了叛徒，背叛了我们。

在拼智力的比赛中，老谋深算的丰臣秀吉拔得了头筹。

卑鄙，那个卑鄙的混蛋，居然阴险得把后路都给断了，要不要做得这么绝啊？浅井长政，你这是要搞事情啊？你这样子，搞得我压力很大好吗？

还能怎么样，只能跑了啊！各回各家，各找各妈。

撤退当然不能像电视剧里演绎的那样："前军变后军，撤！"而是要留下

一部分士兵在老虎屁股上拔毛——断后，为主力部队的撤退赢得时间，正所谓“一个死，总比两个死好”。

电影《集结号》就是讲述了这样的故事。

织田信长决定留下池田胜正为大将，明智光秀、丰臣秀吉为副将，率领部分人马，坚守金崎。

池田胜正、明智光秀、丰臣秀吉，差点就跪地上了。

殿后，为什么这么危险的事情，偏偏轮到我们呢？

柴田胜家、佐久间盛政、丹羽长秀等人，一一来与丰臣秀吉等人告别。

众人见留下殿后的兵力太弱，纷纷留下武艺出众的武士，德川家康更留下了几十条火绳枪。

兄弟们，接下来就看你们的了，有问题没有？

就算有问题，现在都到了这个时候，也只能假装没问题了！

兄弟们，自求多福吧，保持呼吸，不要断气！我们在精神上支持你们哦！山水有相逢，我们后会有期！

随后，织田信长、德川家康率领大军，从连马匹都难以通过的东岸山区撤退，成功击败驻守那里的浅井长政的警戒小部队，逃了出去。

丰臣秀吉决定临时抱个佛脚，信个佛先。

丰臣秀吉命令手下的五百将士在前额或头盔上贴上“倒三角形”的白纸，意味活着的亡灵，然后高高挂起一面大旗，上书“南无阿弥陀佛”，进驻金崎。

金崎是位于海中的狭长形陆地，是朝仓浅井联军追击织田信长大军唯一的陆上路线的咽喉。

为了拖延时间，丰臣秀吉命令大军不许主动出击，将士们只准躲在栅栏内用火绳枪射击靠近的敌军。

朝仓义景率领三万大军抵达木芽岭的时候，见天色已晚，于是命令主力部队就地安营扎寨，只让毛屋七左卫门率领两千大军继续前进，充当先锋。

兄弟们！有人要送上门请求打脸服务了！

丰臣秀吉当即命令在全城点燃篝火，在城中插满旗帜，造成自己还在城中的假象。

随后，丰臣秀吉率领五百人悄悄退出城外，埋伏城外的树林里。

深夜，毛屋七左卫门率领两千大军进入树林，丰臣秀吉率领伏兵突然出现在侧面。

兄弟们！给我往死里打，打死打伤都算我的！

这不科学，你们怎么会在这里！

事实证明，毛屋七左卫门没有出现幻觉。

丰臣秀吉的部队，都是身经百战的精锐，各负其责，先是火枪队的一阵齐射，然后是长枪队的突击，蜂须贺小六手下精于夜战的武士发挥了极大杀伤力。

毛屋七左卫门被打得溃不成军，落荒而逃。

太简单了，分分钟搞定。

你们继续逃，就当我没来过。

小胜之后，丰臣秀吉立即聚拢军队，径直穿过金崎城前，转眼间就逃出七八里路程，连影子都看不见了。

一系列动作，一气呵成，等到毛屋七左卫门反应过来，金崎已成空城。要不是属于敌对阵营，朝仓军队都要齐齐报以热烈掌声了。

到嘴的肥肉，哪能放过！

朝仓大军在后穷追不舍，隶属于越前国的真宗僧侣也在沿途不断伏击。虽然丰臣秀吉利用山中的有利地形，且战且退，但是身边的士兵越来越少，要不是追上了德川家康的军队，恐怕早就全军覆没了。

历史上称这一事件为“金崎殿后”。

## 姉川合战

织田信长将此事视为奇耻大辱，决定展开血腥报复。

六月十九日，织田信长自任统帅，丰臣秀吉、柴田胜家、森可成等人为将领，率领两万大军从歧阜城出发，直逼近江的小谷城。

织田信长率领两万大军到达小谷城后，立马派人烧毁了小谷城下的城下町，以此逼迫浅井长政率军出城决战。

随后，织田信长命令丹羽长秀、氏家直元、安藤范俊率领五千大军顺着姊川直上，包围了姊川左岸的横山城。

与此同时，德川家康也率领五千多骑兵逼近，作为声援。

就在同一天，朝仓义景任命朝仓景健为统帅，率领一万大军赶来支援浅井长政。

这次双方都集结了大军，一场决定双方命运的大决战一触即发。

织田信长不等德川家康休息片刻，马上召开军事会议，商量如何作战。

德川家康的家臣本多忠胜向织田信长请命：请信长公将朝仓军队交给我们三河男儿吧！

看到德川家康的军队士气高涨，织田信长信心大增，决定次日与朝仓、浅井联军决战。

## 三田村合战

六月二十八日午时三点左右，朝仓景健在三田村摆开阵势，派人前去叫骂和用火枪撩拨对岸的德川大军。

德川家康考虑再三，决定横下心来赌一把，火速渡过姊川，先灭了朝仓大军再说。

德川家康马上下令，全军立即渡江，直捣朝仓大军。

朝仓军队做梦也没有想到德川大军会这么迅速，一时间猝不及防，乱成一团。

战斗刚开始，本多忠胜和神原康政就趁乱将黑阪备中守、小林瑞周轩、鱼住左卫门尉斩杀了。

在本多忠胜和神原康政的带动下，德川大军士气高涨，无不以必死的决心对抗人数占绝对优势的朝仓大军。

打仗是个体力活，讲究四门功课：闪、转、腾、挪。

朝仓大军急忙渡过姊川，到达左岸，攻击德川大军左翼。

德川家康立马率领两千大军前往支援，连续击退了朝仓大军的十多轮攻击。

关键时刻，酒井忠次、神原康政悄悄跑到姊川的上游，偷袭朝仓大军右翼。

突袭！毫无征兆的突袭！

朝仓大军猝不及防，顿时丧失了斗志，乱作一团。

德川家康立马率领大军展开反击。

在德川大军猛烈的冲击下，很快就抵挡不住，兵败如山倒，纷纷向姊川上游退却。

德川大军自然不会这么轻易放过他们，率部穷追猛打，一路疯狂追杀。

安啦！安啦！其实情况也没有那么糟糕。

就在这关键时刻，朝仓家猛将，六十二岁的真柄直隆带着弟弟真柄直澄和儿子真柄隆基，挥舞着大刀直冲德川军阵。

几个人在德川大军中，来回厮杀，如入无人之境，勾阪五郎次郎等人都死于他们刀下。

真柄直隆等人如战神一样神勇，让所有德川将士都感到魂飞魄散，再也凶不起来！

在他们的带动下，朝仓大军瞬间打了鸡血似的，纷纷奋起反抗，朝仓大军出现了反败为胜的机会。

就在这时，勾阪氏部偷袭，用手链将真柄直隆的大刀击落。

然而这并没有什么用。

真柄直隆抽出随身的小太刀迎战，削掉勾阪氏部的大拇指。

真柄直隆实在太猛了，遇到这样的对手，勾阪氏部也真是倒了血霉了。

对真柄直隆这个杀人不眨眼的，勾阪氏部决定还是离他远点的好。勾阪氏部拨马便走。

真柄直隆连忙追击。

就在真柄直隆春风得意马蹄疾的时候，突然马失前蹄摔了大跟头。

勾阪六郎五郎趁机偷袭，用链锤将真柄直隆击倒在地，就算没有粉碎性骨折，估计也伤得不轻。

勾阪氏部表情一秒从死了丈母娘变成了买中了彩票，回马一刀，砍掉了真柄直隆的脑袋。

真柄隆基见状大怒，仅仅一瞬间，就将自己的暴力美学发挥到了极致，追上勾阪六郎五郎，将其斩于马下。

随后真柄隆基杀气腾腾冲入德川军中，真如狼入羊群，人到处悲号不断，人仰马翻，所向披靡。

在战场上，任凭你武功再强横，也无法应对成千上万的铁马金戈。真柄隆基最终力尽而亡。

真柄隆基这种行为，说好听点，那叫勇往直前；说难听点，那叫同归于尽！

真柄直隆、真柄隆基父子战死后，朝仓大军一败涂地，多位大将战死。

然而朝仓景健也很顽强，立马抽调了一百多越前武士，每人手持太刀，组成敢死队，袭击德川家康。

捉奸要捉在床，擒贼要先擒王嘛。

清水久三郎、加藤喜正次、天野康景等家臣纷纷堵在德川家康马前，阻击敢死队的冲击。

德川大军一乱，朝仓景健趁机率领残兵杀出重围，退到了姊川上游。

## 野村合战

野村合战一开始，一千五百名浅井将士在矶野员昌的指挥下，攻势极猛。

矶野员昌率领大军冲入敌阵，如入无人之境，瞬间冲破了阪井政尚三千人的防线。

这大大鼓舞了浅井大军的士气。

什么池田信辉，什么丰臣秀吉，在矶野员昌面前，全都是浮云。

矶野员昌越战越猛，又以迅雷不及掩耳之势，攻破了池田信辉和丰臣秀吉的防线。

矶野员昌将森可成和柴田胜家的六千大军逼到了小谷城下的十町旁。

照这个攻击速度，与织田信长的本阵交锋，只是时间问题。

然而战场就像电视剧，只要还没有结束，一切都有可能发生。

这时，丹羽长秀、氏家直元等人率领五千援军，稻叶贞通率领一千援军汹涌而至，分别从左、右两翼猛烈反扑浅井大军。

天赐良机，真是天赐良机。

织田大军趁机反攻。

浅井大军早已乱作一团，哪里还能抵挡得住如此凌厉的攻击。

安养寺三郎左卫门自愿留下殿后，率领所部一百八十三人阻击追兵，全部战死，无一生还。

这一战，浅井大军大败，死伤无数。

姊川合战，以浅井、朝仓联军败北而告终。

## 三方原合战

墙倒众人推，人倒众人骑。

浅井长政背叛织田信长后，足利义昭对织田信长的态度，来了个一百八十度回旋大拐弯，发出御内书，联络各地大名，准备对付织田信长。

织田信长。好欺负没风险，你值得一试。

朝仓义景、浅井长政、武田信玄、毛利辉元、三好三人众以及比睿山延历寺、石山本愿寺等大鱼小虾，都扑腾出来了，准备咬织田信长一口肉。

织田信长陷入前所未有的重大危机当中，历史上称为“信长包围网”，可见情况的严重程度。

双拳难敌四手，织田信长虽然颇有军事天赋，手下的武士也个个骁勇善战、所向披靡，但是对方人数众多，且兵分几路，织田信长腹背受敌，疲于奔命。

武田信玄接受本愿寺显如和朝仓义景的邀请，决定攻打德川家康领地三河。

元亀二年（公元 1571 年）三月二十六日，武田信玄自任主帅，率领武田大军从高远城出发，经伊奈口进入三河。

武田大军一路高歌猛进，接连攻陷足助城、野田城。

武田信玄乘胜挥军前进，直逼吉田城。

德川家康不再消极避战，立刻率领德川大军离开滨松城，进入吉田城，准备与武田信玄一决雌雄。

武田信玄选择了见好就收，留下部队驻守足助城、野田城，自己则率领大军凯旋。

因为他知道，这只是大餐前的甜点，大赛前的热身，大战前的试探。

接下来，接下来等着他的，才是真正的大餐，真正的大赛，真正的大战，一场决定双方兴衰荣辱的群殴。

失败总是垂青没准备的人，成功总是垂青有准备的人。

为此，武田信玄还需要做足准备。

准备的时间很长，足足用了一年多时间。

元亀三年（公元 1572 年）九月二十九日，武田信玄命令山县昌景为先锋大将，率领五千大军从伊那郡出发，入侵三河东部。

山县昌景麾下的山家三方众重创柿本城城主铃木重时大军。

随后，山县昌景率领五千大军继续向远江进发。

十月三日，武田信玄联合北条氏政，率领两万两千大军从甲府出发，经八岳山麓棒道（军用道路）南下，与山县昌景的五千大军在犬居城完成会师。

武田大军重创德川大军，屡战屡胜，连续攻破只来、饭田等城池。

随后武田信玄率领大军包围了二又城。

德川家康命令大久保忠世、本多忠胜、内藤信成率领三千大军出城前去侦察敌情。

出发没多久，德川侦察部队就在三箇野川附近遭遇了武田大军先锋部队。

凭借兵力上的优势，武田大军将德川大军打得大败，死伤惨重。

大久保忠世、本多忠胜、内藤信成率领残部仓皇向一言坂方向逃窜。

武田大军当然不会这么轻易放过他们，穷追猛打，一路穷追不舍。

双方在一言坂附近再次大战，本就士气低落的德川残兵终于彻底崩盘，全军覆没，只有大久保忠世、本多忠胜、内藤信成等少数人逃了回去。

武田大军乘胜追击，在六天后抵达了位于天龙川和二俣川之间丘陵地带的二俣城。

这时，德川家康突然接到二俣城城主中根正照的消息，武田大军逼近二俣城，二俣城危在旦夕。

二俣城距离德川家康的居城滨松城仅仅二十里，倘若二俣城沦陷，则滨

松城危矣。

这下德川家康急了，怎么办？

考虑再三，德川家康派遣松平康安、青木贞治前往二俣城，协助中根正照守城。

武田信玄决定兵分两路，武田胜赖、武田信丰、穴山信君留下攻打二俣城；武田信玄率领本队渡过天龙川，进攻滨松城。

二俣城地势险要，城坚墙固，武田大军连续攻打了数十次，伤亡惨重，二俣城却岿然不动。

见一时难以得手，武田胜赖等人决定改急攻为长久围困。

武田大军破坏了城中汲水用的井户橹，切断了二俣城内的用水。

两个月后，武田大军长时间的不懈努力终于见到了效果。

中根正照、青木贞治等人率领一千守军开城投降，依田信守、依田信繁父子率领武田大军进入二俣城驻守。

而这两个月的时间里，武田信玄到底在做什么呢？

打仗就如同踢球，优秀的球员总是腾挪躲闪，迷惑对方，最后才会冲到球门附近，一击必中，将球踢进球门。

武田信玄率领大军沿秋叶街道南下，又突然改变了行军方向，大军沿姬街道北上。

这可苦了德川家康。

本来正在三方原埋伏，打算偷袭武田大军的侧翼的德川家康，听说武田大军沿秋叶街道南下直扑滨松城的消息后，急忙引军回撤。

还没撤退多长时间，德川家康又听说了武田大军向三方原北的祝田坂进军的消息。

德川家康思考半天，他觉得武田信玄并没有进攻滨松城的打算，决定横下心来赌一把，火速出城，偷袭武田大军。

十二月二十二日下午，德川大军发动突袭，偷袭山县昌景。

战斗没多久就分出了胜负，德川大军以少战多，大获全胜，杀敌无数。

随后，德川大军大将石川数正又率领所部人马进攻武田大军左翼的小山田持重。

小山田持重战败，战死两百多人。

形势万分危急，马场信春立马率领部队赶来救援，以阻止德川大军的进一步行动。

德川大军大将本多忠胜、神原康政、大久保忠世随即率领人马冲入乱军之中。

与此同时，酒井忠次也离开了负责守护的荷驮队，率领部下突击米仓重继的部队。

武田信丰、穴山信君、内藤昌丰等人率领武田大军迂回至德川大军背后，发动突然袭击。

德川大军被包了饺子，死伤惨重。

德川家康本人在家臣的护送下，冲出了重围，逃回了滨松城。

武田信玄携大胜之余威，继续挥军前进，兵锋直指三河的野田城。

野田城，位于丰川上游右岸，东北有桑渊，西南有龙渊，易守难攻。

野田城原本已经被武田大军占领，但是武田信玄退出三河后，德川家康又趁机夺回来了。此时的守将为菅沼定盈以及前来援助的松平忠正，守军约四百人。

武田信玄先切断了野田城本丸、二丸、三丸之间的联系，再命人挖断了水源。

野田城被围，让滨松城的德川家康深感不安，不过由于三方原刚刚战败，德川家康不敢再贸然出兵。

人生就是这么无奈，有些人注定是你的命中克星。

何以解忧？

本着敌人的敌人就是朋友的原则，德川家康只得写信给越后国守护上杉谦信，请求他出兵求援。

我们不能一起出生，但是我们可以一起祸害苍生。

上杉谦信此时正在对越中国富山城用兵，自顾不暇，哪里还有兵力去救援。

按照时间推算，德川家康的援军，就是乌龟爬，也早到了啊！

菅沼定盈、松平忠正知道大势已去，只好打开城门投降。

攻陷野田城后，武田信玄并没有乘胜进军，扩大战果，而是很快就率军撤退了。

因为武田信玄病倒了。

可见人生是一门遗憾的艺术。

天正元年（公元 1573 年）四月十二日，武田信玄在信浓国驹场病逝，享年五十三岁。

哭给自己听，笑给别人看，这就是所谓的人生。

武田胜赖选择了秘不发丧。

保密，千万保密，自己人知道就算了，外人听见最好灭口！

但世上毕竟没有不透风的墙，十三天后，武田信玄的死讯通过飞骅江马辉盛的家臣河上富信将消息传给了河田长亲。

河田长亲立马报告了上杉谦信。

无论哪个时代，八卦的传播速度都是很快的。

武田信玄的死讯很快传遍了日本各地，成为广大诸侯热议的话题。

织田信长和德川家康当然也知道了。

五月九日，德川家康率领德川大军渡过大井川，侵入骏河武田氏领内，在冈部和骏府郊外放火。

面对残酷的现实，武田大军变成了缩头乌龟，只能选择被动防守。

织田信长和德川家康这才确信武田信玄真的死了。

战场如棋局，人生如电视剧，总要有波折才有看头，大败之后咸鱼翻身才是加倍的精彩。

敌军军事家武田信玄病逝，这是武田氏的不幸，却是织田信长的大幸。

既然你不给我留后路，那我也就用不着给你留后路了。

织田信长对反对自己的势力早就看不顺眼了，早就想废掉他们了，现在武田信玄死了，他觉得是时候将这些人彻底打倒了。

说干就干，织田信长立即率军奔袭足利义昭。

织田信长很快打败了足利义昭，并把他流放到日本的偏远地区河内，进行劳动改造，思想反省，看起来再也不会有翻身的机会。

唉，这样处理，剧情会不会有点太单薄，我可是征夷大将军啊，戏份这么快就要杀青了吗？

统治日本二百三十七年的室町幕府宣告灭亡。

织田信长军团一路所向披靡、战无不胜，不久，织田信长又打败了朝仓氏家族，家主朝仓义景也被堂弟朝仓景境背叛，用爱刀十文字切腹自尽。

历经五代持续百年的名门朝仓氏家族土崩瓦解。

九月二十三日，织田军攻陷了浅井氏家族的居城小谷城，浅井长政及浅井久政父子切腹自尽。

经历三代统治北近江六郡五十五年的浅井氏家族灭亡。

## 三木合战

就在这一年，丰臣秀吉因为在战场上表现英勇且战术运用得当，使织田信长军团在万分危急的情况下转危为安，受到了领导织田信长的另眼相看。

所谓有功必赏，有罪必罚，丰臣秀吉被织田信长封为近江国今滨城城主，领俸禄十二万石。

城主上马管军，下马管民，封地之内，令行禁止，权力大得简直吓死人，丰臣秀吉开始跻身战国群雄的行列。

丰臣秀吉取织田信长家族名将柴田胜家与丹羽长秀姓名中各一字，创造出一个新名——羽柴，称羽柴秀吉。

大概丰臣秀吉是想继承柴田胜家与丹羽长秀两人的所有优点，比他俩做得更优秀吧。

此后，丰臣秀吉将城名改为长滨城，开始努力经营领地，训练武士，使自己军队的战斗力高于其他领主的武士，这为他以后统一日本，奠定了基础。

天正五年（公元 1577 年），播磨的赤松则房、别所长治、小寺正职等城主向织田信长投降。

织田信长把丰臣秀吉改封为播磨国国主，以姬路城为根据地，专门负责对中国地区（日本本州岛西部地名）的军事征服。

丰臣秀吉召集播磨的豪族在糟谷氏的加谷川城开会，商量如何攻击毛利氏家族。

播磨的豪族思想觉悟很高，革命热情高涨，打算敞开心扉，表白心意，说出自己的计划。

丰臣秀吉刚被织田信长放出来，难免比较高调，张口闭口就是让播磨的豪族当先锋，攻打毛利辉元。

我们对你掏心掏肺，你却对我们没心没肺。手中没有米，叫鸡都不来。我们投靠你，不但没好处，还要我们当炮灰。

三木城城主别所长治这心理落差，实在太大了，受不了了，便背叛了丰臣秀吉，投入了毛利氏家族的怀抱。

毛利辉元心安理得地做了接盘侠，男人嘛，就要学得心胸宽广一点。

见有人领头叛变了织田信长，播磨豪族三木通秋等人就如同流氓登徒子遇到美女一般群起响应，从海路运送兵粮进入三木城，没用多长时间，聚集在三木城的叛军就达到了七千五百余人。

神吉城、志方城、高砂城、野口城、淡河城等，都加强了防备，随时保持与主城三木城联络，有事没事寄封邮件，发发QQ，聊聊微信，真正做到了早请示晚汇报。

你们这些不知死活的混账，既然敢叛变，那就做好付出代价的准备。

咱们都是场面人，就不来虚的了。

丰臣秀吉接受军师黑田如水的建议，对三木城，迟早要打，早打比晚打好，于三月率领大军讨伐别所长治。

此次出征声势浩大，那场面真是壮观，旌旗招展，人山人海。

丰臣秀吉觉得，用不了多久，就可以将东播磨的势力连根拔起。

轻敌和轻信一样，往往是要付出代价的。

三木城城坚地险，易守难攻，只要别所长治坚守不出，丰臣秀吉想要短时间攻下此城，也非易事。

别所长治胆大包天，用正常人的思维是无法理解他的，因为他作出了出人意料的选择。

别所长治任命高砂城主梶原景行为军奉行，志方城主栉桥伊则、野口城主长井四郎左卫门、神吉城主神吉赖定为将领，率领一千多精锐偷袭驻守大村坂的丰臣秀吉大军。

机遇，稍纵即逝；成败，只在一念之间。

咋都不按套路出牌呢？我们还没准备呢？

偷袭也好，群殴也好，反正是混乱不堪的一通乱砍乱刺，刀枪与头颅齐飞，手脚共热血一色，丰臣秀吉将士有的死于睡梦中，有的衣服裤子刚穿到一半就被砍翻，连逃跑的机会都没有。

谁能解释一下，这是什么情况？能说什么呢？快跑！

丰臣秀吉大军根本难以组织有效的抵抗，顿时兵败如山倒，连武器都扔了，拼命向加谷川的糟谷屋逃命，不等到天亮就连夜逃到姬路北面的书写山去了，简直是速度和技巧的完美结合。

别所长治，这是你这辈子最有男人味的一次，我给你这次的表现打满分！

天啊！这变化也太快了！对我们来说，眼睛一闭一睁，一天就过去了；对丰臣秀吉来说，眼睛一闭一睁，大军就溃败了，丰臣秀吉第一次有种面临巨大危机的恐惧感觉。

据说，人不会两次踏进一条河流，据说而已。

四月一日，别所长治率领大军，进攻嬉野城。

城主冷泉为纯父子连逃跑的机会都没有，就直接被他轰成渣了。

别所长治要多得意有多得意，要多拉风有多拉风。

丰臣秀吉没想到啊，万万没想到啊！脑子短路了两分钟，才恢复正常供电。

别所长治，黑夜给了你黑色的眼睛，你却用它来搞偷袭，你这不是显得我这个老大罩不住嘛，让我的面子往哪搁？

四月三日，丰臣秀吉决定以彼之道，还施彼身，分兵攻打野口城。

丰臣秀吉的士兵都跟打了鸡血似的，胆气陡增，一心要抢个头彩，拿个一血，立个大功。

丰臣秀吉大军每天都会来攻城，打卡都没有这么准时，一攻就是三日。

啊啊啊，怎么办，突然好害怕，要不我们竖白旗吧！

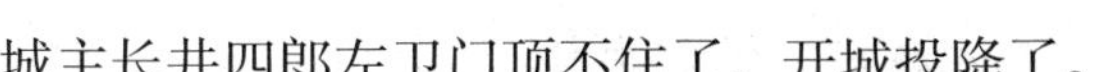

城主长井四郎左卫门顶不住了，开城投降了。

就在丰臣秀吉攻下野口城，加紧部署下一步作战计划、磨刀霍霍的时候，毛利辉元又出幺蛾子了。

毛利辉元联合宇喜多直家，组成六万多人的庞大联军，兵分海、陆两路大军，直扑上月城。

上月城守军只有八百人，毛利辉元军队人数是他们的八十倍，这怎么抵抗得了。

上月城主尼子胜久立马派人给丰臣秀吉，请求援助。

丰臣秀吉是个重感情的人，立刻派遣主力部队前去与织田信忠会合，救援上月城。

毛利辉元到达上月城后，立马临时客串建筑队包工头，指挥手下深挖壕沟，设置栅栏，将上月城完全孤立起来。

在多重防火墙和安全锁之下，就算织田信长援军有通天的本事，也休想运进一滴水，一粒粮食。

阴险，真是阴险，不过更阴险的还在后面。

毛利辉元闲着无聊，只能找点事情做，命令士兵吹奏法螺，敲击太鼓，又吹又敲，又唱又跳，弄得跟春晚闹新年似的。一天反反复复，无穷尽也，吵得水月城内上上下下不得安宁。

城外每天大鱼大肉，还有娱乐活动；城内每天又饥又渴，还要忍受噪声污染。同样是当兵的，咋差距这么大呢？

上月城守军的士气可想而知。

织田信长觉得，毛利辉元是块难啃的骨头，很可能没吃到肉却崩了自己的牙。现在不走，还留下来等着发红包啊！

走错片场了，你们继续哈！织田信长于是什么也不管了，赶紧撤军。

撤自己的军，让别人说去吧！

这次织田信长犯了大错，致命的错误，无法挽回的错误，覆水难收的错误。

织田信长运气真是差，老是踩不准时间点，前脚刚走，后脚就被毛利辉元发现了。

你当这里是公共厕所吗？想来就来，想走就走！

千万别怪我啊！像你们这种半夜三更逃跑的人，我们见一次打一次。毛利辉元率领大军穷追不舍，织田大军损失惨重。

这就是生活啊！你永远不会知道下一刻面对的是什么。

尼子胜久对织田信长死心塌地，然而织田信长对他弃之如草芥。你大爷的，要不要这么缺德，要不要这样没节操！知不知道，这对尼子胜久来说，是怎样的折磨和摧残。

七月三日，上月城被围七十天后，弹尽粮绝，人困马乏，没有一点生气，让这代人看不到希望，让下代人看不到光。

尼子胜久知道自己大势已去，迫不得已，开城投降。

斩草不除根，春风吹又生。毛利辉元提出了投降的条件：要想保住上月城全体将士的小命，尼子家族男子必须全部切腹自尽。

别拒绝，切腹自尽，这是给你武士最高的荣誉，多少人想争取都争取不到，你要懂得珍惜才对。

别激动，我答应还不成嘛！都是革命同志，把刀放下，有话好好说。

你妹啊！我到底招谁惹谁了？答案，还有得选吗？

尼子胜久、尼子氏久、尼子通久、和胜久的嫡男尼子丰若丸等家族男子全部切腹自尽。

水月城的失败，只是织田信长、丰臣秀吉在称霸的路上，遇到的小挫折，就此打住。

根据手下四处打探来的情况，去其糟粕，留其精华，丰臣秀吉发现想简单地攻陷三木城是不可能的事情。

休战吧，没有面子；继续吧，又怕有闪失。

竹中半兵卫，真是智慧满满，灵感多多，那智慧就有如滔滔江水连绵不绝，那灵感就好比黄河泛滥一发不可收拾。

竹中半兵卫建议丰臣秀吉：要想尽快将别所长治这伙人渣收进垃圾桶，只有先击破三木城周围的城池，断掉三木城的粮道。

丰臣秀吉犹如醍醐灌顶，恍然大悟。

如此精心的安排，如此周密的筹划，结果丰臣秀吉发现实施不了。

三木城地势险要，易守难攻，周围大小城池十几座，丰臣秀吉手中就七千五百余人，连形成包围圈都困难，更不用说攻城了。

有麻烦，问上级！有困难，找领导！

丰臣秀吉向主君织田信长发出了信号。

信长君，我是秀吉，敌人数目太多，我方力量薄弱，无法大获全胜，请求紧急支援。

织田信长还是很够意思的，立刻调集三万大军赶到平井山与丰臣秀吉会合。

丰臣秀吉手中有人，嗓门也高了不少，腰杆也直了起来，立马召开了作战策略会议。

会议上，秀丰臣秀吉决定：先攻下神吉城，接着志方城。

七月十五日，泷川一益、丹羽长秀率领金堀众用大铁炮攻入东郭，摧毁城池的塀、橹；荒木村重攻打西郭。毕竟是轻车熟路了，效果还是杠杠滴。

关键时刻,往往是叛徒叛变的最佳时机。神吉藤大夫通过佐久间信盛带信:

我觉得我还可以再争取一下，现在加入你们还来得及吗?

当然来得及，加入我们，机会多多！礼物多多！

重赏之下，必有叛徒。神吉藤大夫这个客串的地下党，决定再搞点工作业绩出来，攒足投降的本钱。神吉藤大夫杀死城主神吉民部，放下武器，打开城门，投入了丰臣秀吉的怀抱。

榜样的力量是无穷的。在神吉藤大夫这个先锋模范的带头下，其他人投降起来一点心理压力都没有。

八月十日，被织田信雄、细川藤孝包围的志方城主栉桥政伊打开城门，投入了丰臣秀吉的怀抱。

丰臣秀吉在三木城周围广建工事，加强对三木城的包围，与三木城比邻而居、暮鼓晨钟、鸡犬相闻。

我们能帮你做的就这么多了，接下来就看你的了。

织田信忠率领主力部队撤退，仅留下丰臣秀吉所部人马继续包围三木城。

九月，察觉到丰臣秀吉兵力大减，别所长治尾巴立马翘到天上了，他不能再等下去了，一刻都等不了，命令别所贺相、别所治定出城攻击中村一氏的阵地。

正所谓官帽子的大小，跟所带兵力的多少成正比。中村一氏一个领两百石俸禄的人，能带多少兵，是搞偷袭打闷棍的最佳对象。

大哥，江湖救急！

没事偷什么袭啊，真是没事找抽型的。丰臣秀吉立即出兵驰援。

援军的出现，挽救了中村一氏。

做贼，大抵是心虚的。你敢过来，我们就敢逃。

晕，既然吃不了鸡，那我就改吃天鹅肉好了。别所贺相、别所治定觉得总不能白跑一趟，转而袭击丰臣秀吉本阵。

你来偷袭我的时候，有没有考虑过我的感受？

既然来了，就永远别走了！

丰臣秀吉同母异父的弟弟丰臣秀长准备给别所贺相这些人好好上一课，让他们好好看看自己的厉害。

别所长治军队刚避开开水，又掉入火坑，这次确实是栽了，非但没有讨到一点便宜，久米久胜、志水直近还陷在那里了，要不是别所贺相跑得比兔子还快，估计现在尸体都凉透了。

如果这回毛利辉元再作壁上观袖手不管，下一个挨刀子的或许就是他了。

人，总是需要成长的。毛利辉元为了救援三木城，派遣数百艘军船，从明石、鱼住一线驰援三木城。

丰臣秀吉发现后，立马调集人手，在三木城至鱼住一带修筑了三十多个小垒、城橹，阻断了毛利军队的运输线。

为了彻底切断毛利氏向三木城输送粮食的通道，丰臣秀吉派兵攻打高砂城。

丰臣秀吉大军遭到毛利辉元援军和高砂城守军的夹击，也就搓几圈麻将的工夫，就败下阵来了。

丰臣秀吉这个人，两天不作妖，三天早早的！丰臣秀吉很快组织了第二

次攻击。

敌进我退，避其锋芒，机动灵活地保存革命有生力量。

高砂城主梶原景行干脆将高砂城军队送入三木城，自己去刀田山鹤林寺过起了隐居生活，来了个眼不见心不烦。

中川清秀负责统率荒木军队围攻石山本愿寺，结果传出军中有人向三木城中倒卖粮食，真可谓是没有粮食，敌人给我们送。

一传十，十传百，百传千千万，传言如同滚雪球一样越滚越大，最终烧到了荒木村重身上。

真是人生无常，普大喜奔啊！所以说，有时候低调是没用的，咱家躺着也中枪，我招谁惹谁了。

不关我的事，我什么都不知道。

流言传到安土城后，织田信长命令荒木村重单枪匹马赶往安土城，解释清楚。

正所谓珍爱生命，远离织田信长。看看浅井长政、浅井久政父子最后的下场，就知道织田信长那家伙不是人，顶多，也就是个人渣。

去还是不去，这是个问题。去吧，有危险；不去吧，有风险。

出来混，你可以不聪明，但不能不小心。前往安土城这种危险性极高的事情，荒木村重自然不可能去做。

懂我的人，不必解释；不懂我的人，何必解释。

哪里有压迫，哪里就有反抗！

十月十七日，荒木村重决定复制粘贴浅井长政的老路，于是向石山本愿寺第十一代法主本愿寺显如送去了起请文和人质，与本愿寺和毛利氏订下了盟约，背叛了织田信长。

随后，荒木村重率领大军离开三木战场，中川清秀也撤回了包围石山本愿寺的军队，一起回到摄津国。

从此以后，毛利辉元可以通过海路由兵库港到摄津国的花限城，通过丹生山城向三木城运送武器和粮食。

谣言满天飞，人心不稳，一个处理不好，是要丢饭碗的！细川藤兴可有点坐不住了。

十月二十一日，细川藤兴派人将消息报告给了安土城的织田信长。

织田信长很头疼，但也很无奈，立马派遣松井为闲、万见重元、明智光秀三人前往有冈城核实情况，这工作的技术含量显然有点高。

荒木村重这个人，城府很深，要他这种人敞开心扉，除非上手术台。

稳住，我能蒙混过去。荒木村重死活都不承认自己要叛变。

我们熟归熟，你这样污蔑的话，我一定会告你诽谤的。

有冈城四周建有北砦、上藕冢砦、鹎冢砦、岸砦、昆阳口砦以及二重、三重堀，十分坚固，易守难攻。

荒木村重完成前期准备工作后，就命令儿子荒木村次，将所娶的明智光秀二女儿送还了明智家族。

这完全是吃饱了撑着的行为，等于大声告诉大家，自己反了。

在这个世界上，最悲哀的事情不是愚蠢，而是自以为是。

到处都是战场，四面都有反抗。事情确实是棘手，而且是很棘手。丰臣秀吉派遣谋臣黑田如水，到有冈城游说。

黑田如水这个人，口才极佳，能把死的说成活的，白的说成黑的，如生活在当代，估计能参加“我是演说家”。

秀才遇见兵，有理说不清，荒木村重觉得，黑田如水就是猴子请来的逗×，压根没给他开口的机会，直接将他关进了又黑又潮湿的山洞。

加藤又左卫门，原本是伊丹兵库头的手下，伊丹兵库头灭亡后，投靠了荒木村重，做了旗本武士。

加藤又左卫门觉得，跟着荒木村重这种人是条死路，得赶紧找条退路。于是加藤又左卫门时常照顾狱中的黑田如水，不是嘘寒问暖，就是送吃送喝，对自己爹妈都没有这么好过。

即便如此，在山洞中，黑田如水还是得了重病，瘸了右腿，成了残障人士，差点就要到残联报到，画面感足足的。

这也就是黑田如水名气大，换成其他人，早就完蛋了。

一年以后，黑田如水就被家将粟山四郎右卫门救出了有冈城。

干得漂亮，粟山四郎右卫门万岁！

黑田如水感激加藤又左卫门的恩情，收了加藤又左卫门的儿子做养子，就是黑田长政的义弟，黑田一成。

加藤又左卫门的付出，终于收获了大回报。天使投资人加藤又左卫门的眼力可真不是盖的，这就是本事，不服都不行。

十一月八日，万见重元、崛秀政、菅屋长赖率领先锋部队抵达有冈城外，开始布置铁炮队。

记性没有忘性好，这是织田信长这方人的老毛病了，估计是晚期了。

非常之人必有非常之举，荒木村重发动袭击，不击则已，一击必中。

别过来，你们别过来啊！我们这还没做好准备呢！要赖啊！

织田大军毫无防备，大脑一片空白，万见重元战死，其余人掉头就跑，至于能不能跑出去就另当别论了。

荒木村重性质特别恶劣，手段特别残忍，影响特别巨大，必须从重从严从快镇压，绝不姑息。

十一月九日，织田信长发布军令，通知诸将进军摄津。

织田信忠、织田信澄、明智光秀、泷川一益、氏家直昌等家臣，纷纷跟随织田信长出征。

荒木村重听说织田信长来了以后，开始固守不出，进入乖巧的一二三模式，不准出城挑衅，不许出城闹事，不许出城打架。

如此一来，战争的主动权完全掌握在了织田信长的手里，这倒给织田信长省了不少事，可以慢慢拔掉有冈城周围一颗又一颗钉子。

同一天，织田信长派京都南蛮寺神父阿尔甘诺进入高槻城劝降，城主高山重友这位虔诚的天主教徒响应神的号召，投降了。

织田信长见敌后策反初见成效，决定再接再厉，将星星之火变成燎原之势，让荒木村重葬身火海。

十一月二十四日，茨木城主、荒木村重的表弟中川清秀，接受织田信长将女儿嫁给其子中川秀正的条件后，打开城门，投降了。

我们凭本事投降，凭什么说我们出卖老大？

以寄骑方式依附于荒木村重的摄津小豪族一见中川清秀也投降了，立马见风使舵，纷纷归附织田信长。

十二月，织田信长大军完成了对有冈城的包围，好像这个时候，能做的也只有等着了。

剩下的工作，交给手下做就是了，织田信长返回了安土城。

天下乌鸦一般黑，如果织田信长是坏人，毛利辉元也不见得是好人。正所谓鹬蚌相争，渔翁得利，毛利辉元打算坐山观虎斗。

在毛利辉元的指示下，援军场面搞得很大，实际上却是干打雷不下雨，一路走走停停，行军慢得像蜗牛，这哪里是驰援，分明是旅游。

砍头最要紧，逃命才是真。

天正七年（公元 1579 年）九月二日，荒木村重抛弃妻子、将士，在乾助三郎、森本六兵卫、本条庄右卫门等五六人的护送下，逃离有冈城，进入了儿子荒木村次的尼崎城。

有冈城西南面女郎冢砦副将宫肋平四郎向泷川一益表示效忠，引导织田军发动总攻击，接连攻下有冈城附近各砦，守将野村丹后守、渡边勘太夫等人自杀。

有冈城陷入了孤立无援、四面楚歌的境地。

面对这样的大好形势，明智光秀毕竟是老江湖了，眼光还是有的，怎么会无动于衷。

明智光秀的反应非常迅速，于十一月十九日说服城内留守将领荒木久左卫门、池田和泉开城投降。

十一月二十四日，明智光秀等人率领织田大军进入有冈城，荒木村重一家被包了饺子。

织田信长攻陷有冈城后，不是急着封赏功臣，发红包雨，而是忙着杀人。凡是跟荒木村重沾亲带故的，人人有份，谁也逃不掉。

十二月十三日，织田军队押着荒木村重的妻子、儿女、仆从，来到尼崎城郊外七松地方，开始处理人犯现场直播，直播对象就是城内的荒木村重。

荒木村重，是不是很想杀我啊！来啊！来啊！我等着你来杀我，有本事

你来啊！

活着，也见不得是什么好事。杀人直播让荒木村重痛不欲生，甚至开始怀疑人生。

你以为这就完了，那只能说你很傻很天真。

十二月十六日，织田军队在京都六条河原继续屠杀现场直播。

瞧一瞧，看一看。走过路过千万不要错过，来一趟，不会吃亏，不会上当，就当上堂教育课。

这一杀就是七十六人。

真不知道该怎么评价才对，织田信长，你太过分了！就算再凶残，好歹你也有个极限吧？你这么下去，那可真的要跌落到凶残成性的万丈深渊之中了。

织田信长对敌人很残忍，对部下却很关心。

织田信长刚完成对有冈城的包围，织田信长就抽调佐久间信盛、明智光秀、筒井顺庆进入播磨，协助丰臣秀吉围攻三木城。

丰臣秀吉派遣福山兹正出使伯耆国，劝降南条元续、小鸭元清兄弟，让他们背叛毛利辉元，改投织田信长。

很显然，并不是所有人都愿意与主子保持一致，南条元续家臣山田重直是个毛利家族的死忠粉，察觉此事后，将福山兹正一族引诱到羽衣石城的山田馆，诱杀了。

说实话，这挑拨毫无技术含量。

这下南条元续火了，丫的，说好的忠诚呢？说好的顺从呢？人家是专业坑爹，你是专业坑主子，连丰臣秀吉的使臣都敢杀，这还得了。

南条元续是个急性子，屁都来不及放一个，就赶紧出兵攻打山田重直驻守的堤城。

山田重直不敌，弃城逃往山阴道的安艺国，投靠了山名政丰。

天正七年（公元 1579 年）二月六日，别所长治组织了二千五百人，再次出城偷袭丰臣秀吉。

混蛋，不要随便给自己加戏好吗？有了三分颜色，还真想开染坊啊！

丰臣秀吉大败别所长治大军，别所长治亲弟弟别所治定等三十五名武将战死，士兵阵亡七百八十人。

丰臣秀吉再次出手，他不出手则已，一出手就是大手笔。

同志们，组织上考验你们的时候到了！

丰臣秀吉大军趁风雨夜，夜袭摄津丹生山，攻落丹生山寨，烧毁佛教圣地明要寺。

四月，织田信长命令织田信澄、前田利家、佐佐成政、丹羽长秀等人，再次进入播磨，协助丰臣秀吉。

四月十八日，别所长治调集大军出城攻打织田信忠的阵地，反被织田信忠大军击败，被斩杀数十人。

不求赢得漂亮，只求赢得稳当。

织田信忠又指挥士兵在三木城周遭新建了六个寨。这样高效率的建筑施工，足够让现在的建筑施工队什么的自惭形秽了。

织田信忠发兵逼近小寺政职驻守的御著城，在城外放了把火。

既耍了威风，又恐吓了对手，可以说是一举两得。

五月，丰臣秀吉拿下海藏寺寨。

丰臣秀吉决定加码玩点大的，更刺激的，很显然，一般小角色干不了。

丰臣秀吉坐镇总部，指挥一切，不能轻动。正所谓打虎亲兄弟，上阵父子兵，这个有挑战性的工作落到丰臣秀长身上了。

丰臣秀长受宠若惊，干劲十足，于六月率领大军攻打淡河城。

丰臣秀长怎么又冒出来了？这日子，还能过吗？

事实证明，总有人能阻止丰臣秀长。

淡河城主弹正定范征战半生，叱咤风云，出了名的有勇有谋，他用火点燃母牛的尾巴，母牛疼得跟西班牙斗牛发了疯似的，左冲右突地冲入丰臣秀长大军，挨着伤，撞着残。

什么情况，这是什么情况？

丰臣秀长大军大乱，弹正定范顺势率领大军冲出城来。

此时此刻，唯一能做的，就是跑。

丰臣秀长的士兵直接连滚带爬地逃窜，估计他们这辈子再看到弹正定范，都会充满心理阴影。

不要太崇拜我，我也只是个普通人。

现在敌人的数量远在我们之上，现在的形势异常严峻。

弹正定范决定放弃淡河城，率领守军进入三木城，关好大门，落上大铁锁。

壮士断腕，弃卒保车，弹正定范这一招玩得溜啊！

就在这个时候，丰臣秀吉的军师竹中半兵卫却病了，病得即将离开人世。

这到底怎么回事？这事想起来就伤心，说起来还丢人，一切还得从黑田如水被囚禁后说起。

这挺不讲道理的战国时代。

黑田如水被囚禁，很长时间没有返回，织田信长误认为黑田如水背叛了自己。

织田信长这个人从来不记仇，有仇当场就报了。

织田信长立刻命令竹中半兵卫杀死黑田如水嫡子松寿丸。

都是多情惹的祸，请原谅我一生不羁放纵讲感情。

竹中半兵卫表面答应，暗地里却派人将松寿丸送到自己的居城美浓国不破郡菩提城藏了起来，声称已经将其杀死。

很多时候，越是不想发生的事情，往往迅速发生了。

藏匿松寿丸的事被织田信长知晓了。

黑田如水是清白的，松寿丸是清白的，这个竹中半兵卫一清二楚心知肚明，可又能怎么办？

在担忧和恐惧中，竹中半兵卫如灵魂出窍，一脸生无可恋，病情迅速恶化。

多聪明的军师，怎么就病了呢？

军师，想吃点啥，就吃点啥；想喝点啥，就喝点啥吧！

六月十三日，竹中半兵卫因肺结核病死于军中，年仅三十六岁。

竹中半兵卫，你走了真好，要不然总担心你要走。

三木城周围的城池都被攻陷得差不多了，呵呵，你以为这样就万事大吉高枕无忧了，天真啊！

事实证明，再严密的防火墙，都会有漏洞。

不久之后，丰臣秀吉士兵在附近的河里发现了很多竹筒，一打开里面装的全是大米。

还有这种操作？城会玩，城市套路深，我想回农村。

没有调查，就没有发言权。

丰臣秀吉派人调查后，发现这是胁川教海寺的信徒在向三木城输送粮食。

这是挑衅，而且摆明是赤裸裸的挑衅。

很好很强大，丰臣秀吉的脸色变得越来越难看，几乎不用化妆就可以去演关公了。

这是嫌自己死得不够快吗？我也是醉了。

丰臣秀吉做了一个非常艰难的决定，派兵杀掉三木城周围所有的僧人，烧毁所有寺院、神社。运气好的，还能找个全尸，运气不好的，直接就没影了，连骨头渣都没留下。

画面太美，我不敢看。

我个人觉得，丰臣秀吉杀僧侣烧寺庙，不是因为刺激，而是因为畏惧。

天正七年（公元1579年）九月初，备前国大名宇喜多直家通过丰臣秀吉，将养子宇喜多基家送到摄津织田信忠处当人质，正式倒向织田信长。

你有织田信长，我有毛利辉元，这社会，约架谁还不能叫来几个人啊！

别所长治鉴于三木城内兵粮日渐稀少，为了横扫饥饿，补充能量，主动跟毛利辉元取得联系，兄弟，说好的团结友爱、守望相助呢？别放空炮，来点干货。

毛利辉元计划趁丰臣秀吉人数不多的时候，输送军粮入城。

毛利辉元发动纪伊杂贺党的八千余门徒携带军粮，在数百名骑兵的保护下，从高砂之滨出发，渡过加古川，来到平田寨附近。

机会是用来把握的，不是用来浪费的；只有把握好现在，才不会后悔将来。

别所长治动员了七千余人准备向城中运粮。

不过要想将粮食顺利运进三木城，必须击败平田寨的守军。

别所贺相、别所吉亲率领三千骑兵攻打谷大膳驻守的平田寨。

平田寨守军只有三百人，哪里是三千骑兵的对手，谷大膳战死，守军像

腹泻一样一泻千里。

见平田寨打得火热，丰臣秀吉也来凑热闹。

丰臣秀吉很快派出援军，两军再次于大村坂激战。

别所吉亲大败，别所甚大夫、别所三大夫、别所左近尉、三枝小太郎、淡河定范等七十三名将领战死，士卒八百余人战死。

问题是，这还仅仅是个开始。

毛利辉元向三木城中运送粮食的八千多人，大半被丰臣秀吉的部队抓住，其余的一路狂逃，连鞋子都跑丢了。

这一战后毛利辉元完全无法向三木城中输送兵粮，城中粮食极为缺乏。

人是铁，饭是钢，一顿不吃饿得慌。

扎心了，老铁。三木城守军只好以军马、狗、老鼠甚至草根为食。

三木城守军感觉身体被掏空，委屈！委屈！很委屈！

说起不讲理，丰臣秀吉排第二，就没有人敢排第一。

天正八年（公元1580年）正月六日，丰臣秀吉大军攻陷别所长治亲弟弟别所友镇驻守的宫上寨。

这样的节奏，似乎停不下来了。

正月十一日，丰臣秀吉大军攻陷别所吉亲镇守的鹰尾寨和新城。

正月十四日，丰臣秀吉派遣别所重栋前去与别所长治接触，提出投降的条件：

首恶必办，胁从不问。

如果你接受，正好名正言顺杀你全家；如果你反抗，攻陷三木城后再杀你全家。

大局为重，别动家伙。既然人家给了台阶，那就顺坡下驴吧。

正月十五日，别所长治决定做个表率，干点正事，接受丰臣秀吉的条件，开城投降。

正月十六日，丰臣秀吉率领大军进城，将本阵移到了城内的本要寺。

正月十七日，别所长治、别所友之、别所吉亲等人，在广场与城中将士诀别。

城主，感谢你为我们作出的牺牲……嗯，什么都不说了，你安心的去吧！

磨还没卸呢，就这么着急杀驴了？没天理，没天理啊没天理，为什么会这样？

别所长治一族全部切腹自尽，全家死光，连跟毛都没剩下。

大吉大利，晚上吃鸡。

丰臣秀吉从来就是一个闲不住、坐不住的人，刚刚击败别所长治，又将目光投向了中国地区的毛利氏家族和山名氏家族。

## 鸟取断粮

天正八年（公元 1580 年）春，丰臣秀吉再次出兵山阴道，攻打山名氏。

要么活得精彩，要么马上去死。

其实早在几年之前，丰臣秀吉就开始攻略山阴道了。

既然要收拾人，就得安排统帅将领，毕竟打打杀杀这种事，老大亲自上场，总归没什么面子。

天正五年（公元 1577 年），丰臣秀吉在播磨加古川召开军事会议，丰臣秀长顺利当选这次征讨但马的总指挥，全票通过，掌声热烈。

丰臣秀吉这么安排，自然有他的道理。丰臣秀长年纪太轻，一没经验，二没功劳，难以服众，必须出去历练历练，赚点军功。

帝国以后需要这样的年轻人。

十月三十日，赤松左兵卫、前野将右卫门等人率领四千一百人的先锋部队，进入但马国朝来郡。

岩州城主太田垣出云守这家伙，一点儿也没有日本武士的范儿，根本不知道什么叫羞耻度爆表，二话不说，就开城投降了。

丰臣秀长大军猛攻太田垣土佐守驻守的竹田城，没日没夜加班加点连续强攻了两天，竹田城陷落。

前面都是毛毛雨，洒洒水啦。

剩下的，你们是打算象征性地反抗一下呢，还是打算……好吧，看来已经有答案了。

八木城主八木但马守、阪本城主桥本兵库介、朝仓城主朝仓大炊、三方城主三方佐马介、宿南城主宿南右京等，闻风而降。

好样的，国家和人民为你骄傲！

是的，完全是碾压，一面倒的碾压。

丰臣秀长进入但马后，仅仅用了二十多天就攻占了朝来、养父两郡。

丰臣秀长用实际行动告诉大家，年纪不大怎么了，年轻就是本钱，就是资本啊！

面对这样的大好形势，丰臣秀长怎么会无动于衷。

丰臣秀长派青木勘兵卫入朝仓城、宫部善祥坊入宿南城、木村常陆介入三方城、前野将右卫门入岩州城。

为了不让贫穷限制自己的想象，为了有钱可以为所欲为，丰臣秀长命前野将右卫门进行生野银山的再开发。

丰臣秀长被织田信长任命为朝来、养父两郡郡守，长期驻守竹田城，俸禄六万五千余石。

丰臣秀长功名和利禄绝对是手到擒来，真可谓是平步青云，扶摇直上，这不仅仅是他个人的幸运，更是他子孙的福祉。

对不起，说顺溜了，他没有子孙啦！想开点，丰臣秀长。

丰臣秀长就喜欢捣鼓挑拨离间暗箱操作这一套，又派人离间气多郡宵田城主垣屋筑后守、左田城主垣屋隐岐守，使这两人倒向了自己。

天正六年（公元 1578 年），在垣屋筑后守、垣屋隐岐守的说服下，鸟取城城主山名丰国得到出石、城崎、美含、二方四郡后，与丰臣秀长达成和平协议。

互惠互利，合作愉快！

人品这种东西，有的时候真的无法统计。

播磨三木城主别所长治联合了毛利氏起兵谋反，织田信长命令丰臣秀长火速支援丰臣秀吉，讨伐别所长治。

丰臣秀长占领但马近在咫尺，最终还是功亏一篑了。

丰臣秀长命宫部善祥坊、青木勘兵卫率领三千九百余人驻留但马，自己带着前野将右卫门等一千二百余人前往三木城。

天正八年（公元 1580 年）五月，丰臣秀长再次率领大军围攻但马，瞬间平定但马七郡。

六月六日，鹿野城陷落。

同月，丰臣秀吉承诺，只要鸟取城城主山名丰国归降，自己将确保因幡一国的安定。

你是聪明人，我想你知道该怎么选择。

山名丰国一副没见过世面的样子，被丰臣秀吉一威逼，立马归降了。

人生，就是这么戏剧，比戏剧还戏剧啊！

山名家的家臣披着山名家的伪装衣，却从事着勾结毛利氏的阴谋。丰臣秀吉率领大军刚走，这些家臣就另立山名丰弘为家主，流放了山名丰国。

咱家躺着也中枪啊，我招谁惹谁来着。

鸟取城只有一千二百守军，根本守不住。山名丰弘立即派人向毛利辉元求救。

山名丰弘与毛利辉元交情不深，之所以能走到一起，还不是因为此时此刻有一个共同的敌人？那就是丰臣秀吉。

山名丰弘，你的良心不会疼吗？鸟取城你也敢接手，胆儿可不是一般的肥啊！

是可忍，孰不可忍！

流氓不可怕，就怕流氓有文化。我有一个大胆的想法。

丰臣秀吉立马派商人在鸟取城以及附近若狭、丹后、但马等地大肆收购粮食，有钱就是这么任性。

正所谓银子与金子齐出，问天下谁能争锋？

当地农民面对数倍于市价的价格，争先恐后卖出自己家的存粮。

节操呢？良知呢？这么拜金，市场经济还真是深入人心啊！

丰臣秀吉消息之灵通，反应之迅捷，手段之高明，不佩服都不行。

天正九年（公元 1581 年）三月，石见城城主吉川经家率领八百援军入城，突然发现城内的军粮仅能维持三个月。

吉川经家现在才意识到，山名丰弘让人救援鸟取城，堪称史上最不负责的行为，而且还是害人害己的那一种。

一个人头脑简单，还真是幸福啊！

事情都这样了，还能怎么样，当然是选择原谅山名丰弘了。

六月二十五日，丰臣秀吉亲率两万大军从播磨姬路城出发，攻打因幡国。

鸟取城及其支城丸山城、付城雁金山寨陷入丰臣秀吉大军的包围。

毛利辉元唯一的念头就是快快快，再快点再快点！

毛利辉元马上派出吉川元春、吉川元长率领六千大军救援。

援军说来就来，比顺丰快递都要准时，但是没用，一点用都没有。

吉川元春、吉川元长，面对丰臣秀吉在鸟取城外布下的全长十二千米的防御工事，束手无策，只得被迫停留在伯耆八桥附近。

我能怎么办？我也很绝望啊！

这还仅仅是个开始，而且保证你不需要等多久。

随后，毛利军队试图从陆路和水路向鸟取城输送补给物资，都被丰臣秀吉发现，给挡回去了。

小子，稳！不愧是我织田信长看中的人！

大投入还能有大产出，织田信长决定再下点血本。

织田信长命令援军兵分两路：一路由龟井兹矩率领，进入鹿野城加强防守；另一路由细川藤孝带领，前去支援丰臣秀吉。

十月初，毛利辉元、小早川隆景率领大军终于到达鸟取城附近富田地区。

丰臣秀吉的防守工作做得特别好，密封性堪比传说中的金钟罩，水泼不进，火烧不进，气也透不进。

很好很强大，毛利辉元和丰臣秀吉两方隔着数千丈的距离，以“瞅啥瞅，瞅你咋地，再瞅一个试试，试试就试试”的姿态，来来回回，互相吐槽了很长时间，居然很神奇的没有打起来。

醉过才知道酒浓，爱过才知道情重，饿过才知道实在是受不了！

拜托，我们是不怕死啊！但是我们不想活活饿死好吗？

这条命十有八九要丢在鸟取城内了，许多人开始哭哭啼啼写遗嘱，给儿女交代后事。

就知道不能对毛利辉元什么的，期待过高。

吉川经家没有办法，向丰臣秀吉发出了投降信号。

那什么，大家有事好商量，打打杀杀的多不好，有什么事可以坐下来慢慢谈嘛。

吉川经家，你先别着急，慢慢说，反正投不投降，你的命运都那样。

当你面临生死抉择的时候，一定要选择流芳百世，否则就白活了。

十月二十三日，吉川经家以自己的性命换取城内军民的生命作为条件，开城向丰臣秀吉部下堀尾吉晴投降。

十月二十五日，吉川经家、森下道与、中村春次切腹自尽。

说什么就是什么，就是这么任性。

历时五个月的鸟取围城战就这样戏剧性地结束了。

## 水淹高松

织田信长实力在增强，野心也在增长。

雄霸一方，不是他的目标；统一天下，才是他的梦想。

织田信长将目光投向了备中国。

有人得意，就有人失意。

如果备中国失守，那么将导致通往备后国的门户大开，战火将燃烧到毛利家族本土。

有没有天理，站在这里也会中枪。

毛利辉元不得不着急。

乱世中，为了生存，各路诸侯都喜欢结盟互助。毛利辉元吃饱了撑着没事干，又准备玩玩老把戏——请客吃饭。

天正九年（公元 1581 年）十一月，小早川隆景在三原城宴请备中国的七名城主，打算搞搞关系，联络联络感情。

席间，小早川隆景表示，你们摸着节操说，我对你们怎么样？如果是为了活命，你们尽管投降织田信长，毛利家族绝不追究。

元芳，你怎么看？

说得这么正经，就好像是真的一样。不管你们信不信，反正我不信。

如果有城主表现得稍微有点犹豫和向往，估计瞬间就会被做成鱼香肉丝了。

高松城主清水宗治率先站起来反对，声称自己早有战死的觉悟，绝不违背与毛利家族的盟约。

清水宗治，开个玩笑，咋就急眼了，以后还能不能处了？

小早川隆景十分感动，送给了清水宗治一把用于切腹的武士刀。

喂喂喂，你关注的重点错了吧！

前方高能预警，非战斗人员撤离。正所谓珍爱生命，远离战场。

清水宗治回到高松城后，立马将嫡子源三郎送到三原城，交给了小早川隆景。

拼命，拼命，不拼就会没命。

清水宗治一点也没有闲着，开始做着紧张的战前准备，加班加点修筑高松城的防御工事，不打无把握之仗。

为了避免不必要的伤亡，丰臣秀吉决定指派黑田如水，单独来完成劝降清水宗治这项艰巨而光荣的任务。

黑田如水给清水宗治写信，承诺，只要清水宗治归降，备中国就是他的。

清水宗治拒绝了。

关键时刻，大 Boss 总会及时出现。

丰臣秀吉又亲自写信，信后还附上了织田信长亲笔签发的备中赏赐状。

青山不改，绿水长流，我们后会无期。

清水宗治将信简单粗暴地退了回去。

既然你摆不正自己的位置，那就马上给你在坟墓里安排一个位置。

天正十年（公元 1582 年）三月一日，丰臣秀吉调集播磨、但马、因幡的军队大约六万人，从姬路出发，开始攻打备中国高松城。

四月，丰臣秀吉率领大军进入了宇喜多秀家的居城冈山城。

男人不仅要对别人狠，也要对自己狠。

宇喜多秀家自告奋勇，提出要去战场上历练历练。

宇喜多秀家是宇喜多直家的次子，七岁时因宇喜多直家臣服于织田信长，被送往安土城做人质，被丰臣秀吉收为义子。

天正十年（公元 1582 年）二月一日，宇喜多直家病逝，在织田信长的安排下，九岁的宇喜多秀家回到了冈山城，继承了家督。

千好万好不如命好，毕竟接班，是封建社会的特色嘛。

宇喜多秀家率领两万先锋侵入备中国。

宇喜多秀家今年才九岁，还未成年，连身份证都没有，就要带兵打仗了，丧心病狂啊，毫无人性啊！

四月十四日，丰臣秀吉大军开始攻打河屋城。

河屋城守将乃美弹正忠景扼守城池，龟缩不出，对此丰臣秀吉毫无办法。

四月二十日，丰臣秀吉大军展开一次对高松城的试探性攻击。

人在江湖漂，谁能不带刀。

在清水宗治的指挥下，高松城守军对丰臣秀吉大军展开了极为壮观又惨无人道的群殴，这一战，丰臣秀吉一方大败，光是被斩首的就有数百人。

本以为清水宗治是纸老虎，没想到是真老虎，丰臣秀吉认识到强攻是没有什么效果的。

前景很渺茫，丰臣秀吉很迷茫。

黑田如水曾经询问自己的家臣，如何攻打高松城。

这是个好问题，就是回答起来太困难了。

世上没有废物，只是放错了地方。

高松城海拔较低，东、北两方都是山脉，只有西边有条河流过足引川。

吉田长利建议：在河里用大船载满石头，将石头投入河里，用柴木埋起来，筑成大坝就可以了。

要成就非常之功，就要敢为人之不敢为。

黑田如水将水攻的计策献给了丰臣秀吉。

如水，你真有创意。不仅能干，而且干得漂亮。

如水在手，天下我有。

黑田如水谦虚地表示，这些都是我应该做的。

丰臣秀吉决定采纳黑田如水的计策，使用水攻。

丰臣秀吉把本阵移到了高松城东北方的“蛙鼻”。

为了保证“水攻”计划的顺利实施，必须扫除高松城外围的钉子，以防止他们没事就跑来捣乱。

四月二十五日，黑田如水和嫡子黑田长政率领六百黑田武士为先锋，丰臣秀吉大军紧随其后，攻下了冠山的巢蜘冢城。

这一战，也是十四岁的黑田长政人生的第一战，能力不重要，关系很重要。相信靠着他父亲黑田如水的裙带关系，约莫很快就要升职提干，进入丰臣家族做业务骨干迟早的事儿。

五月二日，丰臣秀吉大军攻陷河屋城，生擒守将乃美弹正忠景。

五月七日，丰臣秀吉派遣重兵将高松城团团围住。

如果这个世界上有什么问题是钱不能解决的，那一定是因为你的钱还不够多。

丰臣秀吉发布了招工令：

即日起，在十二日内只要运土一包到高松城城南，即得酬劳百贯、大米一升。

不论哪个社会，最不缺的就是劳动力。满大街都是，一抓一大把。

总算遇到了个好包工头啊。附近的居民纷纷前来应聘。

接下来，就是见证奇迹的时刻了。

从五月八日到十九日，村民们心往一处想，劲往一处使，自城南的蛙鼻到城西的赤滨山，建筑了一条长约四公里、高约七米、上边宽十米、下边宽二十一米的坚固堤防。

堤成后，丰臣秀吉立即将附近足水川的河水灌入。

运气，也是实力的一种。来吧，拼运气的时候到了。

丰臣秀吉运气不错，五月份正是梅雨季节，早晚下个不停的大雨使得堤坝下的水一天高过一天。

到了二十五日左右，高松城外的民宅已经基本被水淹没了，高松城完全孤立了。

说曹操，孟德就到了。

五月二十一日，吉川元春和小早川隆景率领毛利援军的前部一万人抵达高松城外围。

天生和丰臣秀吉犯冲，走到哪就祸害到哪啊！

上次是这样，这次又是这样。

丰臣秀吉早有准备，防守牢固，吉川元春和小早川隆景虽求战心切，但也只能保持克制，小心试探。

吉川元春和小早川隆景看着湖水一天一天漫上来，却一点办法也没有。

最后时刻，正主终于登场。

毛利家族精锐尽出，由毛利辉元亲自统领。

你们等着，我去喊人，咱们骑驴看唱本，走着瞧。

丰臣秀吉没有办法，便向安土城的织田信长发去了增援的请求。

# 织田内乱

那么丰臣秀吉忙着围攻高松城的时候，织田信长在做什么呢?

他也没有闲着，他在忙着对付武田氏家族!

天正十年（公元1582年）一月，织田信长策反了武田胜赖的妹婿，木曾城大将木曾义昌，打开了信浓甲府的门户。

等我伤不起的时候，就是你家断子绝孙的日子。

武田胜赖将在新府城做人质的木曾义昌的七十岁老母，十三岁的儿子千太郎、十七岁的长女岩姬全部斩杀。

二月一日，武田胜赖为了讨伐木曾义昌，率领两万大军从甲府出发，直逼木曾城。

织田信长任命长子织田信忠为统帅，率领织田大军从歧阜城出发。

与此同时，德川家康也率领大军逼近甲斐，作为声援。

织田大军初战告捷，在岛居峡击败前来讨伐的武田大将武田信丰，随后继续进军。

屈服或者灭亡，这个选择很容易就可以作出来，难道不是吗?

驻守松尾城的小笠原信领反叛，投靠了织田大军。

饭田城城主保科正直眼看织田大军势大，不敢出战，匆忙放弃城池，逃往高远城。

霉运一旦开了头，那是挡也挡不住的。

大岛城内的武田信廉听说饭田城沦陷后，战意顿失，也只好弃城而逃。

是狼就练好牙，是羊就练好腿。武田信廉这家伙的逃跑速度绝对没话说，仅仅片刻之间就跑得无影无踪。

织田信忠这一路进展顺利，德川家康这一路也不差。

德川家康率领大军包围田中城后，立刻遣使劝降。

依田信蕃二话不说，就开城投降了。

谁的拳头大就听谁的，世界上的游戏规则从来都是如此，只不过这一点在乱世体现得尤为明显。

树倒猢狲散，人倒大家踩。

雪上加霜的是，北条氏政派遣部队进入骏河，连续攻陷户仓城、泉头城。

武田胜赖疲于应对，焦头烂额。

武田胜赖逃回甲府的时候，只剩下了一千多人。

凭借兵力上的优势，德川织田联军在小笠原信领的带路下，途中几乎没有遇到什么抵抗，就抵达了高远城。

织田信忠宣布解除与武田松之间的婚约，并要求仁科盛信投降。

仁科盛信都懒得回应。

好吧，我就这么一说，反正你也不会同意的。

三月二日，织田信忠率领大军攻破高远城。

一时间，甲斐国内大震，人心惶惶。

武田胜赖知道抵抗不住，选择放弃了新府城，前往投奔小山田信茂。

岩殿城的小山田信茂早就投靠了织田信忠，怎么可能收留武田胜赖一群人。

武田胜赖没有办法，只好转往上野。

谁都知道，在这样一个连店面都没有的流动商贩手下打工实在没什么前途。

如果不能久伴，那就别在中途停留。

一路上，陆续有随从开小差，人员越来越少，士气越来越低落。

这就是生活，这就是现实。

穷途末路、众叛亲离的武田胜赖，只得带着妻子、儿子逃到了天目山田野。

三月十一日，武田胜赖自杀身亡，年仅三十七岁。

武田胜赖，这个不停逃跑的武田跑跑，这下终于可以不用跑了。

跟着武田胜赖一起自杀的，还有他的妻子、嫡男武田信胜等人。

宁为太平犬，不为乱世人，这是用血的代价换来的教训。

甲斐武田氏家族嫡系自此宣告灭亡。

## 本能寺之变

织田信长豪情满怀，意气风发。

消灭强大一时、不可一世的武田氏家族，这样的功绩，足以让他在历史上留下浓墨重彩的一笔。

对有功之臣，他当然不吝赏赐。

庆功宴一次接着一次，联欢会一场接着一场。

御食奉行明智光秀奉织田信长的命令，在安土城接待德川家康。

明智光秀在招待德川家康的时候，盘子里竟然有死鱼。

这场景，就像小子我，兴冲冲跑去见网友，结果不见不知道，一见吓一跳，就她那副鬼样子，估计不单能辟邪，还能避孕，鬼见了都得吓死。

不足为外人道，说多了都是泪啊。

这不科学，这个黑锅，我明智光秀不背。

织田信长不仅没有好意安慰明智光秀，勉励其好好工作，不要有心理负担，而是立刻当着众人的面，给了他几耳光，并大加侮辱，一副狂妄不羁吊儿郎当的流氓做派。

我去，我不知道是织田信长他爹教得不好，还是死得早，织田信长居然连“打人不打脸，骂人不揭短”这么浅显的道理都不明白。

就算小子我这么没脾气的，如果谁敢这么侮辱我，我一定要揍得他生活不能自理。

失去信任非常容易，要赢回信任可就难了。

五月十五日，丰臣秀吉求援的请求到了织田信长手中。

织田信长，如今对丰臣秀吉言听计从，立刻在求援文件上签字：同意！

织田信长让明智光秀返回属地阪本城，集结所部人马，前去高松城支援正在与毛利家族作战的丰臣秀吉。

织田信长的命令是最高指示，理解要执行，不理解也要执行。

六月一日晚，明智光秀率领一万三千大军从丹波亀山城出发，于次日凌晨渡过桂川。

谁让明智光秀不痛快一时，明智光秀就让他不痛快一世。

明智光秀挂的是羊头，卖的却是狗肉，他向士兵们下达了向本能寺进攻的命令！

明智光秀坐镇三条堀河，明智光秀的侄子明智光春率领大军攻打织田信长所在的本能寺。

明智光春此来只为寻仇报复，绝无讲和的余地。

明智光春对本能寺设立了三层包围圈，第一圈四天王但马，第二圈村上和泉，第三圈三宅式部。

就算这样，明智光春还是不放心，又在本能寺每个出口安排了两三百人把守。

本能寺被重重包围了。

话分两头，说完明智光秀，再说说织田信长！

织田信长下榻京都本能寺后，就召来国手本因坊秀哉和鹿盐利玄对弈，织田信长则作为吃瓜群众，在旁围观。

本因坊秀哉和鹿盐利玄居然下出了罕见的三劫连环无胜负局，英镑你个欧元啊！这都能行？织田信长眼珠子突出，忍不住吸了一口气。

不作死就不会死。

当晚织田信长召来长子，时任京都守备的织田信忠欢宴。

小醉无妨，莫要不归。

宴会结束后，织田信忠返回妙觉寺就寝，织田信长也躺下就寝了。

下半夜，织田信长突然被喧闹声吵醒。

讨厌的家伙，打断别人睡觉，是很不礼貌的行为。

织田信长，你这不是心宽，你这是心大啊！都什么时候了，你还有心情计较这个。

织田信长立马命令森兰丸去察看情况。

森兰丸出去察看后，回报说是明智光秀造反了。

怎么可能？你是不是出现幻觉，看见海市蜃楼了？

别管我，我只想静静。

明智光秀，要不要这么狠，咱家只是扇了你几耳光，骂了你几句，用得着这么过分的造反吗？

织田信长，现在是抱怨自己过错的正确时间吗？

这就是心态崩了的典范，说好领导者的素质呢？

别管织田信长了，明智光春请开始你的表演。

明智光春害怕织田信长逃走，打算抢先控制马厩。

往死里整，都别留活口。

明智光春大军逢人就砍，见人就杀，鲜血什么的漫天飞舞，也不知道是斩人还是剁饺子馅，一时间现场残暴到了极点。

织田信长一方包括矢代胜介、伴太郎左卫门、伴正林、村田吉五等二十四人，全都在此战死。

寄宿在附近的汤浅甚介、小仓松寿等人闻讯赶来，试图突入寺中实施救援，这些人，还真敢想，瞬间就被免费送去地府洗油锅了。

今天绝对是织田信长出生以来最黑暗的一天！自己一手好牌，打到最后剩一张大王憋手里了。

织田信长当然不可能甘心，于是率领森兰丸、森力丸、针阿弥等人打算杀出一条血路，逃得越快越好，越远越好。

这个方案，根本不存在可操作性，织田信长前一秒还在往外逃，下一秒已经负伤退入内室了。

对不起，让你受惊了。

头可断，血可留，男人的面子不能丢。

离开人世的时刻，终于到来，织田信长点燃了内室，烧死了自己，时年四十九岁。

生得壮烈，死得坦然，是对英雄最好的诠释。

历史上称这一事件为“本能寺之变”。

明智光秀，你这智商是硬伤啊！

虽然许多人都希望杀掉织田信长、铲除织田家族，却都没有动手，就是背不起骂名和天下大名的讨伐，而明智光秀居然做了大家都想做却不能做的事。

明智光秀的好日子到头了，就如同我国隋朝的宇文化及一样，注定逃不过天下人的讨伐。

你以为逼死织田信长就结束了吗？那你就错了，那只是开胃菜。

明智光秀逼死织田信长后，没有做片刻的停留，就率领一万三千大军朝妙觉寺扑来。

该死的明智光秀，我一定会回来的，你等着！

织田信忠接到京都所司代村井贞胜父子关于明智光秀叛乱的消息后，慌忙率领军队离开妙觉寺，逃往二条御所。

你若安好，那还得了？逃跑？我会让你生活在无限的恐惧当中。

明智光秀率领大军对二条御所发动了猛攻。

我跟你什么仇什么怨，至于这么执着吗？

明智光秀能在战国这个乱世中生存下来，成为割据一方的大名，还是很有两把刷子的，织田信忠又哪里是他的对手，织田信胜、津田常利等人全部战死。

织田信忠最后只能叫部下镰田新介担任介错，切腹自尽。

很好，好的不得了，从来没有这么好过。

明智光秀成立了织田信长破产清算委员会，以女婿明智秀满为执行人，负责前往安土城解决织田信长的遗孀。

安土城好危险，早点收工回家。

看守安土城的蒲生贤秀留下所有财物，派遣一千五百骑兵看守，自己则保护织田信长遗孀逃往居城日野城避难。

六月五日，明智光秀率领大军进入安土城。

织田信长的逝去，让野心家蠢蠢欲动。

六月七日，正亲町天皇不甘于做盖章的机器，打算利用名人效应，扩大影响，于是派遣使者拜访明智光秀，封明智光秀为天下人，可谓给足了面子。

我就是打算收买你，没错，就是收买你，有问题没有？

天上掉下来这么大的馅饼，明智光秀自然没有不予笑纳的道理。

为了压制京都和近江地区的反对势力，明智光秀率领大军围攻佐和山城与长滨城。

佐和山城是丹羽长秀的居城，此时丹羽长秀跟随织田信孝出征四国，负责留守的是他的家臣武田元明。

武田元明是若狭守护武田义统的长子，若狭被朝仓义景灭亡后，武田元明投靠了织田信长。

朝仓义景灭亡后，织田信长将若狭地区赏给了丹羽长秀，意思性地给了武田元明三千石的领地，还让他和他的家臣们成为丹羽长秀的家臣。

谁能比我惨？男人哭吧哭吧不是罪。

臣服只是暂时的，背叛是必然的。

武田元明听说明智光秀叛变后，悄悄联络若狭旧臣，发动叛乱，夺取了佐和山城，加入了明智光秀一伙，成了他的忠实“粉丝”。

这大腿抱的，我给满分。

随后明智光秀不费吹灰之力拿下了长滨城。

一群土鸡瓦狗，也想挡我？

这几天，明智光秀作战顺利，做事顺心，做梦顺意，一切的一切都是那么妙不可言。

明智光秀命令明智秀满留守安土城，防备柴田胜家，自己则率领大军穿过鸟羽，前往河内。

人多力量大，谁来都不怕。

明智光秀又派人联络郡山城城主筒井顺庆、日野城城主蒲生贤秀、宫津城主细川藤孝，希望他们能出兵，支持自己。

理想很丰满，现实很骨感。

相见不如怀念，找我们就是犯贱！明智光秀被放了鸽子，三个城主混吃等死，安心过自己的小日子，竟然一个也没有来。

我个人觉得，这是个很明智的选择。

这年头，人与人基本的信任都没有了，世风日下啊！

计划不如变化快。

六月十日，明智光秀军团抵达河内，突然传来消息称，丰臣秀吉倾巢出动，前来讨伐自己。

为什么走到哪里都能遇到你？

人的名，树的影！明智光秀一听，丰臣秀吉来了，立马就蔫了，迅速放弃原定计划，慌忙撤军。

## 山崎合战

来得早不如来得巧。

高松城外如今都被水淹了，明智光秀派来联络毛利氏家族的使者在城外逗留了半天，都没有想到进城的办法，结果被丰臣秀吉抓了。

丰臣秀吉得知织田信长与织田信忠被明智光秀背叛杀害后，表面挺生气，内心很高兴。

历史的契机，从来都不是随着哪个高人的诞生而出现的，永远都是哪位枭雄死了，才给后来者留下了些许的机遇。

这个机遇已经来了。

丰臣秀吉演技不错，反应也快。

丰臣秀吉决定回师讨伐明智光秀，为领导报仇。

决定事情成败的，往往是信息传播的速度。

丰臣秀吉马上行动，调集重兵封锁了山阴、山阳两条要道，以防止消息走漏。

丰臣秀吉随后派遣使者联络毛利辉元，声称只要毛利辉元割让备中、美作、伯耆三国给自己，并让清水宗治剖腹自杀，自己就收兵。

丰臣秀吉开出了相对宽松的条件，毛利氏家族也不可能不识抬举。毛利

辉元在家臣小早川隆景的说服下，接受了丰臣秀吉的条件。

别说我尿，你换成我，你也尿。

六月四日，清水宗治乘一叶小舟来到两军阵地中央，这是他旅途的终点，也是他人生的终点。

清水宗治在舟中切腹自尽。

随后，毛利辉元与丰臣秀吉两人遵循和平共处五项原则签订了互不侵犯友好条约，永不背叛，拉勾上吊，一百年不许变。

六月六日，丰臣秀吉率领大军撤离高松城，马不停蹄、星夜兼程赶回了居城姬路城。

这哪里是赶路呀，简直就是马拉松啊！

为了激励士气，讨点彩头，丰臣秀吉将城内所有钱财军粮分发给士兵，准备决战。

六月九日凌晨，丰臣秀吉命令浅野长政、小出秀政留守姬路城，亲率一万多大军出发。

六月十二日，丰臣秀吉率领大军到达摄津富田，与织田信孝、丹羽长秀会合。

伊丹城主池田恒兴、茨木城主高山重友、高槻城主中川清秀也率领大军匆匆赶到。

丰臣秀吉、池田恒兴等人，推举织田信长第三子织田信孝为名义上的统帅，指挥集合在摄津富山的三万五千军队。

织田信孝率领大军在摄津国和山城国边境天王山麓的山崎布阵，迎击明智光秀。

处处受敌，十万火急！明智光秀遇到了自出生以来最大的危机。

明智光秀别无选择，只有殊死一搏。

六月十三日，为了抢占天王山中的高地，并河易家、松田政近率领二千先锋部队向天王山麓中的中川清秀发动了猛攻。

山崎合战正式打响。

仇人相见，怎么可能放过。

斋藤利三、阿闭贞政等人率领五千大军，猛攻驻守中央高地的高山重友。

双方刚一接触，高山重友的二千人就崩溃了，四散奔逃。

中川清秀、堀秀政、池田恒兴等人率领人马分别从左、右两翼夹击，斋藤利三、阿闭贞政等人败退。

丰臣秀长、黑田如水等人率领主力击败了松田政近、并河易家的二千部队。

明智光秀立马补上预备队，伊势贞兴等人率领二千人从右翼，津田信春等人率领二千人从左翼夹击丰臣秀长、黑田如水等人。

反反复复、来来回回折腾，不管是明智光秀一方，还是丰臣秀吉一方都快崩溃了。

就在这时，池田恒兴等人率领人马偷袭津田信春等人。

一方有备而来，一方则毫无防备，结果自然是毫无悬念。

胜利就在眼前，成败在此一举。

好吧，真的是人品难得爆发一次！丰臣秀吉率领大军趁机反攻，包围了明智光秀。

还别说，群殴什么的最有爱了。

打仗和追女生一样，光有勇气是不够的！明智光秀再也抵挡不住，很快就溃不成军，兵败如山倒，你跑我也跑。

人多不足以依赖，要生存只有靠自己。

树挪死，人挪活！明智光秀率领七百多残兵逃入龙寺城。

跑这么快，你们赶着去投胎啊。

常言道，斩草不除根，春风吹又生，鉴于明智光秀势力庞大，丰臣秀吉自然要一网打尽。

丰臣秀吉立马率领大军将龙寺城团团包围。

丰臣秀吉采纳黑田如水“围三阙一”的建议，全力攻打东、西、南三门，独留北面城门。

安啦！安啦！我们没有恶意的！我放你们走，你们感动不？

留守有风险！逃跑是王道。

这边，这边还有路，还很安全！军心涣散的士兵纷纷从北面城门逃窜。

出门在外，生存是第一任务，节操随时都要扔。

明智光秀在少数近臣的保护下，离开龙寺城，逃往阪本城。

逃跑能救他一时，却不能保他一世。

趁你病，取你命。

六月债还得快啊。

明智光秀等人在京都山科小栗栖中了当地村民的埋伏，遭了袭击，明智光秀也被竹枪刺中。

你妹啊！我到底招谁惹谁了。

明智光秀不是怀疑，而是极度怀疑，自己选择造反，简直就是一个天大的错误。

这不是生死的问题，这是尊严的问题。

经过这次受伤，明智光秀自知不久于人世，于是让沟尾庄兵卫担任介错，切腹自尽。

我就是我，我是不一样的烟火。

风水轮流转，一报还一报！明智光秀落得今天身首异处的下场，也是罪有应得，不值得同情。

明智光秀自杀，距离本能寺之变，不过短短十一天而已，历史上称明智光秀这次事件为“十日天下”。

## 贱岳合战

那时没有电视、报纸，更没有微博、微信、朋友圈，通信极为不方便，北陆的柴田胜家根本不知道本能寺的事情，仍然按照原定计划在全力以赴地攻打鱼津城。

六月三日，柴田胜家大军攻入鱼津城，鱼津城中条景泰等十二名守将切腹自尽。

据说中条景泰等人还害怕柴田胜家分辨不出他们，于是将名字系在细长的金针上，再将金针穿过自己的耳朵，然后才切腹自尽。

有没有搞错啊！要不要这么血腥疯狂。

六月四日，本能寺之变的消息传来，柴田胜家慌忙放弃鱼津城，率领大军撤退。

结果还是来晚了，山崎合战都结束了。

丰臣秀吉山崎合战这份功劳，板上钉钉，谁也抹不去。

凭借这份功劳，丰臣秀吉基本掌控了整个畿内地区，为织田信长举行了隆重的葬礼，以此向天下宣布，自己才是织田信长权力的真正继承人。

看来迟到和撒谎一样，都不是好习惯。

早到了不起啊！早到就可以为所欲为吗？丰臣秀吉，连做传销的都知道，好的东西要与别人分享，你难道不知道？

柴田胜家这么生气也是可以理解的，柴田胜家和丰臣秀吉的矛盾由来已久。

天正五年（公元1577年）八月，越后国的上杉谦信出兵攻打能登的七尾城，七尾城的长纲连派人向织田信长求援。

织田信长任命柴田胜家为总大将，丰臣秀吉、丹羽长秀等人为大将，率领二万五千人攻打加贺。

丰臣秀吉长期驻守边防，仗没少打，功没少立，官位一路飙升，几年时间就升到了筑前守。

这引起了柴田胜家的强烈不满。

老子当年名震天下的时候，你丰臣秀吉想给我提鞋还得排到三十里之后！

丰臣秀吉，你带着你的人作为预备队，跟在我们后面摇旗呐喊、敲锣打鼓、助威呐喊，走个形式就行了。

别说我不给你机会，好好把握吧！

让丰臣秀吉做替补，其实丰臣秀吉心里是拒绝的。自己一直是主力队员，突然变成了替补队员，心里自然十分不舒服。

这世上的事，总是无巧不成书的。

八月十五日，松永久胜突然撤离摄津战线，退回信贵山城，公然背叛织田信长。

丰臣秀吉向柴田胜家申请，自己率领一半兵力回归本领平叛。

别闹！谁在乎这个了。

柴田胜家以这仅仅是丰臣秀吉主观推测为借口，义正词严地拒绝了丰臣秀吉。

柴田胜家这演技，让丰臣秀吉怀疑人生！可想而知，丰臣秀吉有多么愤怒，有多么生气。

别小看丰臣秀吉，他凶起来连自己都害怕！

丰臣秀吉同竹中半兵卫、蜂须贺正胜等人商议后，自作主张，率领所部人马返回了长滨城。

兄弟，你不是心宽，你这是心大啊！

九月十五日，上杉谦信以田山旧领作为交换，劝降了游佐续光。

游佐续光和温井景隆率领人马将长续连家族一百多人全部残忍杀害，开城投降。

柴田胜家根本不知道七尾城已经被上杉谦信攻占，还好整以暇地渡过手取川，继续向加贺北部进军。

九月二十三日深夜，七尾城陷落的消息传到了织田大营，柴田胜家当机立断，下令全军撤退。

上杉谦信立即命令三万大军从松任城出发，追击织田大军。

上衫大军在后面穷追不舍，织田大军慌乱之中，被手取川激流冲走的不计其数，来不及渡过手取川逃走的一千多人全部投降。

柴田胜家决定将失败的责任推给丰臣秀吉。

就柴田胜家这个脾气，弄不死你算你捡着了！

柴田胜家将丰臣秀吉无组织、无纪律、不服管理、擅离职守，造成织田大军缺兵少将，从而导致惨败的情况报告了织田信长。

领导很生气，后果很严重。

织田信长命令丰臣秀吉隐居。

此后一段时间，丰臣秀吉无所争议地成了织田信长团队中边缘化程度最高的第一人，位居冷板凳排行榜榜首。

花开两朵，各表一枝。

丰臣秀吉，凭你就想阻挡住我的人生追求吗？想都不要想。

柴田胜家希望通过会议的形式，来挫败丰臣秀吉的阴谋，重新分配利益。

六月二十七日，丰臣秀吉、柴田胜家、丹羽长秀、池田恒兴、泷川一益聚集到青州，商讨继承人问题。

柴田胜家支持织田信长三子织田信孝，丰臣秀吉则支持织田信忠幼子，年仅两岁的三法师。

柴田胜家，就你这点追求，你心里没数吗？我看是没希望。

双方闹得不可开交，谁也说服不了谁，差点就开始扯衣服领子、薅头发上演全武行，打得头破血流。

这剧情有点坑啊！没有办法，只有举手表决。

丹羽长秀、池田恒兴都支持丰臣秀吉，只有泷川一益站在柴田胜家一边。

3∶2！结果简单明了，一目了然！支持丰臣秀吉的多，少数要服从多数！

柴田胜家没有办法，一怒之下退回了北陆。

与其跪着生，不如站着争。

柴田胜家开始联络泷川一益、织田信孝、前田利家等人，对抗丰臣秀吉。

丰臣秀吉善于修理各种不服行，只要敢反抗自己的，管你是前辈还是战友，他也照打不误。

北陆领地进入冬季，无法出兵，柴田胜家不得不于十一月三日派遣前田利家、不破直光、金森长近三人前往山崎宝寺城和丰臣秀吉议和。

丰臣秀吉盛情款待了前田利家三人，答应了柴田胜家的和平提议。

拉手只是暂时的，下毒手是必然的。

吃柿子自然要拣软的捏，青菜要挑嫩的吃。

丰臣秀吉乘北国大雪，柴田胜家无法出兵救援的大好时机，于十二月七日率领五万大军从京都出发，围攻近江国的长滨城。

此时驻守长滨城的是柴田胜家的养子柴田胜丰。

柴田胜家对养子柴田胜政很优待，对柴田胜丰却很苛刻。同样都是养子，咋待遇差别就这么大呢？

要地位没地位，要钱没钱，柴田胜丰对养父柴田胜家极为不满。

丰臣秀吉一引诱，柴田胜丰连象征性的抵抗都没有，就开城归降了。

随后，丰臣秀吉率领大军冒着风雪继续前行，围攻美浓国。

如今的丰臣秀吉兵强马壮、风头正劲，想和他过不去，除非自己不想过下去。大垣城主氏家直通、清水城主稻叶一铁等人纷纷归附丰臣秀吉。

在苦苦坚持了几天后，岐阜城城主织田信孝终于感觉有点撑不住了。

怎么办？还能怎么办？乞降啊！

十二月二十日，织田信孝给丰臣秀吉送去三法师乞降，丰臣秀吉这才班师。

真不知道，丰臣秀吉此时放过织田信孝是对还是错？

形势不是好，而是一片大好。

面对丰臣秀吉一方不讲信用，撕毁协议的挑衅，柴田胜家一方也很快展开了报复。

天正十一年（公元 1583 年）正月，泷川一益趁岩间党谋反之际，率领大军进入伊势国，随后兵分两路，他亲自率领主力夺取了佐治新介驻守的龟山城；同时派遣侄儿泷川益重攻陷了峰城。

见此情景，丰臣秀吉当机立断，率领大军从美浓国出发，进入伊势国，围峰城，取龟山城，夺国府城。

前面的，只是大餐前的甜点、冲刺前的热身、狂风暴雨前的小雨滴。

接下来的，才是正宗的大餐，真正的冲刺，令人恐惧的狂风暴雨，一场改变双方命运，改变日本战国格局的大战。

柴田胜家集结四万大军，亲自出任主帅，以外甥、御器所西城城主佐久间盛政为先锋，从越前国北庄出发，途经天神山，兵锋直指近江。

三月十二日，柴田胜家率领大军到达柳濑。

柴田胜家将本阵置于柳濑西北的内中尾山，在周围的橡谷山、林谷山、中谷山、别所山、行市山等地修筑防御工事。

柴田胜家开始派人到长滨城劝降。

嫁出去的女儿泼出去的水，叛变的柴田胜丰怎么可能回心转意。

有丰臣秀吉做靠山，柴田胜丰小日子过得那叫一个滋润，脑子坏掉了才会投降呢？

形势危急，丰臣秀吉立马留下织田信雄平定伊势，另外分出一部分兵力防范织田信孝，自己则率领大军北上近江，以阻止柴田胜家的进一步行动。

三月十七日，丰臣秀吉率领大军占领了贱岳一带的高地，将本阵置于木之本，在左弥山、堂木山、神明山、田上山、岩崎山、大岩山及贱岳筑垒，扼守各山路关隘。

四月五日，柴田胜家率领旗本武士攻打佐和山城城主堀秀政驻守的左弥山寨。

堀秀政防守严密，拒不出战，柴田胜家没有办法，只得撤退。

柴田胜家知道丰臣秀吉一方派系众多，矛盾重重，于是派人前去劝降。

在这些人的劝说下，驻守堂木山寨柴田胜丰的部将山路正国背叛了丰臣秀吉，投靠了柴田胜家。

就在两军对峙的关键时候，织田信孝这个刚才投降丰臣秀吉的小伙子，看丰臣秀吉留在美浓国的军队并不多，遂有意在他们身上寻找一些自信，好在盟友柴田胜家、前田利家这些人面前刷一波存在感。

织田信孝在泷川一益的帮助下，率领大军从岐阜城出发，偷袭氏家直通与稻叶一铁的领地。

没错，织田信孝，这是你造成的，你得负责。

丰臣秀吉立马亲率一万五千旗本武士，前往岐阜城讨伐织田信孝。

山路正国这人最不缺的就是心眼，当得知丰臣秀吉不在贱岳的消息后，于是立马上报了柴田胜家。

四月二十日凌晨，柴田胜家命令佐久间盛政率领八千多大军发动奇袭，攻打贱岳山势尾部大岩山的中川清秀。

中川清秀立马向驻守后方贱岳的桑山重晴、羽田长门求援。

没本事的人基本上属于站着说话不腰疼的主，自己不成事，却总是阻碍那些有本事的人！桑山重晴、羽田长门连一兵一卒都没有派出去。

沧海横流方显英雄本色，中川清秀在孤立无援的情况下，率领三千守军奋战四个小时，负伤二十多处，最终力竭落马，被敌将近藤义世斩杀。

驻守岩崎山的高山重友在危急时刻，彰显了乱世墙头草的人性，哪边强往哪边靠，率领一千守军投靠了柴田胜家。

驻守岩崎山附近的丰臣秀吉守军悉数退守木之本。

对自己部队的行军速度，丰臣秀吉不是相信，而是迷信。

得知大岩山失守的消息后，丰臣秀吉立马率领大军从大垣城出发，五个小时走了十三里，以令人难以相信的速度到达贱岳，史称“美浓大返还”。

柴田胜家总觉得事情不会这么顺利，于是派人去给佐久间盛政传信。

丰臣秀吉随时都会来，你们能抓紧时间撤退吗？

佐久间盛政陶醉在胜利的喜悦中，根本就没有当回事。

意外往往在人最得意的时候发生。

佐久间盛政做梦也想不到远在美浓的丰臣秀吉居然会出现在自己面前，一时毫无防备，被丰臣大军打得大败，伤亡无数，拼命逃窜。

丰臣秀吉当然不会这么轻易放过他们，率领大军穷追不舍，一路追至贱岳附近。

双方军队不断往贱岳聚集，激战随之爆发。

这个时候，什么战术、谋略，都已经不重要了，而是变成了一场关于勇气和意志的较量，双方就是拿着刀枪，红着眼互相乱砍乱刺，谁退让谁就输了，谁能撑住谁就会赢。

丰臣秀吉一方，勇将辈出，加藤清正、福岛正则、糟屋武则、片桐且元、加藤嘉明、平野长泰、胁坂安治七人，更是其中的佼佼者，人称“贱岳七本枪”。

这七个人身先士卒、一马当先，率先冲入敌阵，所到之处，人挡杀人，佛挡杀佛！挡在他们前面的，要么是找死的，要么是活腻的。

敌将宿屋七左卫门等人死于他们刀下。

这不科学啊！见过猛的，没见过这么猛的。

不破胜光、金森长近等盟友突然觉得自己几分钟后的命运，已经栩栩如生地展现眼前了。

这个和我们有什么关系，我们只是出来打酱油的！你们继续，当我不存在好了。

来来，将士们跟我走，你们怎么都跑出来打酱油了？

不破胜光、金森长近等人纷纷撤离，返回各自的领地。

掉节操，掉得真快。

柴田胜家大军立马崩溃，退守柳濑的柴田胜家本营，丰臣秀吉率领大军随之而来。

然而兵败如山倒，军溃如垮堤，这种情况下怎么守得住。

结果自然是毫无悬念，柴田胜家大败，只得率残兵退守北庄。

四月二十一日，堀秀政率领先锋部队抵达前田利家的居城——府中城。

堀秀政派人向前田利家传达了和解的意愿，遭到了前田利家的拒绝。

堀秀政下令大军用铁炮射击，府中城守军不甘示弱，也用铁炮还击。

形式这种东西，做做样子就够了。

次日，丰臣秀吉到达府中城，单人匹马来到城门下，高声大喊：我就是筑前守，请不要开枪。

连续的惨痛经历告诉前田利家，千万不要惹恼丰臣秀吉，那样只会死得又快又惨，最正确的做法就是臣服，彻底臣服。

前田利家打开城门，迎接丰臣秀吉进城。

残存于北庄的柴田胜家，成了丰臣秀吉下一个目标。

四月二十三日，丰臣秀吉任命前田利家、堀秀政为先锋，率领大军包围了北庄。

今天的事，明天再说吧。

次日上午，丰臣秀吉下达了总攻的命令。

丰臣大军如潮水一般蜂拥攻城，三下五除二，就把守军砍得满地找牙，本丸就此陷落。

柴田胜家不敢再和丰臣大军纠缠，率领守军且战且退，最后退到了天守阁。

虽然柴田胜家的军队仍然在坚守，但就算是再蠢的家伙也知道，在丰臣秀吉大军面前，这种抵抗根本没有任何意义。

柴田胜家将残存的家将们召集起来，命令他们出去投降丰臣秀吉。

疾风知劲草，板荡识诚臣，家臣们异口同声地说：“让我们到那个世界

侍奉您吧！”没有一个人离开。

柴田胜家又叫妻子阿市带着三个女儿离开，但阿市坚决反对，只将三个女儿送出了城。

柴田胜家和妻子在家臣们的陪伴下，携手走上天守阁，随后命人撤去了天守阁的梯子。

见过自残的壮观场面吗？要是你从来没有见过，那么现在就要看到了。

柴田胜家面对丰臣秀吉大军大喊：你们好好看着胜家大人的死吧！

柴田胜家说完后，先将妻子阿市杀死，然后将侍女和家臣柴田弥左卫门、小岛若狭先后杀死。

凶残到没人性，血腥到没朋友啊！

柴田胜家仇视着丰臣秀吉大军拔刀切腹，亲手拉出自己的五脏六腑抛向人群。

寂静，谜之寂静。

攻城大军看得瞠目结舌、目瞪口呆，像是突然中了定身法，整个天守阁周围鸦雀无声。

看到这一情景的家臣们立刻点燃了藏在天守阁中的火药，将天守阁化为了灰烬。

柴田胜家，您的天守阁，上过保险吗？

无论如何柴田胜家都是值得我们敬佩的，他敢作敢当，为自己的行为埋了单。

织田信雄率领大军攻打岐阜城。

织田信孝的家臣们早就丧失了斗志，纷纷反正，向织田信雄投诚。

织田信孝立马成了光杆司令，除了开城投降之外，别无选择。

织田信孝出城后，对使者中川勘左卫门说：麻烦使者大人转告中将，就说我求他网开一面，我毕竟不是普通人。

织田信孝坚信，织田信雄会念及兄弟之情，前去向丰臣秀吉求情，丰臣秀吉至少会送给他一座小城，让他衣食无忧地过一辈子。

曾经有朋友问我，同样是女的，为啥女朋友好哄，丈母娘就难哄，我答曰，

丈母娘已经上过一次当了。

同样的道理，织田信孝已经求饶一次了，这次再求饶，还有人相信吗？

做人没信用，全身都是洞。

织田信孝到达尾张国知多郡内海的时候，中川勘左卫门带来了织田信雄的命令，要求织田信孝切腹自尽。

这不是商量，也不是请求，而是死亡判决书。

不！谁能救救我们，我还不想死在这里。

事实证明，临时抱佛脚这种事，根本一点都不靠谱。

四月二十九日，二十六岁的织田信孝被押送到了知多郡野间的大御堂寺，被迫切腹自尽。

当年织田信孝的父亲织田信长对丰臣秀吉另眼相看，屡加提拔，换来的却是这样的下场。

切腹自尽前，织田信孝高呼：

往昔功高堪盖主，如今伟业似曜星。先主遗孤今何在，岂料筑前断恩情。

唇亡齿寒，得知织田信孝被逼自尽的消息后，泷川一益也大为恐惧，连忙向丰臣秀吉献上朝山的画，表示臣服。

丰臣秀吉将泷川一益所领的北伊势五郡全部没收，仅仅给他保留了近江南领五千石的领地。

## 小牧长久手之战

贱岳合战后，丰臣秀吉控制了美浓国、播磨国、摄津国等二十国，升为参议，俸禄六百三十万石。

反观织田信雄，却只领有伊贺、伊势、尾张三国。

织田信雄对此极为不满，悄悄联络德川家康，与之结成联盟，对抗丰臣秀吉。

天正十二年（公元 1584 年）三月三日，有人向织田信雄告密：星崎城城主冈山重孝、松岛城城主津川义冬、刈安贺城城主浅井长时暗通丰臣秀吉。

别把我当唐僧，我也不是省油的灯！

织田信雄下令处死了冈山重孝、津川义冬、浅井长时三人。

织田信雄知道丰臣秀吉肯定不会放过自己，便干脆先下手为强，主动出击。

织田信雄命令伊势神户城城主神户正武为统帅，率领五百人，攻打关信盛驻守的龟山城。

龟山城的守军只有几十人，哪里守得住，关信盛慌忙派遣使者向丰臣秀吉一方求救。

丰臣秀吉一方的蒲生氏乡立马率领所部人马前往救援龟山城。

孤军深入的神户正武根本抵挡不住蒲生氏乡凌厉的攻势，无奈只得放弃攻打龟山城，逃了回去。

丰臣秀吉心头一阵狂喜，织田信雄你到底还是年轻，沉不住气啊！

既然如此，丰臣秀吉讨伐织田信雄便有了理由。

听说伊势峰城城墙残破，正在维修，丰臣秀吉那叫一个开心。

机不可失，丰臣秀吉一方很快采取了行动。

三月十日，崛秀政、关信盛、泷川一益率领一万大军，直逼峰城。

峰城城主佐久间正胜没有死守城池，而是选择了主动出击，率领五千守军在城外迎战。

这样的一场战斗，结果自然毫无悬念，堀秀政、关信盛等人大获全胜，佐久间正胜狼狈逃回尾张。

三月十四日，池田恒兴、森长可率领先锋部队攻打中川定成驻守的犬山城。

池田恒兴以前曾做过犬山城城主，城内拥有不少亲信。

这些人和池田恒兴里应外合，丰臣大军攻入犬山城，城主中川定成战死。

随后，森长可率领三千部队从犬山城出发，在小牧山附近的羽黑布阵，打算攻占小牧山。

小牧山，位于尾张平原东北部，海拔八十五米，视野开阔，可以有效阻挡来自美浓国的进攻，是战略要地。

森长可这算盘打得那叫一个响啊！

森长可自以为行动诡秘，神不知鬼不觉，骗过了小牧山城的守军。

然而森长可错了！

他的一举一动都没有逃过酒井忠次、神原康政明察秋毫的眼睛。

当夜，酒井忠次、神原康政率领五千人马偷偷溜出小牧山城，绕过森长可大军的后翼。

德川大军在八幡林一带向森长可大军发动奇袭，猝不及防的森长可后翼部队大溃，跟着牵连了前军。

森长可虽然拼死奋战，但这根本没有用，依然挽不回颓势。

森长可突然有种不妙的预感，第一反应就是逃跑。

森长可留下野吕宗长及其三百多士兵断后，结果全部战死。

就在同一天，丰臣秀长率领所部人马进攻泷川雄利的松岛。

泷川雄利是泷川一益的女婿，丰臣秀长利用泷川一益这一层关系劝降，遭到泷川雄利的拒绝。

德川家康、织田信雄立马派出援军到松岛协助防守。

丰臣秀吉命令九鬼嘉隆率领水军截断了松岛的后勤补给线。

没有了后勤补给，再拖下去，一旦粮草断绝，就有全军覆没的危险，泷川雄利只剩下一个选择了。

三月二十九日，泷川雄利经由海路撤回尾张。

镜头转到和泉。

受人之托，忠人之事；拿人钱财，替人消灾。

三月十八日，杂贺火枪佣兵队、根来寺僧侣火枪佣兵队分别从海、陆两路攻击和泉岸和田、大津两地。

丰臣秀吉立马任命军师黑田如水为总指挥，率领大军前往求援。

来而不往非礼也！接下来，自然该轮到丰臣秀吉出手了。

丰臣秀吉亲率十二万五千大军从大阪城出发，开往伊势、尾张一带。

织田信雄、德川家康面临着空前的压力。

德川家康从冈崎城倾巢出动，途经清州城，会合各路大军，共计一万五千大军，抵达小牧山。

与此同时，织田信雄也率领五千大军从长岛出发，抵达小牧山。

四月五日，丰臣秀吉抵达乐田，与驻守小牧山的德川家康对峙。

丰臣秀吉虽然兵多将广，但大军远道而来，疲惫不堪，且不熟悉地形，不宜贸然发动进攻。

丰臣秀吉派人拉拢信浓豪族木曾义昌。

要不然，就，跳个槽？

木曾义昌这个翻云覆雨、反复无常的家伙，撕毁了与德川家康的盟约，将次子木曾义春送去做人质，倒向了丰臣秀吉。

池田恒兴向丰臣秀吉建议：德川家康主力全在小牧山，冈崎城此时一定空虚，如果让我率领精兵突袭，一定能够轻易攻陷，到时候德川大军军心动摇，必定会不战而降。

丰臣秀吉深以为然，便任命丰臣秀次为统帅，率领池田恒兴、池田辉政、森长可、崛秀政等一帮猛将以及两万大军，前往偷袭冈崎城。

伊贺忍者服部平六侦察到了丰臣大军的动向，立即将消息传给了德川家康。

越是关键时刻，越要沉着冷静。

池田恒兴等人要攻打冈崎城，一定会途经长久手谷地，德川家康决定在长久手谷地迎战池田恒兴。

德川家康立马传令驻守岩崎城的丹羽氏重，让他无论如何都要拖住池田恒兴，为自己争取时间。

随后，德川家康留下大将酒井忠次、石川数正等人率领六千人驻守小牧山，自己则以神原康政、大须贺康为先锋，率领一万四千大军赶往长久手谷地。

四月九日黎明时分，池田恒兴率领六千大军进入长久手谷地，遭到丹羽氏重部队的突击。

丹羽氏重只有二百三十九人，池田恒兴完全没放在眼里，他立即下令发起攻击。

战斗还没开始，池田恒兴的坐骑就被丹羽氏重的火枪兵打伤，池田恒兴跌落下马，摔了个四脚朝天。

很好，这画风也转得太快了吧！

池田恒兴恼羞成怒，立刻整顿部队进攻岩崎城。

然而池田恒兴错了，丹羽氏重守城的本事一点也不差，时间一点点过去，攻城部队连续强攻了三次，却根本攻不进去，反而死伤惨重。

岩崎城久攻不下，池田恒兴焦急万分。

关键时刻，森长可率领三千大军赶到，用铁炮轰开城门，攻城大军趁机攻入城内，丹羽氏重、加藤景常战死，岩崎城失守。

就在池田恒兴、森长可攻打岩崎城的时候，丰臣秀次正率领八千大军在白山林纳凉休息。

神原康政、大须贺康各率四千五百大军，快如闪电，猛如雷霆，不给丰臣秀次半点反应的时间，发动了偷袭。

发生了……发生了什么？

丰臣秀次等人一脸蒙圈，还没明白怎么回事，神原康政、大须贺康等人已经到了眼前，顿时人仰马翻，一片大乱。

丰臣秀次大军几乎全军覆没，丰臣秀次在木下佑久、木下利匡的拼死保护下逃了回去，不过木下佑久、木下利匡却英勇战死了。

两个小时后，走在前面的堀秀政，收到了丰臣秀次战败的消息，堀秀政立马集结自己的三千大军，并不断收拢丰臣秀次的残兵，在长久手布阵。

大军在崛秀政的带领下苦苦支撑，击退了神原康政等四千五百大军的追击。

德川家康率领九千大军向御旗山高地前进，堀秀政自知不是对手，慌忙率领大军撤退。

这种做法是明智的，在生死危急关头，堀秀政很幸运地躲过了大祸。

池田恒兴、森长可刚占据岩崎城，就收到德川家康来了的消息，立马弃城而逃。

德川家康会合水野忠重等人后，在御旗山前方丘陵周边布阵。

人生何处不相逢，不相逢啊不相逢。

上午十时左右，池田恒兴、森长可等人碰到了德川家康。

来吧！是生是死，就由这场战斗决定吧！

丰臣秀吉大军在“鬼武藏”森长可的带领下，多次击退德川家康大军，

但森长可不久就被井伊直政的铁炮队击中眉心身亡，群龙无首，丰臣秀吉大军更加混乱。

德川大军抓住这难得的机会，趁着丰臣大军群龙无首之时，发动了更加猛烈的攻击。

池田恒兴、池田元助父子想要重整大军，却分别被永井直胜、安藤直次用长枪捅死。

池田恒兴、池田元助，你们也不必伤心，像你们这样的龙套，能活这么多篇幅，已经算好的了。

池田恒兴次子池田辉政在家臣的护送下，脱离战场，逃了回去。

此战，丰臣秀吉一方阵亡两千五百多人，德川家康一方战死五百五十人。

丰臣秀吉得知德川家康离开小牧山后，深感情况不妙，紧急率领四万大军向长久手谷地疾行。

丰臣秀吉这么做，一方面是为了救援池田恒兴等人；另一方面是打算以池田恒兴为诱饵，彻底剪灭德川家康。

丰臣秀吉到达长久手谷地的时候，狡猾的德川家康，听从高木清秀的建议，早就已经脚底抹油，溜进了小幡城。

来都来了，不露两手让别人看看，实在有点说不过去。

丰臣秀吉决定攻打小幡城。

珍爱生命，远离丰臣秀吉！

德川家康先不说战力，人数上就处于大大的劣势。

德川家康听从本多忠胜的建议，留下本多忠胜断后，连夜撤出小幡城，以急行军的方式返回小牧山。

四月十日早上，丰臣秀吉到达小幡城，除了一座空荡荡的城池，连一个鬼影子都没有，还差点以为走错了地方。

面对德川家康这个德川跑跑，丰臣秀吉彻底愤怒了，立马率领大军追击。

追了没多久，前面枪声大作，伏兵四起。

本多忠胜率领五百名火枪手拦在了前面。

追击中突然被敌人拦住了去路，这是一种什么样的感受？

这就好比我们走夜路的时候，墙角冷不丁跳出一个人，不是被吓得捂胸口，就是突然闪开。

正所谓“人吓人，吓死人”，追兵顿时乱作一团。

丰臣秀吉毫无悬念地再次吃了大亏，又损失了不少人。

丰臣秀吉遭遇了他自出生以来最惨重的一次失败。

好吧，你赢了。

丰臣秀吉只得下令撤兵回到乐田。

带兵打仗，你可以不聪明，但不能不小心啊。

鉴于乐田地势平坦，无险可守，丰臣秀吉将部队移驻小松寺。

从四月十日到四月二十九日，双方在小牧山和小松寺之间的战况进入僵局，两方都躲在安全区里，每天吃饭、睡觉、打豆豆。

如果这样一直耗下去，显然对丰臣秀吉极为不利。

丰臣秀吉再无战意，决定悄悄退兵。

丰臣秀吉对外宣称，将于次日与德川家康决战，暗地里却命令加藤光泰在木曾川鹈沼渡口搭建浮桥，修建撤退的通道。

随后，丰臣秀吉率领大军从小松寺出发，经过鹈沼渡口，穿越木曾川，抵达美浓国。

五月三日，丰臣秀吉率领大军从大浦出发，攻击织田信雄领地内的野井城。

此时驻守野井城的是加贺野井和加贺重宗父子，守军两千余人。

老大，你根本不需要出手，在旁边看热闹就行了。

身为丰臣秀吉的得力干将，细川忠兴率领部队攻陷野井城，斩杀加贺重宗。

加贺野井率领残兵转入巷战，丰臣秀吉大军直到六日才完全控制野井城。

为了引诱德川家康、织田信雄出来决战，丰臣秀吉准备长期围困位于木曾川和长良川之间的竹鼻城。

丰臣秀吉再次使用他最擅长、最得心应手的战术，发动十万民众，在十天之内修筑了一条长堤，准备引木曾川和长良川的水灌城。

此时的竹鼻城已成孤城，城内的守军被压缩在城内动弹不得，形势非常危急。

竹鼻城城主不破广纲，连忙派人前往南方的八神城，向岳父毛利广盛求援。

然而毛利广盛根本不可能派遣援军，他老人家见多识广，什么没见识过，早就倒向了丰臣秀吉。

心肠不狠，位置不稳。

不破广纲一气之下，与老婆毛利贞子离了婚，让家老三七护送毛利贞子出城，去投靠她父亲毛利广盛。

贞子啊，千万别怪我啊！谁叫你父亲六亲不认、见死不救呢？换作任何有骨气的男人，遇上这种岳父，也会毫不犹豫和妻子离婚的！

一个人到底要多无耻，才能做出这样的事来啊？

曾经的海枯石烂，抵不过好聚好散！毛利贞子越想越难过，越想越郁闷，走到石田村的时候，就拿出短刀自杀了。

什么状况？这是什么状况？

家老三七将毛利贞子草草埋葬，在坟墓旁种了一棵松树。

随后家老三七也用一文字式刀切腹自杀。

这就是日本战国著名的悲剧——三七松物语。

据说这个悲剧在日本，很多男人听了都沉默，女人听了都流泪，所有人听了都震惊，不转就不是日本人。

又扯远了，让我们把视线重新拉回到竹鼻城。

丰臣秀吉引木曾川、长良川的江水灌注竹鼻城，江水瞬间涌入城内，淹死的民众不计其数。

不破广纲制造了大批竹筏，带着守军乘着竹筏继续坚守。

不破广纲坚守一个月，织田信雄、德川家康的援军一个都没有来。

没有了援军，便仗着自己手头七百多守军，想跟数万丰臣大军硬碰硬，那不是鸡蛋碰石头，自取灭亡嘛！

打指定是打不过，跑也跑不掉啊！都被人家给包饺子了，现在不破广纲只有开城投降的份儿了。

不愧为能屈能伸的真豪杰、大丈夫，在想通了所有关节之后，不破广纲马上向丰臣秀吉提议，投降输一半，自己献上竹鼻城，丰臣秀吉让他返回伊势。

丰臣秀吉居然同意了。

你能不能掐我一把，为什么我觉得我是在做梦？

六月十一日，不破广纲率领七百守军乘着木筏，离开竹鼻城，逃往伊势长岛。

我们的城池都丢了，我们寻求政治避难。

丰臣秀吉部下一柳直末进驻竹鼻城。

但也仅此而已。

北尾张防线崩溃，德川家康、织田信雄不动如山，丰臣秀吉企图引诱德川家康、织田信雄联军前来决战的计划宣告破产。

六月十五日，泷川一益、九鬼嘉隆趁伊势蟹江城城主佐久间正胜在萱生修筑城墙的时候，趁火打劫，率领三千大军偷袭蟹江城。

就在蟹江城守军打起十二分精神，全力防守泷川一益的时候，有人却在城内举起了屠刀。

这人不是别人，正是时任蟹江城城代的前田长种。

在泷川一益胡萝卜加大棒的威逼利诱下，前田长种趁着守军不注意的时候，率领三百死党发动突然袭击，一举占领蟹江城。

大野城城主山口重政的母亲、冈部正房之女当时正在蟹江城，成了泷川一益的俘虏。

什么叫作无妄之灾，这就叫作无妄之灾了！

一下子抓到了这么条大鱼，怎么才能发挥最大的作用呢？

六月十六日，泷川一益又把进攻的矛头指向了大野城。

山口重政，你母亲还关在小黑屋子里没放出来，你可不要堕落啊！

泷川一益以此威逼山口重政投降。

我很喜欢自己百毒不侵的样子！山口重政毫不犹豫地拒绝了。

这样一来，泷川一益不战而屈人之兵的计划彻底落空了。

既然你不能为我所用，那我留着你有什么用？

泷川一益率领大军攻打大野城，遭到大野城守军的顽强抵抗。

就在这时，德川家康、织田信雄派遣的庞大联军抵达了。

六月债还得快啊！叫你嚣张跋扈、得势不饶人，现在就轮到你自己了吧？

泷川一益鉴于对方人多势众，担心寡不敌众，下令退守蟹江城。

六月十九日，德川家康、织田信雄的庞大联军直逼蟹江城。

随后，联军在城外深沟高垒，截断了蟹江城的水源，并将其团团包围，连一只苍蝇也不让飞出去。

二十多天后，在联军的严密封锁下，城内开始支撑不住了——由于水源断绝，甚至发生了渴死人的惨剧。

七月四日，本着“与其渴死，不如投降”的原则，泷川一益率领守军开城投降，返回伊势。

丰臣秀吉非常生气，狠狠斥责了泷川一益。

泷川一益脸上红一阵白一阵，被骂得哑口无言，有种羞愧到想捅死自己的冲动。

不久，泷川一益将家督之位让给次子泷川一时，自己蛰居于越前大野，出家了，号入山庵，领着三千石俸禄。

德川家康害怕越后国的上杉景胜南下进攻甲信地区，于是通过织田信雄，请求佐佐成政加入己方，牵制上杉景胜。

佐佐成政的女儿在丰臣秀吉那儿做人质，可织田信雄又是故主织田信长的次子，怎么办？

不知道我有选择困难综合症啊？

佐佐成政左右为难，只得承诺，如果上杉景胜进攻信州，那自己就出兵援助。

六月，佐佐成政派遣佐佐平左卫门带着重礼前去金泽城提亲，想要把女儿嫁给前田利家的次子前田利政。

政治联姻在当时的上流社会很流行，佐佐成政和前田利家都是雄霸一方的大诸侯，成为儿女亲家，还可以彼此照应，对双方都有好处，何乐而不为？

前田利家答应了这门亲事，同时派村井长赖、小林重昌前去富山城送聘礼。

富山城茶坊老板养顿是前田利家安插的探子，提亲的使者一到富山城，他就告诉了小林重昌一个天大的秘密：佐佐成政和德川家康结盟了。

佐佐成政应该是有结盟的想法的，但是有归有，你不要说出去呀，说出去就太尴尬了。

前田利家立即派遣村井长赖在加贺国边境朝日山城修筑城池，防备佐佐成政。

说好人与人之间最基本的信任呢？

佐佐成政得知后，向前田利家表示，七八月份没什么黄道吉日适合结婚，具体成婚日期再看吧！

佐佐成政不愧是老江湖了，扯谎都不用打草稿。

我不介意你骗我，我介意的是你的谎话骗不了我。

我不拆穿你，让你乐呵乐呵得了。

佐佐成政利用这段时间暗中结交了很多豪杰，并吸收接纳了很多亡命之徒，做好出征的准备。

八月二十八日，佐佐成政任命佐佐平左卫门、前野小兵卫为统帅，率领五千大军攻打朝日山城。

像是老天也不鼓励这种冒险行动似的，这几天，天空中雷雨交加，下起了倾盆大雨，且持续多日不停。

这算什么世道，好不容易出来打个仗，临了还碰到这鬼天气！

人不能跟天斗，佐佐平左卫门、前野小兵卫只得率领大军撤退。

拉仇恨这种事，要么不做，要么做绝，必须一条道走到黑。

佐佐成政打算攻打能登半岛咽喉末森城。

只要攻下末森城，就能切断能登和加贺两国的联系，这样攻打能登国的时候，加贺国就不能及时救援了。

为了隐藏自己的真实目的，佐佐成政任命佐佐平左卫门为统帅，率领五百人南下佯攻加贺国内的鸟越城，以此牵制尾山、津幡、鸟越三城的兵力。

佐佐成政率领大军从能越国的荒山寨出发，占领了末森城北面的胜山，在这里筑寨建立据点，入侵能登国的鹿岛，好阻断能登国的军队救援末森城。

随后，佐佐成政率领一万五千大军向末森城开进，在离末森城四千五百米的坪和山驻扎。

九月九日拂晓，佐佐成政兵分两路，一路从西南的大手口展开攻击；一路由吉田口方向发动袭击。

为什么打我啊？给我个合情合理让人信服的理由呗？

由于九月九日这天是重阳节，城内很多士兵都出城祭祀了。

城主奥村永福匆忙之间只召集到了一千五百守军，根本组织不起像样的抵抗，被打得落花流水。

佐佐成政两路大军都顺利突破城门，攻入了城内。

奥村永福只得放弃外城和三丸，退守二丸坚守。

佐佐成政并没有给守军一点喘息的机会，又率领大军朝二丸猛扑过来。

也许奥村永福的能力说不上有多出众，但他的意志力确实远超常人！

屡败屡战，绝不放弃！

不撞南墙不回头，撞了南墙还是不肯回头！

在身处绝境、命悬一线的环境下，他还是不愿意放弃，率领三百多残兵撤入本丸，做最后的抵抗。

稳住，我们能赢！

得知消息的前田利家，大惊失色，不顾家臣的反对，让长兄前田利久留守金泽城，自己率两千五百人前去救援。

没想到，佐佐成政早就想到了这种状况！

佐佐成政命令神宝氏张带人埋伏川尻川一带，准备送前田利家一个大惊喜。

不知不觉断送一生，多见多闻改变一生！

高松村村民将自己的所见所闻告诉了前田利家。

得知消息的前田利家，惊出一身冷汗，慌忙改变行军路线，沿着海岸线悄悄行军。

九月十一日清晨，佐佐成政大军猛打猛冲，奥村永福的残兵抵挡不住，眼看末森城就要沦陷。

关键时刻，前田利家率领两千二百援军出其不意地出现在佐佐成政大军背后。攻城大军顿时一片混乱，前田利家、前田利长父子趁机杀入城内，与奥村永福会合。

火上浇油的是，此时又一个坏消息传到了佐佐成政这里——长连龙部率领大批援军逼近末森城。

佐佐成政不敢再战，率部撤离能登，返回了越中。

佐佐成政总算是消停了一段时间，但好景不长，没多久他又坐不住了，率领大军向南进入加贺。

都这样了，咱别拉仇恨了行吗?

这种自不量力的行为，得到的只能是自取其辱!

前田利家马上集结军队，在加贺国北部的俱利伽罗山野列阵，将其击退。

佐佐成政这种欠揍的做法，彻底激怒了前田利家。

来而不往非礼也，前田利家当然也要还以颜色，在他的指示下，能登国内的前田大军展开了报复性攻击，一路气势如虹，三下五除二就攻陷了胜山寨。

而佐佐成政需要面对的麻烦还不只这些!

在你头上拉屎的不仅仅有敌人，也可能是你的邻居!

上杉景胜接受了丰臣秀吉的请求，乘虚而入，从越后国出兵偷袭越中国，宫崎城、境城全部沦陷。

上杉景胜继续率领大军出击，扩大战果，直逼滑川城。

让人意外的是，一路高歌猛进、势如破竹、连战连捷的上杉景胜，这次却一反常态，竟然没有攻城，只是在城外四处放火后，就潇洒撤军了。

不是他不想攻城，而是条件不允许啊。

毕竟这时已经进入寒冬，天寒地冻的，吐口唾沫都能结冰。在这种情况下，连兵器都拿不稳，弓都拉不开，更何谈攻城。

佐佐成政还没有从失败的阴影中走出来，又听到了一个石破天惊的消息，织田信雄居然臣服丰臣秀吉了。

由于长期交战，军兵疲惫，丰臣秀吉难以坚持，想要求和，又害怕这样

有损自己的形象，便派富田知信、津田信胜两人向织田信雄提出派出织田长益、泷川雄利等家臣的子女和母亲为人质，割让尾张的犬山城和和田城。

织田信雄知道如果不同意，他就是有一百张护身符也会被丰臣秀吉活活弄死。

织田信雄答应了丰臣秀吉的条件，作为回报，丰臣秀吉将织田信雄之女收为养女。

这次讲和为丰臣秀吉赢得了宝贵的喘息机会。

佐佐成政肺都气炸了！

我是你们的盟友，你们居然背着我和丰臣秀吉谈和，哪里还有一点点盟友之间坦诚相告的样子，你们这样让我压力很大好不好？

我宁可去碰壁，也不要在家里面壁！

愤怒的佐佐成政决定亲自去滨松城，请求织田信雄、德川家康继续作战。

佐佐成政率领三十多名家臣，通过常愿寺川、芦峅寺、弥陀原、松尾峠、汤川谷，穿越狮子岳和鹫岳之间的佐良峠，经由五色原再翻越针之峠进入大町。

十二月二十五日，佐佐成政到达滨松城。

就在佐佐成政赶往滨松城途中，德川家康将次子于义丸送与丰臣秀吉做养子，臣服于丰臣秀吉。

佐佐成政，你咋没吃药就跑出来了？哪壶不开提哪壶！您认真说，我就假装认真听了！

德川家康，你还真是义薄云天，都薄得飞上天了！我恨你！

问题是，现在说这些，又有什么意义呢？佐佐成政无奈之下，只能再次翻越群山回到越中。

佐佐成政本来是打酱油路过的，这下还真好，打酱油直接打成主角了！

天正十三年（公元 1585 年）二月，前田利家发动攻势，攻陷越中砺波郡莲沼城。

受害者了不起啊，占了理就可以为所欲为吗？

一味地退，早晚会退无可退；一味地软，总有一天会难以抬头！

佐佐成政派人袭击了加贺国石川郡鹰巢城。

我还没有报复完解气呢，你又来惹人家，这让前田利家怎么可能服气？

不打趴你，你就不知道我其实有仇报仇、有怨报怨！

毁谁不是毁，灭谁不是灭！前田大军攻陷了鸟越城。

可见，一个人暂时没有资本，一味地逞强，确实不是什么明智的事情！

什么都别说了，什么都不用说了！

都不需要派人诱降，阿尾城城主菊池武胜就自觉举手投降，投入了前田利家的怀抱。

我倒是想反抗一下，但是有用吗？

六月二十四日，神保氏张、神保氏则父子奉佐佐成政之命，率领五千大军，企图夺回阿尾城。

前田庆次的警惕性相当高，连睡着了都睁着一只眼睛，佐佐大军还没抵达阿尾城，就已经被他发现了。

前田庆次马上集结两千大军，倾巢而出，前往阻击佐佐大军。

这样一来，神保氏张、神保氏则父子“出其不意，攻其不备”的突袭计划，彻底泡汤了！

神保氏张、神保氏则父子赶紧狂奔闪人，转眼间就消失得无影无踪，就好像他们从来没有出现过。

是我太冲动了，世界如此美好，我却如此暴躁，不好不好！

佐佐成政通过德川家康，向丰臣秀吉转达了臣服的意愿。

对不起，太迟了！

丰臣秀吉想都没想一下，就拒绝了。

我算是知道了，你不是想玩我，是想玩死我啊！

佐佐成政只好抓紧时间在领内修筑防御工事，准备迎接即将到来的“暴风雨”。

丰臣秀吉平定四国后，接受前田利家的请求，出兵十万，兵临越中。

不管从哪个角度看，佐佐成政一方都处于绝对的劣势！佐佐成政自知毫无胜算，再次通过织田信雄传达了投降的意愿。

我认输了，我真的真的认输了！

丰臣秀吉同意了佐佐成政的请求，不过要求佐佐成政切腹自尽。

然而预料中的可怕情景根本就没有出现!

德川家康也好，织田信雄也罢，总算还是讲点良心，通过他俩的苦苦恳求，丰臣秀吉最终宽恕了佐佐成政。

丰臣秀吉没收了佐佐成政越中一国，只给他留下了新川郡。

# 丰臣秀吉统一日本

那么前田利家忙着征讨佐佐成政的时候，丰臣秀吉在做什么呢？

他也没有闲着，他在忙着厉兵秣马，把下一个目标对准了杂贺火枪佣兵队和根来寺僧侣火枪队。

三月，丰臣秀吉任命丰臣秀长为大将，丰臣秀次为副将，率领六万多大军攻入纪伊，烧毁了根来寺，杂贺一揆众投降。

消灭佣兵队后，丰臣秀长率领大军继续前行，进入常陆国，逼近关东七名城之一的太田城。

丰臣秀长采用水攻战术，逼迫太田城城主太田左近开城投降，随后又威逼太田左近切腹自尽。

当然了，有人喜笑颜开，就有人泪流满面。

长宗我部元亲害怕了，立马派出使者向丰臣秀吉献上了礼物，当场做忏悔状，表示今后一定痛改前非。

丰臣秀吉如今实力大增，胃口自然也大了起来，一开口就让长宗我部元亲割让赞岐、伊豫两国。

有没有搞错，我只是与织田信雄、德川家康结了个盟，顺便帮了他们一下，不至于这么狮子大开口吧？

这分明是敲诈，赤裸裸的敲诈啊！

长宗我部元亲不肯交出东面的赞岐，只愿意割让西面的伊豫。

既然谈不拢，那就只有打了。

丰臣秀吉派遣使者联络毛利辉元、丰臣秀长、丰臣秀次、黑田如水等大名，让他们准备船只，集结部队，做好出征的准备。

尽管事态严重，长宗我部元亲并不畏惧。

丰臣秀吉在扩军备战的同时，长宗我部元亲也在做着相应的部署。

由于需要同时防备中国和畿内方向的攻击，长宗我部元亲不得不在阿波、赞岐、伊豫三国漫长的海岸线布防四万多部队。

长宗我部元亲出发之际，前往北谷的瑞应寺，参拜先父长宗我部国亲，以此表达决一死战的决心。

五月十九日，长宗我部元亲率领八千人从四国交通要冲的白地城出发，抵达阿波岩仓城。

丰臣秀吉担任此次作战的总指挥，将本阵设在和泉的岸和田城，丰臣秀长则作为丰臣秀吉的代理人，担任了渡海部队的总指挥。

丰臣秀吉大军从三个方向同时展开攻击。

## 伊豫方向

毛利辉元、小早川隆景、吉川元长率领三万多毛利军队从新间附近登陆，攻陷御带岛城。

御带岛城沦陷的消息传来，丸山城守将黑川广隆无心坚守，开城投降。

金子元宅将本城金子城交给弟弟金子元春驻守，自己则率领一部分人马进入高尾城。

离开金子城前，金子元宅召集部下，发誓将坚守自己和长宗我部元亲的誓言，誓死保卫高尾城。

毛利辉元等人攻陷金子城，金子元春战死。

随后毛利辉元等人率领三万毛利大军乘胜挥师挺进，将高尾城团团围住。

金子元宅慌忙向长宗我部元亲求救，但此时的长宗我部元亲早已自顾不暇，哪里还能顾得上他。

我能怎么办？我也很绝望啊！

尽管如此，为了不让金子元宅寒心，长宗我部元亲还是派遣高野义充率领两百多骑兵前往救援。

毛利辉元开始指挥大军攻打高尾城。

金子元宅指挥守军拼死抵抗，坚守了两天。

投降什么的，当然绝不可能。

七月十七日，金子元宅放火烧毁高尾城后，率领两千守军抱着破釜沉舟、有进无退的必死觉悟，前往野野市原与小早川隆景率领的毛利大军决战。

战斗持续了没多长时间，就分出了胜负，小早川隆景以多欺少，恃强凌弱，大获全胜，斩杀了两千人。

金子元宅和身后仅存的十三名士兵切腹自尽。

对于这种英勇壮烈的行为，小早川隆景充分表达了敬仰之情，在野野市原为战死的金子元宅和两千守军建了一个千人冢。

这大概就是所谓的“肉体上毁灭，精神上升华”吧！

可惜长宗我部家族像金子元宅这样的人实在太少了！

毛利大军一路势如破竹，连克石川虎千代的高埣城、中川氏的灵山城、冈部氏的重茂城、龙冈氏的龙冈城。

伊豫北部濑户内海一带基本被毛利大军占领。

## 赞岐方向

宇喜多秀家、蜂须贺正胜、黑田如水率领两万三千备前、美作、播磨部队，渡过内海，在赞岐屋岛登陆。

在宇喜多秀家大军强大军力的推进下，牟礼、高松、香西等城都不敢顽抗，纷纷开城投降。

接下来，宇喜多秀家大军又把矛头指向了植田城。

植田城是长宗我部家族新筑的坚城，是白地城的防御前哨，驻守此地的是长宗我部亲武，兵多将广。

历史无数次地证明，真理有时的确是掌握在少数人的手里。

黑田如水不同意攻打植田城：植田城城池坚固，守军众多，短时间内不但攻不下来，还会死伤惨重，不如绕过植田城，进入阿波。

听了这番话，宇喜多家秀、蜂须贺正胜众将都表示赞同。

随后，宇喜多秀家大军绕过植田城，进入阿波，与丰臣秀长大军会合。

## 阿波方向

丰臣秀长率领三万畿内部队，从堺登船渡过濑户内海，到达淡路洲本。

丰臣秀次率领三万多近江、阿波部队从播磨渡海，在淡路福良登陆。

丰臣秀长和丰臣秀次会合后，分乘八百多艘兵船，渡过鸣门海峡，在土佐泊登陆。

丰臣大军登陆后，直逼木津城。

丰臣军中的东条纪伊守是木津城守将东条官兵卫的叔父，通过东条纪伊守的劝说，东条官兵卫毫不抵抗，开城投降。

丰臣秀长将全军一分为三，自己率领大军向一宫城方向挺进；丰臣秀次率领大军向岩仓城进逼；剩下的向海部城挺进。

此时长宗我部大军早已心无斗志，怎么可能抵挡得住来势汹汹的丰臣大军！

富冈城城主香宗我部亲泰和渭山城城主吉田孙左卫门商议后，各自引军退回土佐。

长宗我部元亲一方在阿波东部的防御体系土崩瓦解。

丰臣秀长率领五万大军沿途兵不血刃，直逼一宫城。

随后，丰臣秀长将本阵设在辰山，隔河与一宫城对峙。

然而出乎丰臣秀长意料的是，一宫城守将江村备后和谷忠澄率领守军凭借着地利奋力抵抗，连续多次击退丰臣大军的进攻。

丰臣大军死伤惨重，却毫无进展。

列宁曾经说过，最坚固的堡垒，都是从内部攻破的。丰臣秀长开始联络谷忠澄，劝其和谈。

事实证明，想要和谷忠澄停战和谈，远比想象中要容易得多。谷忠澄不但同意停战和谈，还承诺自己会去劝说长宗我部元亲臣服。

由此可见，不管谷忠澄军事能力如何，至少他眼界不错。想想看，既然

丰臣秀吉这些年连柴田胜家、佐佐成政、织田信雄这些人都能轻易打死打服，那么他想要击败长宗我部元亲，也只是时间问题，既然这样，还不如主动臣服算了。

谷忠澄随后劝说长宗我部元亲投降。

谷忠澄，你活着，浪费空气；半死不活，浪费金钱。你还是死了算了！

长宗我部元亲很生气，命令谷忠澄回一宫城切腹。

可怜的家主，你显然想多了！

哄自己开心，就做做梦；哄群众开心，就作作秀；哄领导开心，就作作假！

谷忠澄回到一宫城，积极联络家臣，联名上书。

谷忠澄将家臣们签字的奏疏交给了长宗我部元亲。

可怜的家主，接受事实吧！

残酷的现实让长宗我部元亲不得不重新考虑这个问题，他觉得家臣已经离心离德，以自己目前的实力，和丰臣秀吉相比，根本不是一个档次。

经过激烈的思想斗争，长宗我部元亲无奈地同意了谷忠澄等家臣的提议。

长宗我部元亲派出使者向丰臣秀长彻底降服。

土豪，我们做朋友吧。

丰臣秀长报告了丰臣秀吉。

对不起就完事啦！抱歉有用，那我们白忙活了？

丰臣秀吉提出，长宗我部元亲割让阿波、赞岐、伊豫三国，保有土佐一国。

长宗我部元亲答应了丰臣秀吉的一切条件。

随后，长宗我部元亲将三子长宗我部亲忠送往丰臣秀吉处做人质，并留下江村备后和江山扫部助陪伴。

## 九州征讨

天正十四年（公元1586年）四月五日，大友宗麟来到大阪，谒见丰臣秀吉，表示臣服，请求丰臣秀吉派遣援军，挫败志在吞并九州的岛津氏家族。

这些年，丰臣秀吉忙着南征北战、扩大地盘的同时，岛津氏家族也没有闲着。

岛津氏家族通过耳川之战、冲田畷之战等一系列战役，降服龙造寺家族。

九州的大名们开始寻找退路。

肥后国的隈部亲永、隈部亲泰父子，筑前国的秋月种实，筑后国的筑紫广门，肥后国的阿苏惟光，示好的示好，臣服的臣服，投降的投降。

至此，岛津义久在九州只剩下大友氏家族一个对手。

大友氏家族早已日薄西山，疆土日蹙，地盘越来越小，灭亡也只是时间上的问题。

我又不是慈善家，如果把地盘给他，那我就是傻子。

敌人的敌人就是朋友，大友宗麟知道岛津义久肯定不会放过自己，于是打算臣服丰臣秀吉。

丰臣秀吉采用先礼后兵之策，向岛津义久发出书信，命令岛津义久停战。

简直是可笑，你以为你是谁，你说停战就停战？

岛津义久拒绝了丰臣秀吉的提议，仍然抓紧时间扩大公司规模。

天正十四年（公元1586年），岛津义久任命岛津忠长、伊集院忠栋为统帅，率领两万大军，攻打大友氏家族。

岛津大军进展非常顺利，攻占了高桥绍运驻守的岩屋城。

岛津家久又动员了大批军队，兵分两路，一路由岛津义久亲自挂帅，直扑丰后国；一路由岛津义弘率领，攻打肥后国。

岛津义弘率领岛津大军，很快就攻陷了鹤贺城。

不过岛津义弘却在直入郡遭到了顽强的抵抗。

既然如此，丰臣秀吉讨伐他便有了理由。

话不投机，立马动手。

九月，丰臣秀吉任命黑田如水为大将，毛利辉元、吉川元春、小早川隆景为副将，率领两万五千大军，渡海进驻丰前国。

大军所到之处，丰前的山田、广津、仲蜂屋、时枝、宫城，丰后的马岳城，皆望风归降。

黑田如水随后又乘胜攻打小宫城，然而在这里，他遭到了顽强的抵抗。

丰臣大军死伤惨重，战死的不计其数。

十月四日，丰臣大军凭借强大的兵力，付出巨大代价，终于攻陷了小宫城。

黑田如水收拾好心情，率领大军继续前进，攻打宇留津城。

丰臣大军再一次遭到了顽强的抵抗。

又是一场恶战，最终黑田如水凭借实力上的绝对优势，打败守军，攻入宇留津城。

别惹我，否则我会让你死得很有节奏感。

接下来，黑田如水在宇留津城内进行了一场井然有序、冷漠无声地喋血大扫除。

这场屠戮，迅速而狠绝。

没用多长时间，城主及其一千三百多守军就被杀得干干净净，尸首随处可见，血流成河。

就在黑田如水为取得的一连串胜利扬扬得意的时候，一个令人猝不及防的坏消息，从天而降。

这件事还得从头说起。

为了配合黑田如水的行动，丰臣秀吉任命仙石秀久为监察使，长宗我部元亲、长宗我部信亲、十河存保为将领，率领六千大军直指进攻诸城的岛津军队。

岛津家族对此立即作出反应，新纳忠元、岛津忠长等人纷纷从立花等城池撤军，昼夜兼程往回赶。

仙石秀久等人得知情况后，立马率领大军从丰前撤军，返回丰后的府内城。

十一月二十五日，伊集院久宣、白浜重政、野村忠敦率领两千五百人，从松尾山出发，进攻大友宗麟驻守的丹生岛城。

岛津军队借助岩石、树荫的掩护，很快攻占了平清水口，直逼丹生岛城。

兄弟们，请客人吃顿好的，上压轴硬菜！

驻守丹生岛城的大友宗麟命令武宫武藏守在大守口用大炮向隐藏在平清水树林的岛津大军轰击。

什么千军万马，什么阴谋诡计，在这种威力强悍到令人发指的大炮面前，全都是浮云。

炮弹击中兔居岛的大柳树林，遭到炮击的大树成片倒下，岛津士兵被断木压死、压伤不计其数。

可这仅仅是一个开始。

趁你病，要你命，此时不出手，更待何时？

丹生岛城守军顺势打开城门，精锐尽出，扑向城外的岛津军队。

好汉不吃眼前亏。

丹生岛城守军刚出城，伊集院久宣、白浜重政、野村忠敦留下一部分人殿后，率领军队狼狈逃窜。

初战失利的岛津军队偷偷与本军合流，企图乘虚而入攻打利光城。

利光城位于户次川上游地区，是连接大分和臼杵的要冲，也是阻止萨摩军攻入大分的最后防线，具有十分重要的战略地位。

岛津家久动用了一万八千人包围了利光城。

利光城守将利光鉴教也是一世豪杰，那也是战国的风云人物，很有两把刷子。他身先士卒，指挥两千大军坚守城池，多次打退萨摩军队的进攻。

要干，就干一票大的！

利光鉴教伺机率领大军冲出城，偷袭萨摩军队。

萨摩军队仓促之间根本无法挡住守军凌厉的攻击，很快就全线溃败，纷纷向梨尾山阵地撤退。

利光鉴教身着火威铠头系五枚兜，登上箭楼，想观望敌人逃到了何处。

穿奇装异服是个很不好的习惯。

千万不要小瞧狙击手，因为关键时刻，狙击手总能发挥强大作用。

利光鉴教被远处隐藏在树丛中的一名敌兵发现，此人弯弓搭箭，射出了至关重要的一箭。

一箭致命！

不偏不倚，正中利光鉴教的要害。

利光鉴教欲哭无泪，买双色球都没那么幸运过。

好像有点玩脱了。

我就露了个脸，打了个酱油啊！没救了，彻底没救了！

刚才还耀武扬威、挥斥方遒的利光鉴教就此殒命。谁都不能预想到明天是死亡还是活着，人生还真是无常。

利光鉴教战死这个令人震惊的消息迅速传遍了整个战场。

这一刻，原本混乱的战场，突然就变得鸦雀无声了。

机会一闪即逝，能把握的往往都是成功者！

萨摩军队趁机反攻。

早已军心涣散的守军一触即溃、一泻千里、一败涂地。

守军狼狈退回利光城，一边坚守不出，进行艰苦的城防战，一边派人向府内城求援。

十二月一日，府内城的大友义统收到了利光城的求援消息。

大友义统害怕岛津家久和萨摩强兵，对于是否援助犹豫不决。

作为监察使的仙石秀久执意主张出兵救援。

这遭到了长宗我部元亲、十河存保等将领的强烈反对。

有人自从买了保险，过马路都不用看红绿灯了，仙石秀久好不容易混了个监察使，也听不进别人的意见了。

仙石秀久对长宗我部元亲、十河存保的反对意见置之不理，态度非常傲慢地表示："不管你们是否赞成，最后都得出兵。"

说得好有道理，长宗我部元亲、十河存保等人竟无言以对。

上了贼船，那就跟贼走吧！

十二月十一日，大友义统、长宗我部元亲、十河存保等人率领大军从府内城出发。

联军在竹中山的境城布下战阵。

铠岳城城主户次统常率领一百多人为先导，进驻户次川。

联军分为左、右两翼。

左翼分为三阵：第一阵，统帅桑名太郎左卫门，兵力一千；第二阵：统帅长宗我部信亲，兵力一千；第三阵，统帅长宗我部元亲，兵力一千。

右翼分为两阵：第一阵，统帅十河存保，兵力一千；第二阵，统帅仙石秀久，兵力两千。

后备军队三千，由大友义统统率。

岛津家久在得到消息后，立即解除了对利光城的围困，向距离梨尾城以南约四公里处的坂原山退却，同时派出哨兵监视联军。

面对萨摩军队的退却，长宗我部元亲认为这是岛津家久的阴谋，目的是引诱己方，劝仙石秀久不要急于渡过户次川，但仙石秀久根本听不进去。

十二月十二日清晨，仙石秀久率领两千人渡过户次川，接着其他人紧随其后渡河。

右翼大军在东岸的山崎集结军队。经由南面的胁津留前进；左翼大军在迫口布阵。

岛津家久接到哨兵报告后，洞悉了联军的布阵情况。

岛津家久留下一支部队监视利光城的一举一动，以防止守军出城支援。剩余部队分为三路：一路由伊集院久宣率领，攻击联军右翼；二路由本庄主税助率领，迎击联军左翼；三路由新纳大膳率领，隐藏在树林中前进。

岛津家久坐镇本阵，统率全局。

伊集院久宣率领大军率先向长宗我部元亲的大军发动了攻击。

丰臣左翼大军在长宗我部元亲的指挥下，纷纷向前死战，一步不肯后退。

伊集院久宣根本无法阻挡住长宗我部元亲如此凌厉的攻势，很快就全线溃败，纷纷向利光村方向逃窜。

但长宗我部元亲根本不给他喘息的机会，继续穷追猛打。

岛津家久见状，亲自指挥本阵向长宗我部元亲发起进攻。

我来助你一臂之力，我也很厉害的好不。

新纳大膳收纳残兵后，也向长宗我部元亲发起了攻击。

在岛津家久、新纳大膳等人的合力打击下，长宗我部元亲被打得大败，只好灰溜溜向胁津留撤退，与桑名太郎左卫门等人会合。

就在这时，本庄主税助立刻从利光城东方高地上冲杀下来，直扑联军左翼，突入了仙石秀久的本阵。

岛津家久率领本阵主力会合新纳大膳等人，向山崎的联军右翼发动了

猛攻。

经过一夜激战，岛津家久佯装不敌，且战且退。

呵呵呵呵！看起来今天是我们的幸运日啊！

长宗我部元亲等人乘胜追击，一头冲进了岛津军队的包围圈。

然后，他们就悲剧了！

长宗我部元亲等人拼死冲杀，总算杀出了包围圈，但包括长宗我部信亲、桑名太郎左卫门、十河存保、户次统常在内的六千多人被斩杀。

谁在乎呢？赢了就是赢了！

一看把人家惹毛了，仙石秀久可劲地跑，先是跑到了府内城，后又经过鹿鸣越进入妙见城，最后索性逃至淡路岛的洲本城。

此时，长宗我部元亲等人在户次川大败的消息传来，吉弘统幸、大津益宗等人无心恋战，逃入高崎城据守，随后又向丰前的龙王城逃窜。

岛津家久又率部乘胜继续进军，很快占领了府内城。

天正十五年（公元 1587 年）二月，志得意满的岛津家久把本阵移到三重松尾山，完全确立了在丰前战场的优势地位。

户次川战败的消息传到京都，丰臣秀吉暴跳如雷。

此时此刻，丰臣秀吉不得不承认自己看走眼了。

该死的！那该死的仙石秀久，这一切都是他害的！

丰臣秀吉没收了仙石秀久所有领地，把他放逐到了高野山。

老虎不发威，你当我是病猫啊！

三月，丰臣秀吉点齐兵马，兵分两路：五万西路军由丰臣秀吉率领，经筑后肥后三国；十五万东路军由丰臣秀长率领，从丰前至丰后到日向。

岛津义久、岛津义弘、岛津家久、岛津岁久闻讯大惊，聚在一起讨论战和问题。

除了岛津岁久主张和谈外，剩余三兄弟都坚决主张迎战。

九州除了萨摩、大隅、日向三国外，其余诸国都是岛津氏家族新占领的，领内民心不稳，为了对抗丰臣秀吉，岛津军队全都退守萨摩、大隅、日向三国。

夫妻本是同林鸟，大难临头尚且各自飞，何况是九州这些刚刚归附岛津氏家族的大名。

秋月种实、龙造寺家族、有马氏家族望风倒向了丰臣秀吉的怀抱。

就在丰臣秀吉踌躇满志，准备挽起袖子大干一场的时候，却传来消息，岛津义久识趣地投降了。

这是怎么回事？那就得从丰臣秀长那路大军说起了。

四月六日，丰臣秀长率领八万大军长驱直入，将日向国高城团团包围。

随后，丰臣秀吉再次使用他最擅长最得心应手的战术，派遣长宗我部元亲的水军攻击高城之南的财部城，切断了高城的补给线。

得知高城被围的消息，岛津义久度日如年。

没有什么好犹豫的！岛津义久亲率两万精兵赶赴日向，企图救援高城。

然而岛津义久的动向岂能瞒得过丰臣秀长？

岛津义久刚到高城附近的根白坂，就遇到了宫部继润的阻击。

宫部继润命令部下搭起栅栏，指派铁炮手在栅栏后面射击。

高城危在旦夕，岛津义久心急如焚，只能期盼速战速决。

但宫部继润不遂他所愿。

岛津士兵什么难听骂什么，什么气人骂什么，不一会儿就将宫部继润祖宗十八代、亲戚家人全都问候了一遍。

宫部继润任凭岛津士兵百般挑衅，就是坚守不出。

没错，我就这样，你想怎样？

什么时候人会心烦意乱，想上网停电、得了重病没钱、盼结婚没对象，还有此时的岛津义久。

冲锋，还是不冲锋？这是个问题。

气急败坏的岛津义久指挥大军发起冲锋。

在冲击了无数次，丢下包括岛津岁久的养子岛津忠燐在内无数尸体后，岛津义久最终只得率领残兵撤退。

岛津义久兵败的消息，成为压垮高城守将山田有信的最后一根稻草，他知道自己已经不可能迎来援军，终于彻底失去了抵抗的信心，不得不交出自己的儿子为人质，开城投降。

丰臣秀长顺利拿下了高城。

就好比小子我，一觉睡醒我以为我长高了，结果才发现是我被子盖横了。岛津义久跟我差不多，这次被打残后，也就彻底老实了！

五月八日，岛津义久辞去家督之位，将其让与二弟岛津义弘，随后剃发出家，起法名龙伯，派遣伊集院忠栋前往川内泰平寺向丰臣秀长谢罪请降。

从此以后，我们一定好好做人，五讲、四美、三热爱，专做好事不留名，做一个对社会有用的人！

算你识趣！

丰臣秀吉对岛津氏家族并没有实施太大的惩罚，除了剥夺日向国的部分领地外，岛津氏家族仍然维持萨摩和大隅两国的统治。

难道这就是传说中的，给个巴掌赏个甜枣了。

岛津义弘，你就知足吧，毕竟还保留了萨摩国和大隅国。

## 小田原战役

丰臣秀吉在聚乐第宴请后阳成天皇，邀请天下大名都来参加，好炫耀他的地位和权威。

北条氏政无视丰臣秀吉的威势，拒绝前往。

丰臣秀吉也是个暴脾气，他哪能受得了这个啊！

你小子这么能，你咋不上天啊？

北条氏政儿子北条氏直是德川家康的女婿，在德川家康的努力劝说下，北条氏政让弟弟北条氏规前往进见丰臣秀吉。

北条氏规到达京都后，请求丰臣秀吉帮忙裁定沼田领地问题。

当初德川家康和北条氏政合议时，将沼田领地让给了北条氏，但德川家康的家臣真田昌幸以沼田城对岸有其先代祖宗的坟墓为理由，强烈反对，双方一直争执不下。

丰臣秀吉思考后决定，沼田领土三分之二归北条氏家族，而有真田昌幸祖先坟墓的名胡桃城归真田氏家族所有。

双方都没有异议。

北条氏直任命北条氏政之弟北条氏邦的家臣猪俣邦宪为沼田城城主，驻守沼田地区。

你不去主动招惹别人，却不代表别人不主动来招惹你！

天正十七年（公元 1589 年）十一月三日，猪俣邦宪以真田昌幸的家臣中山九兵卫为内应，发兵攻陷名胡桃城。

好心当作驴肝肺，真是不知死活啊！

丰臣秀吉一怒之下，索性直接向北条氏直递送了最后通牒和宣战布告。

丰臣秀吉对属下大名下达了动员令，准备进攻北条氏家族的居城小田原城。

面对丰臣秀吉的大规模攻击，北条氏家族也很快作出了反应。

北条氏家族接到丰臣秀吉宣战布告后，除了派兵防守必要的支城外，其余军队全部撤回小田原城。

小田原城东西长 2.7 公里，南北达 2.2 公里，城池两旁有酒匂川和早川两条河流围绕，背靠相模湾，是座易守难攻的巨城。

北条氏政还征集了供应五万六千守城大军的粮食。

这样的城池，对进攻方来说，显然是个极大的挑战！

丰臣秀吉将本阵布于箱根汤木；德川家康则在小田原城以东布阵；细川忠兴、池田辉政、崛秀政、丹羽长重等人则在小田原城以西布阵。

相模湾配置水军一万人。

小田原城外，除了每天当值的守城将士外，其余休息的人则照常吃喝玩乐、下棋、举行诗歌聚会。

小田原城外，大名们则开始修建包含书屋和茶室的庞大府邸，在庭院里种植了树木和蔬菜，颇有点居家过日子的气氛。

由于大量人口聚集，吸引了许多商人和妓女前来谋生。

一时间军营后面多了许多商店和妓院。

氛围这么坏，想不变坏都不行啊！

士兵们觉得，他们来到这里，简直就像是来到天堂一样！

都是水何必装醇，都是色狼又何必装羊！如果美女摆明了在诱惑我们，

我们就应该毫不客气地吃掉再吃掉！

这些人每天喝着美酒、搂着美人、看着艳舞、听着乐曲，忙得昏天黑地、醉生梦死，真是好吃、好喝好玩、好快活，他们的心里别提有多美好了。

果然，战争财是最好赚的！

像这种充满不良思想的地方，小子我是绝对不会进去的！车速再开这么快，小心我报警了！

丰臣秀吉从京都将侧室淀姬接到了军营中。

在这里我有必要爆一下淀姬这个人。

淀姬，原名浅井茶茶，是近江国国主浅井长政和织田信雄妹妹阿市的大女儿。

天正元年（公元1573年）九月二十六日，丰臣秀吉率领织田大军攻入小谷城，浅井长政切腹自杀，七岁的茶茶和母亲阿市以及妹妹阿江、阿初被接到了清州城。

这个世界有些人，就是可以靠脸吃饭的啊！

本能寺之变后，丰臣秀吉和柴田胜家等人都对战国第一美女垂涎三尺，纷纷派人向阿市求亲。

鉴于丰臣秀吉杀了自己的两个孩子，阿市最终选择了柴田胜家。

茶茶、阿江、阿初三姐妹也跟随母亲来到了柴田胜家的居城北庄。

贱岳合战后，柴田胜家和阿市双双自杀，茶茶、阿江、阿初三姐妹又到了丰臣秀吉的手上。

在这个世界上，有人爱财、有人爱权、有人爱美女，毫无疑问，丰臣秀吉比较贪心，他全都爱！

茶茶、阿江、阿初三姐妹作为战国第一美女阿市的孩子，容貌自然差不到哪里去，不像现在的好多美女，其实都是妆出来的，不是你不笑，一笑粉就掉！

寻常男子见了美女也只能够多看几眼，饱饱眼福，但丰臣秀吉不是寻常男子，不用搭讪、请吃饭、送礼物等手续，直接就纳了！

天正十五年（公元1587年），丰臣秀吉将阿江、阿初分别嫁给了大野城城主佐治一成和大沟城城主京极高次。

正所谓“娶妻以德，娶妾以色”，丰臣秀吉自己则看中了阿市的长女，美若天仙的茶茶，将茶茶纳为侧室，极为宠爱。

宠爱到什么程度呢?

没用多久，茶茶就为丰臣秀吉生下一个男孩鹤松。

丰臣秀吉将淀国的一座城池送给了茶茶，因此茶茶被人称为“淀夫人”。

大家也不要鄙视茶茶，靠脸吃饭有什么问题，那么多人还靠不要脸吃饭呢!

读者们不必感谢我，我不生产历史，我只是历史的搬运工。

话不多说，言归正传。

无论在哪个时代，八卦的传播速度都是很快的!

你俩这样相亲相爱的时候，有没有考虑一下我们的心情啊?

大名们突然觉得他们对这次战役的认知，还是太片面了，需要再度刷新一下下。

然而，谁在乎呢?都是老司机，你给我装什么三贞九烈啊!

跟随丰臣秀吉的大名们也纷纷将妻子接入军营。

这不仅是秀恩爱，还专门在虐单身狗啊!

丰臣秀吉将千利秀召来，再叫上诸大名及其家属，男男女女一大群，一起品茶作乐、一起吟诗作对、一起载歌载舞，玩得不亦乐乎，忘乎所以。

那场景，别提多盛大、别提多热闹、别提多香艳，比现在的某某茶会要雅致风趣得多。

上有所好，下必甚焉!

大名们也互相宴请，举行歌舞盛会。

好吧，这哪里是战斗，简直就是游山玩水，吃喝玩乐，快乐似神仙啊!

丰臣秀吉可不是个只会耐心等待胜机的人，他在包围小田原城的同时，还做了两件不得不提的大事。

一件就是派遣丰臣秀次、织田信雄、前田利家等人前去扫荡北条氏领内的所有支城。

松田康长驻守的中山城、北条氏规驻守的韮山城、大道寺政繁驻守的松井田城、北条氏邦驻守的钵形城、北条氏照驻守的八王子城，都先后被丰臣大军攻陷。

放眼北条氏领内，此时只剩下最后一座支城——忍城。

忍城由北条氏重臣成田氏长的家臣守护，城池四周都是沼泽地，不容易布置攻城器械，真可谓是地势险要，易守难攻。

六月五日，丰臣秀吉命令石田三成和长束政家前往忍城附近修筑堤坝，准备水攻。

看起来，一切似乎已经尘埃落定！

石田三成等人也是这么想的！

然而，意外之所以被称为意外，就在于没有人能够预料得到！

好不容易修筑好的堤坝，却突然崩塌了，没有淹没忍城，反而淹死了不少丰臣兵马。

那什么，刚刚纯属意外，要不我们再来！

古代作战本就比较相信封建迷信，现在出现堤坝崩塌这种事，这城还怎么攻？

另一件是筑城。

从四月六日开始，丰臣秀吉就在小田原城附近的石桓山修筑城池。

六月二十六日，石桓山城出现在了小田原城守军的面前。

我嘞个去，这也可以啊！

面对小田原城外这座突然出现的石桓山城，北条氏家族的结局已经可以预见了！

北条氏家族重臣松田宪秀遭到崛秀政策反，与长子松田政晴密谋，打算倒向丰臣秀吉一方，偷偷放丰臣大军入城。

没有想到却出了意外！

问题出在松田宪秀次子松田直秀身上。

这个坑爹的孩子居然偷偷溜出了家门，跑到北条氏政那里大义灭亲，告发了父亲。

北条氏政大惊，原以为松田宪秀对他死心塌地，然而松田宪秀一心想把他置于死地。

北条氏政需要的是绝对的忠诚，对于敢于背叛自己的人，他的容忍度为零。

北条氏政立马派人包围了松田宪秀的住处，逮捕了松田宪秀，斩杀了松田政晴。

北条氏家族这才逃过一劫。

经过这件事情，北条氏政觉得北条氏家族的未来一片黯淡。

七月五日，北条氏直的弟弟北条氏房出城，来到丰臣秀吉一方泷川雄利的阵中，请求用切腹自尽的方式换取兄长北条氏直和守军的性命。

丰臣秀吉闻报后答应了他的请求，但要求北条氏政、北条氏照兄弟以及大道寺政繁、松田宪秀四人一起切腹谢罪。

还能有什么选择吗？

七月六日，小田原城开城投降，德川家康率领大军进入小田原城。

七月十一日，北条氏政、北条氏照兄弟在城下医师田村安栖家中切腹自尽。

北条氏直由于是德川家康女儿督姬的丈夫，被宽恕不死，流放高野山。

北条早云以来称霸关东近百年的北条氏家族灭亡了

## 人生巅峰

丰臣秀吉的实力达到鼎盛，在整个日本已经无人能比。

丰臣秀吉的权力欲望进一步膨胀，希望成为征夷大将军，建立新幕府。

好事不出门，坏事传千里！

这条消息无疑是爆炸性的，很快就登上了热搜榜榜首，成为人们街头巷尾热议的话题。

想不到丰臣秀吉的野心竟然这么大！

想不到看起来一心为公的丰臣秀吉竟然包藏祸心！

一时间舆论一片哗然！

丰臣秀吉的家臣也极力劝说丰臣秀吉注意社会影响，放弃不切实际的想法。

既然你们都反对，那我勉强听你们一次好了。

迫于外界的压力，丰臣秀吉虚心接受了家臣们的意见，打消了建立幕府，成为征夷大将军的想法。

丰臣秀吉又向正亲町天皇索要“关白”的封号。

天正十三年（公元1585年）七月十一日，正亲町天皇允许丰臣秀吉成为前关白近卫前久的犹子，继任“关白”，并应其要求赐予新的姓氏“丰臣”。“丰臣氏”成为继“藤原氏”“源氏”“平氏”“橘氏”四大姓氏之后，第五大姓氏。

德川家康，这是丰臣秀吉最大的竞争对手，甚至可以说是他唯一的竞争对手。

舍得舍得，有舍才有得！

为了让德川家康彻底臣服自己，丰臣秀吉决定让母亲大政所和妹妹朝日姬换个新岗位，为家族大业再立新功。

丰臣秀吉将母亲大政所和妹妹朝日姬都送到了德川家康那里，不过两个人的岗位却不一样，大政所是去做人质，而朝日姬则是嫁给德川家康做继室。

不过丰臣秀吉虽然一直在忙着开疆扩土、争权夺利，但不得不说，他还是做了很多实事的。

比如检地！

其实这事很早就开始了，天正十一年（公元1583年），丰臣秀吉就开始派人重新丈量土地，将土地分为上、中、下、下下四等，以此为依据，征收年贡。不过由于当时丰臣秀吉控制的领地有限，实行的范围实在有限。

天正十九年（公元1591年），丰臣秀吉组织大批人员，将这件事继续下去，进行全国性的检地，史称“太阁检地”。

“太阁检地”对日本历史具有重大影响，它整顿了日本中世纪末期复杂重层的土地领有关系，废除了“职”的体系，以石数制为杠杆，建立起以“一职统制”和“一地一作人”为原则的封建土地制度。

当时日本尚武之风盛行，无论是商人，还是农民，有事没事就喜欢拿着武士刀，扛着长枪，走街串巷，耀武扬威，好不威风！

但这样的好日子，很快就成了历史！

天正十七年（公元 1589 年），丰臣秀吉发布“刀狩令”，禁止百姓拥有长短刀、长枪、火枪等武器。

除了限制农民拥有武器之外，丰臣秀吉还将限制范围扩大到其他方面，比如衣食住行之一的住。

丰臣秀吉规定，武士必须集中居住在城市中，彻底将武士与农民分隔开来。

同时，丰臣秀吉还发布了“惣无事令”，严禁大名之间发生大规模争斗，以便杜绝日本国内的战争，减少人员伤亡。

此外，丰臣秀吉还将矛头对准了基督教。

天文十八年（公元 1549 年），传教士沙必略将基督教传到了日本，经过三十三年的发展，到天正十年（公元1582年），信奉基督教的已经多达十五万人，可以说一百个人当中就有一个信奉基督教。

对这样的状况，丰臣秀吉当然不能容忍。

天正十五年（公元 1587 年），丰臣秀吉发布了一条命令，全面禁止基督传教士进入日本传教。

## 奥州仕置

七月二十六日，丰臣秀吉在宇都宫城颁布对奥州大名的奖惩。

石川信直维持七郡的领土不变；

佐竹义重维持常陆五十四万石领地不变；

伊达政宗在南陆奥会津的领地被没收，赐予蒲生氏乡；

这次未跟丰臣秀吉参战的东北大名，全部被没收了封地。

大家有何意见？不赞成的请举手。

大名们都见识过丰臣秀吉的手段，自然没有人反对。

奥州仕置的决议在此次会议上全票通过。

丰臣秀吉对石川信直的领土划分，引起了九户政实的强烈不满。

我还是快点说，这到底是怎么回事，免得欺骗读者感情，要求全额退票。

天正十年（公元 1582 年），南部晴政去世后，南部晴继继承家督。

有些东西看似不存在，却总是潜伏着在不经意间爆发，比如让许多年轻人烦恼的青春痘，还有针对南部晴继的阴谋。

南部晴继在参加完父亲南部晴政的葬礼，返回三户城的途中遭到暗杀。

刚当上家督，还没有过把瘾，就惨遭毒手，做家督做到南部晴继这个份儿上，还真是倒霉得令人五体投地啊！

舞台再大，人走茶凉。

南部氏家族召集重臣们开评定会。

当时有继承家督资格的是南部晴继的养子石川信直和南部晴政的女婿、九户政实的弟弟九户实亲。

九户家族是南部氏家臣中最有势力的，九户实亲自然是公认的种子选手，评选会上推举他继任家督的声浪是一浪高过一浪。

九户家族太嘚瑟，早就引起公愤了，是该有人收拾他们了。

人生最重要的，不是努力，不是奋斗，而是选择。

锦上添花，太容易，对方不一定记得住；雪中送炭，太困难，人家可能念你一辈子的好。

在北信爱、八户政荣的支持下，最终石川信直完成三百六十度惊天大逆转，成了家督。

南部晴继被杀，最后最大受益者却是石川信直。

煮熟的鸭子飞了。九户政实自然不可能就此罢手。

九户政实指责石川信直派人暗杀了南部晴继。

但这一切，全都是徒劳。

污蔑，这是污蔑，这是赤裸裸的污蔑！

石川信直满脸无辜地眨眨眼睛，只差在头顶画个圆圈就可以演天使了。

很好很强大，真是吐得一手好槽啊！

这感觉，简直就是酸爽，九户政实一气之下返回了居城九户城。

但凡人被逼得走投无路时，很多人多半会选择孤注一掷地赌一把，万一赌赢了呢？

三月，九户政实以五千人举兵叛乱。

石川信直立刻派出使者向丰臣秀吉告密，请求讨伐九户政实。

毕竟看着与自己为敌多年的对手被痛扁，无论如何也是一件开心的事情！

此事不大，影响却很大。

这是对奥州仕置公然地叫嚣，丰臣秀吉同志的这张脸，被打得啪啪响啊！

丰臣秀吉任命丰臣秀次为大将，蒲生氏乡、浅野长政、石田三成为副将，率领大军向奥州进军。

九户政实招致一片挞伐之声，立即陷入四面楚歌，成了过街老鼠，人人喊打。

这是一道加分题啊。

这显然是一个既可以获得军功又没多大风险的好差事。

正所谓手快有手慢无，小野寺义道、大浦为信、户泽政盛、秋田实季等东北大名都动员起来了，凡是有点实力号召力的，都纷纷率领人马响应。

讨伐军的军队瞬间上升到六万人。

讨伐军开始攻打九户政实的九户城。

五千对六万多人，那不是以一当十，而是以一当十二，九户政实怎么能不惊慌，怎么能不恐惧呢？

九月四日，九户政实以出家为条件，向讨伐军投降。

投降是个技术活，把握不好，那可真是要命啊！

九户政实这次倒霉地投降，简直跟自投罗网没什么区别。

为什么这么说，因为丰臣秀次为了维护丰臣秀吉政策的绝对权威，必须杀个鸡给猴儿看。

讨伐军将九户政实、九户实亲兄弟绑到丰臣秀次的阵中，随后被斩首。

讨伐军开始屠杀九户一族，不论男女老幼，皆遭杀害，九户一族自此灭亡。

丰臣秀吉终于完成了统一日本的大业。

天正十九年（公元1591年），丰臣秀吉将关白之位传给了外甥丰臣秀次，而自己则坐上了太合的位置。

# 侵略朝鲜的准备工作

万历十九年（公元1591年）正月，丰臣秀吉给各国的领主、大名下达了一条紧急命令。

这条命令的大意就是，日本东起常陆至南海、四国、九州，北起秋田、坂田至中国的广大地区，凡是领地濒临大海的领主与大名，每十万石俸禄都要准备两艘大船，海港附近的居民，每一百户挑选十名水手。

另外，日本境内所有领主和大名，每十万石俸禄都要给丰臣秀吉的军队建造三艘大船、五艘中船。

丰臣秀吉还是挺关心和体贴各领地的领主与大名，担心他们拿不出这么多钱建造战船，又制定了一条规定：各领地的领主、大名建造战船所需费用，领主与大名先制定预算表，上呈丰臣秀吉，由丰臣秀吉拨付。

丰臣秀吉体恤应召而来的水手和船工，给每名水手与船工的粮食都是双份的。不但如此，丰臣秀吉还给这些水手、船工的妻子与儿女提供了口粮。

以上举措，彻底换取了水手、船工的忠心，接下来要解决的就是军队问题。

所以说，战争说到底是个砸钱的活，没有钱，战争的机器运转不起来！

三月，丰臣秀吉给日本各大城市的领主与大名下达了征召动员令：

四国、九州两国的领主与大名，每万石俸禄派遣六百军队；

中国、纪州两国的领主和大名，每万石俸禄派遣五百军队；

畿内山城、大和、河内、和泉、摄津五国的领主和大名，每万石俸禄派

遣四百军队；

尾张、美浓、伊势、近江四国的领主与大名，每万石俸禄派遣三百五十军队；

若狭、越前、加贺、能登四国的领主与大名，每万石俸禄派遣三百军队；

越后、出羽两国的领主与大名，每万石俸禄派遣两百军队；

骏河、远江、三河、伊豆四国的领主与大名，每万石俸禄派遣三百军队；

骏河、远江、三河、伊豆四国以东地区的领主和大名，每万石俸禄派遣两百军队。

丰臣秀吉的权势的确达到了登峰造极的程度，不管是他下达建造战船、挑选水手与船工的命令，还是颁布的征召动员令，各领地的领主与大名都没有违抗的勇气和胆量。

万历二十年（公元1592年）春季，丰臣秀吉需要的战船全部被各国的领主与大名建造成功，启动战船的水手和船工也被各领地的领主与大名挑选齐全，战船、水手和船工全部聚集在了摄津、播磨、和泉三国的各大港口。

从各地应召来的三十万六千二百五十名将士都集结完毕，整装待发，等待着丰臣秀吉的最后命令。

丰臣秀吉将十五万八千七百名陆军将士分成了九个军团，任命时任参议兼左近卫权中将的宇喜多秀家为总指挥官，指挥这十几万日军入朝作战。

丰臣秀吉又任命时任大隅守的九鬼加隆为日本水师统帅，率领九千二百名水军将士运输陆军部队与陆军部队所需粮草。

当然由于大明和朝鲜王朝都拥有强大的水师，九鬼加隆统率的水师也免不了参加轮番的海战。

日军的兵力部署极其庞大，可俗话说“小心驶得万年船”，为了确保万无一失，丰臣秀吉又命令德川家康、前田利家、上杉景胜、蒲生氏乡、伊达政宗等领主与大名，将他们旗下的十万零五千大军集结于肥前名护屋（今九州西北部的佐贺县境内），作为入侵朝鲜的预备部队。

看来丰臣秀吉已经为侵略朝鲜做好了足够的准备，仿佛用不了几年时间，他就能够让大和民族的旗帜插遍朝鲜与大明的每块土地。

## 入侵朝鲜

万历十九年（公元 1591 年）六月，丰臣秀吉让使者宗义智给朝鲜国王李昖送去一封自己的亲笔信。

丰臣秀吉在信中详细阐述了日军将于万历二十年（公元 1592 年）进攻大明的战略构想，希望李昖能够“识时务”，让出一条道路并且派兵援助日本军队进攻大明，到时候少不了李昖的好处。

让丰臣秀吉意想不到的是，李昖断然拒绝了他的无理要求。

丰臣秀吉决定先派兵攻打朝鲜王朝，占领朝鲜半岛，然后以朝鲜半岛为基地，进攻大明。

万历二十年（公元 1592 年）四月，丰臣秀吉正式下达命令，立刻进攻朝鲜王朝。

日本九个军团共计十五万人，分乘大小七百多艘战船，向朝鲜海域浩浩荡荡开去。

朝鲜战争正式爆发。

# 朝鲜国土的沦陷

丰臣秀吉侵略朝鲜王朝的先头部队由日本战国时代著名将领小西行长率领，共计一万八千七百人。

万历二十年（公元 1592 年）四月十二日，日本水师在九鬼加隆的指挥下，没有遇到朝鲜水师的任何抵抗，就顺利渡过了朝鲜王朝的屏障与天险——对马海峡。

十四日凌晨，小西行长开始命令士兵抢滩登陆，以迅雷不及掩耳之势偷袭朝鲜釜山守军。

朝鲜军队根本没有什么战斗力，多年不打仗，部队已经成了养老院，操练就是走过场，很多人的年龄已经可以回家抱孙子了。

釜山守军看见日军就好像老鼠望见了猫一样，霎时间惊慌失措，一哄而散。

日军很快占领了釜山，将其作为入侵朝鲜的据点。

日军对战朝鲜军队，肯定是专业选手对战业余选手，不费吹灰之力。

日军以秋风扫落叶的速度，连续攻克了朝鲜的东莱、梁山等城镇，朝鲜的将领只有几人带领所部抵抗，其余沿海地区的守军都不战而逃。

正所谓独木难支，几个将领率领的数千人根本抵抗不了数量庞大且战斗力超强的日军疯狂进攻，朝鲜的海防对身经百战的日本军队来说简直形同虚设。

十八日，继小西行长之后，加藤清正率领日本第二路大军两万两千八百人，黑田长政率领第三路大军一万一千人也相继在朝鲜南部海岸登陆，对朝鲜军队形成夹击之势。

为了确保万无一失，丰臣秀吉又调集八万军队，侵入朝鲜，此时在朝鲜的日军多达十几万人。

日本军队的这种战法在以后的甲午中日战争、日俄战争以及抗日战争中也曾用到过，那就是凭借强大的兵力，先进的武器速战速决，用极短的时间战胜对手，迫使对手投降。

日本侵略军兵分三路，向朝鲜北部地区快速挺进，直逼朝鲜王朝都城——王京（今韩国首府首尔）。

李昖到此时才认识到问题的严重性，仓促组织了八千精锐部队，前往“一夫当关，万夫莫开”的乌岭天险据守。

当朝鲜军队到达乌岭，还没有来得及喘口气，小西行长就带着他的先头部队攻了过来。

朝鲜这支精锐部队相对日本这支百战精兵来说，只能算得上是乌合之众，朝鲜军队被日军打得往回跑的速度比赶来的速度还快。

李昖慌神了，命令将军申昱集结一万多军队，在忠州背江与三万多日军激战。

由于朝鲜军队的退路被大江隔断，日军正好来了个“关门打狗”，想怎么打就怎么打，朝鲜军队全军覆没。

进展如此之快，简直让人觉得日军此行不是来打仗的，倒像是来参观旅游的。

事实证明，有些事情是不能高兴得太早了的！

## 李舜臣的功绩

当朝鲜军队在陆地上被日军打得丢盔弃甲、溃不成军的时候，朝鲜水师在全罗道左水使李舜臣的英明指挥下，却重创日本水师，创造了一个又一个奇迹，铸就了一个又一个经典，以至日本水师听到李舜臣的名字，就吓得面无人色，双脚发软。

当日本军队轻易拿下王京，并迅速向朝鲜北部地区推进的时候，李舜臣于五月七日率领朝鲜水师偷袭了停泊在朝鲜玉浦港的日军第二运输船队，焚烧日本战船二十六艘，击沉五艘，日军损失极其惨重。

为了报复李舜臣率领朝鲜水师偷袭日本运输船队，日军出动庞大船队在浩瀚的海洋上搜寻李舜臣水师，结果双方在茫茫大海中相遇，发生激烈的海战。

由于李舜臣采用套有铁皮的龟甲战船，而日军则是木板战船，火炮一轰就沉，日本水师惨败，被击沉十三艘战船，而李舜臣统率的朝鲜水师大获全胜，竟没有一艘战船被击沉，正应了我国改革开放总设计师邓小平同志所说的那句“科学技术是第一生产力”。

五月二十九日，李舜臣与庆尚道右水使元均率领二十三艘龟甲战船在露梁会师后，攻击日本水师，击沉十三艘楼船；

六月初二，李舜臣率领朝鲜水师主动攻击停泊在唐浦港内的日本水师，击沉日军二十一艘战船。中卫将权俊撞破日本水师指挥船，射杀日本水师统帅；

六月初五，李舜臣与全罗道右水使李亿祺率领五十一艘战船攻打固城唐项浦海湾内的日本水师，击沉二十五艘战船，焚烧一百多艘运输船，斩杀日军两百多人，故意放走日本战船一艘；

六月初六，李舜臣与李亿祺继续追击日本水师，击沉日本战船一艘；

六月初七，李舜臣再次率领朝鲜水师出击栗浦的日本水师，全歼栗浦七艘日本战船；

七月初八，李舜臣与李亿祺、元均会师后追击日本水师，在闲山洋击沉三艘日本战船，焚烧六十三艘日本运输船，四百多名日军弃船登陆潜逃；

七月初十，李舜臣率领朝鲜水师在安骨浦遭遇四十艘日本战船，李舜臣指挥朝鲜水师反复攻击，四十艘日本战船全部被朝鲜水师击沉，朝鲜军队斩杀二百五十多名日军，溺死的日军更是不计其数。

在漫长的历史长河中，许许多多的名将只是偶尔打一次小胜仗，可李舜臣这个家伙打胜仗的概率着实很高，不是击沉战船，就是焚烧运输船，再不就是斩杀日军，击毙某某统帅，确实不是一般地威风。

## 义军的兴起

这个世界上的所有国家，一切民族都有保家卫国、安邦定国的爱国情操，都有不畏强权、不惧侵略的民族精神。明知不能成功，仍然要奋起反抗；明知必死无疑，还是要毅然亮剑。

朝鲜这个国家，朝鲜人民也不能例外，当日本侵略军以迅雷不及掩耳、秋风扫落叶的速度横扫朝鲜半岛的时候，朝鲜各地的百姓也自发组织起来，与日本侵略军展开了激烈的战斗。

四月二十一日，庆尚道星州的郭再祐组织义军，多次打败安国寺惠琼率领的日本侵略军，迫使日本侵略军始终无法进入全罗道，全罗道也是朝鲜王朝八个行政区域中唯一没有被日本侵略军占领的地区；

六月一日，全罗道光州的金千镒、全州的高敬命组织义军，反抗日本侵略军对朝鲜半岛的统治；

七月三日，忠清道公州出身的赵宪、僧人灵圭结成同盟，联合抵抗羽柴筑前侍从小早川隆景、羽柴柳川侍从立花宗茂、羽柴久留目侍从小早川秀包、主膳王高桥统增等人率领的日本第六军团，参加了青州城之战、梁丹山之战以及两次锦山战役；

十月十日，郭再祐率领义军参加了第一次晋州战役，击退了左少将细川忠兴、下侍从长谷川秀一率领的日军第九军团一部，郭再祐也因此获“天降红衣将军”的荣誉称号。

此外，庆尚道的郑仁弘、孙仁甲、金沔等人也纷纷组织义军，反抗日本侵略军对庆尚道的军事占领；京畿道海州的李延馣也召集人马，对抗黑田长政率领的日军第三军团……

## 流亡的朝鲜王朝

朝鲜水师在海上取得的巨大胜利和各地义军对日本侵略军的疯狂打击，并不能够挽救朝鲜军队惨败的命运。

王京失守后，李昖领着儿女与妃子，带着大臣们在数百名亲兵的护送下，狼狈向北方逃去，颇有当年元顺帝领着老婆孩子逃离元大都的“风范”。

痛打落水狗是远远不够的，最好连狗肉一起吞下肚去。

日本侵略军是绝对不可能放过李昖以及王公贵族、文武大臣的，将朝鲜王朝的公务员赶尽杀绝、斩草除根，才是他们最乐意看到的事情。

五月八日，李昖在王公贵族、文武大臣的陪同下，仓皇逃到了朝鲜半岛北部的军事重镇平壤城。

李昖刚在平壤城内过了几天平平静静、无忧无虑的好日子，就得到了一个不好的消息：

五月二十七日，小西行长、加藤清正、黑田长政三人率领日军第一、第二、第三军团迅速突破临津守备的防区，攻陷了平壤附近的开城。

日军进入平壤城只是程序问题，活捉李昖只是时间问题，洗个澡，睡个觉，过几天就风风火火、浩浩荡荡开进平壤城。

既然平壤城已经不安全，那就离开，继续往北逃吧！

李昖带着王公贵族、文武大臣狼狈地走出了平壤城，逃到了中朝边境的义州城。

这也是李昖在国内最后的避难场所，如果日军追到了义州，李昖也只有向邻居大明寻求政治避难了。

李昖给日军留下了一座防守力量薄弱的平壤城，日军自然也不会跟李昖客气。

六月十五日，小西行长开始指挥日军第一军团攻打平壤城。

如果李昖此时还在平壤城内，平壤守将一定会拼死守城，毕竟自己战死了无所谓，万一日军攻进了平壤城，李昖出了什么事，自己全家都要遭殃，可问题是李昖现在不在平壤城，那平壤城丢不丢都无关紧要了。

平壤守将毫不犹豫地打开了平壤城门，选择了跑路。

小西行长征战一生，还没有见过这样的军队，来去如风，居然来不及攻城！等小西行长反应过来，平壤城已经全是他的人了。

至此，朝鲜王朝京畿道、庆尚道、全罗道、忠清道、黄海道、江原道、咸镜道七个行政区全部被日军占领，仅剩平安道北部，靠近辽东半岛的义州一带还没有被日军占领。

朝鲜王朝在朝鲜半岛的统治土崩瓦解、名存实亡。

李昖是不会忍心自己经营多年的国家被日本侵略军抢去，也不能让朝鲜广大人民处于日本侵略军的黑暗统治之下，可凭他自己的能力连保住性命都成问题，更不用说收复失地。

“患难见真情”“远亲不如近邻”，李昖终于想到了自己的老邻居大明，俗话说“城门失火，殃及池鱼”，大明绝对不会见死不救，李昖于是派出使者向大明求救。

# 第一次入朝作战

当朝鲜军队与日本侵略军在朝鲜半岛与朝鲜海域激战的时候，大明王朝还处在莺歌燕舞之中，一点儿也没有意识到危险正在一步步地向这里蔓延。

此时的朱翊钧在北京繁华的紫禁城内过着优哉游哉的神仙生活，他学习祖父朱厚熜，不去上早朝，那些忧国忧民的大臣给他讲哪里发生了水灾，哪里又遭了蝗灾，诸如此类枯燥乏味的政事，他都没有心情去听。

朱翊钧认为那不仅浪费他的宝贵时间，而且破坏他良好的心情，不如躲在后宫里干些“正事”。

当然朱翊钧并不像他祖父朱厚熜不去上朝，是为了躲在房间里，守着个破炉子，盼望炼出仙丹，然后长生不老、羽化升仙。

朱翊钧压根就不相信这码子事，他的人生信条就是“人生好短暂，行乐需及时”。

朱翊钧有事聊聊天、灌灌水，没事喝喝酒、听听歌，完全变成了一只飞在花丛中的蜜蜂，沉浸在温柔乡里不能自拔。

朱翊钧在享受快乐的日子里，也没有忘记对张居正的仇视，他利用手中至高无上的权力，一步一步地毁掉张居正废寝忘食制定的改革措施。

他就在这样的事情中寻找复仇的快感，乐此不疲。

由于张居正生前权倾朝野，死后却受到了朱翊钧的疯狂报复，使现任的大臣们明白了，在皇帝的眼中，再有能力的大臣也如同秦楼楚馆、花街柳巷的风尘女子，用完就甩。

既然不能改变时局，那就改变自己，乌云密布之时，就准备好雨衣，这样才不会被雨淋湿！

申时行、王家屏等内阁大臣吸取张居正惨痛的教训，不断削弱和放弃内阁的权力。

至此，六部中的兵、工、户、礼、吏五部的尚书全部辞职，仅有刑部尚书尚在；锦衣卫南、北镇抚司的职务也是长期空缺；都察院都御史这个职务更是长达十余年没有官员。

朱翊钧也不理会。

## 朱翊钧的英明决策

此时的朝鲜王朝在日军闪电般的疯狂进攻下已经危如累卵，面临着亡国灭种的严重危机，朝鲜王朝又没有能力挽回局势，只有把希望都寄托在自己的老邻居大明这根救命稻草上。

因此，李昖派出十几批使臣向大明求救，他们向朱翊钧递交了国书。

当然，朝鲜王朝也不会把希望全部寄托在这个二十多年不理朝政的朱翊钧身上，他们为了确保万无一失，还派出大量使者带着奇珍异宝，去游说朝中的文武大臣，甚至连正人君子所不齿的宦官也在他们游说的考虑范围。

他们对这些大臣动之以情、晓之以理，说了许许多多的好话，就是希望这些文武大臣能够主动站出来向朱翊钧上书，恳请朱翊钧迅速调集大军，援助朝鲜，正所谓“人多力量大”嘛。

万历年间的大明官员是很有特点的，最大的特点，就是推卸责任。能不承担的，绝不承担；能承担的，也不承担。

现在要他们表决是否出兵援助朝鲜，他们个个都像潜水运动员，一口气憋住，什么都放不出来。

按常理说，领导者的决定对事物的发展有至关重要的影响，朱翊钧对日本侵略朝鲜的行为深恶痛绝，因为这已经触及了大明最敏感的问题，那就是已经威胁到了大明天朝上国的地位。

朱翊钧虽然不理朝政多年，但是他无论如何是不能够容忍丰臣秀吉在亚洲称王称霸的行为。几十年不上朝的朱翊钧又一次来到了金碧辉煌的朝堂，表明了同意调集大军援助朝鲜的态度。

大明还同意李昖以及朝鲜王朝的王公贵族、文武大臣渡过鸭绿江，暂居辽东半岛的宽奠堡。

朱翊钧还担心李昖等人在辽东没有钱用，又赏赐了李昖两万两白银，供其日常开销。

有了钱，自然就一切好办！

在朱翊钧的坚持下，大明开始从各地抽调兵马，准备粮草，挑选黄道吉日出兵朝鲜。

一切都按着朱翊钧的意思紧张进行着，战争的机器隆隆地开动了，所有的一切都已经准备好了。

## 万历时期的几大劲旅

大明经过张居正的大力改革，军备已经相当完善，军队整体战斗力素质也有很大提高，存在数支精锐的部队。

第一支，就是李成梁的儿子李如松麾下的辽东铁骑，这支部队的战斗力是大明此时战斗力最强的，毕竟他们经历了大小数百次战役，没有被敌人打败过一次，实战经验相当丰富，比丰臣秀吉手下的武士还厉害。

第二支，就是当年抗倭名将戚继光为了抗击倭寇训练的戚家军，当年曾使倭寇闻风丧胆。虽然戚继光老将军已经去世多年，戚家军的士兵也换了几批，但是戚继光的经典战术鸳鸯阵还在，戚家军的爱国精神还在，戚家军还是一支不可轻视的部队。

第三支，就是当年与戚继光老将军并肩作战抗击倭寇的俞大猷俞老将军麾下的俞家军。俞大猷俞老将军当年看到戚继光训练士兵，也利用闲暇时间训练了一支部队，人称“俞家军”，虽然比戚继光的戚家军略弱一筹，但是比起大明的其他部队，还算精锐，跟日军有得一拼。

……

## 朱翊钧的狂妄决策

俗话说“杀鸡焉能用牛刀”，朱翊钧认为，日本不过是弹丸之国，人口不过数百万，根本就不是堂堂大明的对手，哪里需要让这些精锐部队全部出动，随便派几千明军去，就能够打败日军，收复朝鲜王朝失去的国土。

万历二十年（公元1592年）六月初七，朱翊钧任命参将戴朝弁和游击史儒为统帅，率领一千零二十九名骑兵进入朝鲜半岛抗击日本侵略军。

戴朝弁和史儒当天就率领明军前锋部队渡过鸭绿江，进入朝鲜半岛。

明军的后续部队也于六月初十由游击王守官率领进入朝鲜半岛，准备抗击日本侵略军。

入朝明军的后勤保障全部由驻防九连城的辽东总兵杨绍勋负责。

不管是戴朝弁，还是史儒，在接到朱翊钧这条命令的时候，都是垂头丧气、泪流满面，一副马上就要被拉到菜市口砍脑袋瓜子的模样。

之所以会出现这种现象，是戴朝弁、史儒都很清楚，就这么点军队，连打土匪强盗都成问题，更不用说去朝鲜半岛抗击十几万日本侵略军了。

这又有什么办法呢？谁叫哥几个摊上了朱翊钧这种一天坐在办公室里无所事事，在无聊的时候还时常下达一些不切实际命令的领导呢！任命吧！

据史书上记载，戴朝弁与史儒率领明军出发的时候，还特意到棺材铺预定了棺材，就连子女也托付给了亲朋好友，他俩都非常清楚，这次是上刀山下油锅，凶多吉少。

明军将士本来就憋了一肚子气没有地方发泄，到达朝鲜半岛以后，朝鲜官员不仅没有黄土垫道，净水泼街，毕恭毕敬地欢迎他们，反而不停地催促明军将士挥师南下，抗击日本侵略军。

郭梦征、王守官都是天不怕地不怕的主，哪里受得了这种气，二话不说就率领五百骑兵返回了辽东。

朝鲜官员终于认识到了问题的严重性，李昖任命李德馨为使臣，前往辽东请求郝杰出兵援助。要说李德馨这个家伙确实有表演天赋，他在巡抚帐下抱着郝杰的大腿痛哭流涕、鬼哭狼嚎，比死了亲爹都还要难受。

郝杰又不是优秀的导演，自然识别不出李德馨的表演行为，感动得是泪流满面，任命副总兵祖承训（后来投降后金的名将祖大寿的父亲）为统帅，率领一千三百一十九名骑兵前往朝鲜半岛抗击日本侵略军。

王守官虽然天不怕地不怕，但是也害怕被满门抄斩、诛灭九族，只有率领自己带回的五百多名骑兵跟随祖承训一起前往朝鲜半岛。

## 初战失利

史儒经过长途跋涉、翻山越岭，终于抵达了平壤城附近。

史儒非常高兴，毕竟带一千多人非常不容易，不打几场漂漂亮亮的胜仗，实在有负领导的照顾与栽培，到时不要说受到大明百姓的夹道欢迎，就是回去都不好意思。

史儒二话不说，就在马世龙、张国忠两名千总的陪同下，率领一千多明军冲进了平壤炮城。

在平壤炮城的各栋建筑物内，日本侵略军一双双眼睛正目不转睛地注视着他们的一举一动，弓箭都已经放在了弓上，火绳枪也都把枪口对准了各自的猎物。

天气是说不清道不明的东西，多少次战争都因为它而改变结局。

不知道是不是老天也仇视这群轻狂的明军，刚才还是万里无云、阳光灿烂，转眼之间，天空就乌云密布、雷声大作，不一会儿，大雨倾盆而下，干燥的道路立刻变得泥泞不堪，即使是骑兵部队也很难前进。

不知道是谁大喊一声，平壤炮城内顿时万箭齐发、枪声大作，弓箭、子弹像一大群苍蝇一样劈头盖脸地就向毫无防备的明军压来，明军是远道而来，什么盾牌，什么护身重甲统统都没带，面对这样密集的枪林弹雨，跟自杀没什么区别。

虽然明军手上也拥有先进的火枪，可没有像日军那样采取什么防雨措施，火药被雨水淋湿，无法射击，只能抽出身上的佩剑，与蜂拥而来的日军展开肉搏战。

史儒不愧是一代名将，明知必败无疑，还是不后退，率领数百名将士，义无反顾地冲入敌阵，史儒挥舞着手中的大刀，靠近他的武士，都被他打得惨叫声不断，落到了一米之外，血花飘到了远方。

数十名日本士兵手里握着沾满鲜血的刺刀向这个钢铁般的男人一步一步逼近，此时的史儒脸上沾满了血丝，面无表情，手中紧握的宝刀滑下滴滴鲜红的血液。

不知道是哪个日本武士发射了至关重要的一颗子弹，正好击中史儒的脑袋，史儒当场丧命。

明军失去了统帅，军心涣散，四处逃窜。

幸运的是，祖承训没有率领他的三千军队与史儒一起进攻平壤炮城，不然入朝的明军毫无疑问会全军覆没。

由于大部分日军都去平壤炮城伏击史儒了，平壤内城的防守极其薄弱，祖承训抓住战机，率领三千骑兵偷袭平壤。

平壤内城的日军虽然非常少，不到一千人，但是他们都忠于丰臣秀吉，临死不降，利用平壤的特殊地形与明军展开巷战。

由于受平壤城地形的限制，明军骑兵无法展开，火炮也不能够发挥应有的威力，而日军则能够因势利导，组织火枪队，对明军实行轮番射击，明军死伤无数，日军逐渐扭转战局。

祖承训在数百名亲兵的浴血奋战下，逃出了平壤城。

祖承训的逃跑能力与清朝的叶志超有得一拼，一天时间就从平壤溜到了大定江。

朝鲜王朝得知消息以后，马上命令兵曹参知沈喜寿赶往九连城，恳求辽东总兵杨绍勋让祖承训暂时留守朝鲜半岛。

可是沈喜寿的跑路能力实在没有祖承训强，沈喜寿跑去见杨绍勋的时候，祖承训已经渡过鸭绿江，回到辽东了，就算现在杨绍勋想同意祖承训留在辽东，也无济于事了。

## 天生的谈判高手

史儒与祖承训在朝鲜全军覆没的消息，很快传到了大明，大明在瞬间就炸开了锅，群情激愤。朝中大臣在此时都统一了意见，再也没有人反对出兵朝鲜，纷纷上书朱翊钧，请求朱翊钧调集各地大军，给日军沉重的打击，让他们为得罪大明的事件付出惨痛的代价。

由于朱翊钧当时对日军情况分析不足，又狂妄自大，犯了轻敌的严重错误，只命令祖承训与史儒率领五千辽东铁骑入朝作战，而没有做好长期作战的准备，所以粮草根本不足，实在不能够支持明军入朝作战，况且调集各地的军队还需要一段时间，毕竟戚继光的戚家军与俞大猷的俞家军还驻守在遥远的东南沿海地区。

在这种情况下，就只有派人去与日本侵略军谈判，尽量拖延时间，让大明能够做好充足的作战准备。

好主意！不过你们哪位打算自告奋勇去谈判呢？

一个人的出现解决了大臣们的难题。

此人就是沈惟敬。

沈惟敬，出生于日本，往祖上挖的话，应该是浙江嘉兴人。

此人自嘉靖年间就开始混迹于日本和我国东南沿海一带，靠走私为生。

常言道，人在雨中走，谁能不带伞；人在江湖漂，谁人不带刀。

出来混，总得有个一技之长。

沈惟敬这家伙也确实有两把刷子，一个是会日语，能说会道；一个是见多识广，胆大包天。

人生总是充满各种偶然，有时候还偶然得让人瞠目结舌。

靠着这两手绝活，沈惟敬这货居然受到了直浙总督胡宗宪的赏识。

胡宗宪任命沈惟敬为幕僚，与明代三大才子之一的徐渭成了同事。两个人相互学习，共同进步，帮助老板忙着平倭事业。

然而花无百日红，人无千日好。

嘉靖四十一年（公元 1562 年）五月，内阁首辅严嵩被罢官，其子严世蕃被逮捕下狱。

城门失火，殃及池鱼，由于胡宗宪是严嵩义子赵文华举荐的，受到牵连，被明世宗朱厚熜罢免了一切职务不说，还被逮捕押解进了京师。

沈惟敬就这样丢了工作。

靠天靠地，不如靠自己！人就要有一股天不怕地不怕的闯劲，沈惟敬就要靠自己，闯出一番新天地。

没有工作不要紧，可以创业嘛！

沈惟敬开始四处游荡，混迹江湖。

正所谓“活到老，学到老”，在这期间，沈惟敬又学会了一项新的技能，炼制金丹。

沈惟敬跟徐渭这样的狂生共事了这么长时间，口才增长了不少，很懂得推销自己，忽悠别人。

虽然沈惟敬不认识本山大叔，但就忽悠本领来说，本山大叔恐怕还要拜沈惟敬为师，人家出道可比他早了几百年。

用过他产品的人，都说好。

大家开始给沈惟敬免费做广告，一传十，十传百，百传千千万，越传越广，越传越神，把沈惟敬都说成了神人，简直是上知天文下知地理，随便说一个历史事件，都能给出具体年份。

最后，连兵部尚书石星都知道了沈惟敬这家伙。

兵部尚书石星极力推荐沈惟敬代表祖国去朝鲜与日军和谈。

朝中官员本来就没有人揽这个吃力不讨好的差事，现在既然沈惟敬不怕死，愿意去，那咱们何乐而不为呢？

官员们纷纷上书朱翊钧，举荐沈惟敬。

朱翊钧于是任命沈惟敬为游击将军，全权代表大明赴朝鲜与日军谈判。

很快，六十多岁的沈惟敬见过朝鲜国王李昖后，就单骑来到了平壤城。

小西行长对此早已做好了充足的准备。

平壤城外，大批日军全副武装，手持刀枪分列两旁。

很显然，小西行长想给沈惟敬这老头一个下马威。

要不要反应这么强烈，我只想找你们谈一谈。

对小西行长这样刻意安排的好戏，沈惟敬视若无物，就好比小子我见到女朋友之外的美女一样。

跟我斗，你们还嫩了点！

沈惟敬径直入城就座，指着小西行长等人说出了十七个字：天朝以百万之众，来压境上，尔等命在旦夕。

随后，沈惟敬又转过头去，训斥小西行长身旁的日本和尚景撤玄苏。

小西行长本想以气势逼沈惟敬屈服，让自己保有谈判的优势地位，但沈惟敬的表现让他知道这绝无可能。

现在小西行长只能让步，也必须让步。

小西行长露出了尴尬而不失礼节的微笑，提出了两个条件：一是恢复日本和大明之间的通贡；二是平分朝鲜，北方归还朝鲜，南方割让给日本。

闻此要求，沈惟敬立刻发挥自己作为一名职业卖假药人员的精神，回答：这些事我做不了主啊，必须回去请示皇上，但你放心，以我对皇上的了解，他一定会答应的。

最终双方商定，沈惟敬回国请示，而在他回国这段时间，日本和朝鲜休战五十天。

这次谈判双方都非常满意。

为了表示感谢，小西行长送给了沈惟敬许多礼物。

沈惟敬毫不见外，照单全收。

只可惜小西行长此时不会明白，这次谈判只是整个战争中的荒唐闹剧，闹剧过后，就是翻江倒海的大型“决斗会”。

## 入朝援军的构成

尽管沈惟敬和小西行长的谈判只是调侃、吹牛、忽悠，毫无诚意可言，但这些对大明和朝鲜来说，有重要的意义。

大明通过谈判赢得了足够的时间，能够迅速准备好战争需要的粮草，以及调集各地的军队。

而朝鲜通过这次谈判则能够及时得到大明的援助，使收复失地这遥不可及的梦变得有可能实现。

八月，朱翊钧命令兵部右侍郎宋应昌专门负责援助朝鲜王朝，抗击日军的相关事宜。

此外朱翊钧还让全国两京一十三省的总督、巡抚推荐智勇双全、文韬武略的将领并挑选骁勇善战、所向披靡的将士，为入朝作战做准备。

在朱翊钧的督促与两京一十三省总督、巡抚的努力下，进入朝鲜半岛抗击日军的这支明军终于组建成了。

这支入朝抗击日本侵略军的大明军队，包括辽东骑兵一万人，宣府、大同精挑细选的骑兵一万六千人，蓟镇、保定提供的骁勇善战的步兵一万人，江浙出动的包括戚继光的戚家军与俞大猷的俞家军在内的步兵三千人，四川提供的山地野战部队五千人。

宣府、大同、辽东的骑兵部队二万六千多人，备有轻甲、马刀、长矛，同时还携带了大量的神铳，大概是作为先锋，突击日军的阵营吧。

蓟镇、保定的一万步兵部队，准备了神铳、火枪、火炮，这些武器都是当时大明最先进的武器。这支部队大多来自京师附近的神机营，毕竟京师附近的神机营以火器为主要作战武器。

江浙地区的三千步兵部队有抗击倭寇的丰富作战经验，是他们的宝贵财富，尤其是当中的戚家军善于运用戚继光将军传下的鸳鸯阵，一度使倭寇闻风丧胆，因此他们使用的武器多是大刀、长矛、狼筅。

四川地区五千山地野战部队作战经验也相当丰富，毕竟长期与云南的少数民族部落作战，并且四川属于盆地，境内多高峻山峰，因此这支部队擅长山地作战，携带的武器主要是短小的刀剑。

十月十六日，朱翊钧任命李如松为防海御倭总兵官，总理蓟、辽、保定、山东的军务。李如松的二弟李如柏、五弟李如梅则被朱翊钧任命为防海御倭副总兵官，协助李如松入朝作战。

## 李如松

李如松，字子茂，李成梁长子，辽东铁岭卫人。

因为父亲李成梁的缘故，初授都指挥同知，后又先后担任了神机营右副将、山西总兵官、提督京城巡捕、宣府总兵官，时任提督陕西讨逆军务总兵官。

李如松在辽东是出了名的猛将，向来以心狠手辣闻名。在战场上，他就如同脱缰的野马，一路狂杀，死在他手里的敌军要以千来计。

特别是在镇压大同叛乱的时候，李如松更是充分展示了他的军事才能，攻破了坚不可摧的大同城。

李如松也因此战一炮而红，受到了朱翊钧的赏识。

虽然李如松放荡不羁，得罪了许多人，使得他们纷纷上书朱翊钧，批评他的不道德行为，但由于朱翊钧对李如松的宠爱，他虽然屡遭弹劾，但都能化险为夷，平安过关。

虽然朱翊钧任命李如松为防海御倭总兵官，但是李如松现在没有办法率领明军赶赴朝鲜半岛抗击日军。

这倒不是李如松脾气大，性子倔，敢违抗领导的命令，而是李如松受浙江道御史梅国桢的推荐，出任了提督陕西讨逆军务总兵官，现在正在统率辽东、宣府、大同、山西各路大军，在宁夏镇压鞑靼人哱拜的叛乱。

要说这个李如松，确实是个智勇双全、文韬武略的将才，先用土垒战术，再放水冲城，最后组织敢死队攻入宁夏城，哱拜自杀，李如松灭哱拜九族，升都督，世荫锦衣卫指挥同知。

李如松镇压完宁夏的叛乱以后，就赶回来指挥蓟、辽、保定、山东的明军前往朝鲜半岛抗击日军。

万历二十一年（公元1593年）一月四日，李如松率领大明召集的数万大军，抵达肃宁馆。

小西行长还以为是赐封丰臣秀吉的明朝使臣来了，兴高采烈地派遣二十名牙将前往迎接。

真是热情得让人感动啊！

李如松也没有跟小西行长客气，迅速派遣游击李宁前去抓捕这些日本将士。

可是这些日本将士实在是太猛了，李宁拼尽全力，也才指挥手下抓捕了三个，其余的全部逃回了平壤。

小西行长非常害怕，认为这是接待大明使臣的仪式不够隆重，于是又派遣亲信小西飞来前去迎接大明使臣。

李如松，像小西行长这样热情好客的人，你要懂得珍惜啊！

李如松好言安慰了小西飞来，叫他不要将以前不愉快的事情放在心上，大明是很有和谈诚意的，不仅会封丰臣秀吉为日本国王，而且还会将朝鲜大半国土割给日本。

小西飞来被哄得高高兴兴返回了平壤城。

一月六日，李如松率领明军抵达平壤城近郊，小西行长还以为是大明使臣，命令日军穿着漂亮的衣服夹道欢迎，自己也赶到了风月楼。

关键时刻，不知道是李如松得意忘形，还是小西行长突然开了窍，居然发现了明军的阴谋，日军纷纷登上城楼严防死守。

小西行长就这样奇迹般地逃过一劫！

## 平壤之战

平壤城是历史上著名的坚固城池，易守难攻。

它城门很多，东有大同、长庆二门；西有普通、七星二门；南有芦门、含毬二门；北有密台门并且有牡丹峰环绕，地形险要。

城门太多，不容易集中部队攻击，那只能够分散兵力，各个击破，而城内的守军则能够根据实际情况支持任何一座城门。

这么固若金汤、易守难攻的城池，真不知道在后来的甲午中日战争中，左宝贵、叶志超是怎么让平壤被日军攻破了的。

左宝贵还好，中弹牺牲，成为历史上与林则徐、关天培、邓世昌、丁汝昌等人齐名的民族英雄。

而叶志超在左宝贵牺牲后，居然不顾军人的气节，弃城逃跑，狂奔三百多里跑到了中朝边界鸭绿江，树立了贪生怕死将领的典型。

日军吸取上次祖承训率领三千骑兵偷袭平壤的惨痛教训，派出日军第一军的一万五千人驻守，并配备大量先进的武器——火绳枪，由日本的著名将领小西行长指挥防守。

为了以防万一，日军还有继续向平壤增兵的趋势，毕竟平壤无论是对日军还是明军都太重要了。

应该说李如松的才能在这一场攻坚战中体现得淋漓尽致。

李如松命令蓟镇游击吴惟忠率领明军的精锐步兵在前开路，辽东副总兵查大受率领辽东铁骑随后，攻击平壤城北部要塞牡丹峰。

一般的将领都会把骑兵部队放在队伍的最前面，凭借骑兵部队超强的冲击力，冲乱敌军的阵形，然后才是步兵冲锋，李如松偏要反其道而行之，可见李如松的作战思路与常人不同。

《孙子兵法》中说："兵者，诡道也！"出其不意、攻其不备方能打胜仗，李如松做到了。

李如松任命杨元为中军统帅，率领所部与右军张世爵的部队一起攻打七星门。而李如松的弟弟李如柏则为左军统帅，李芳春为副统帅，指挥明军精锐，进攻普通门。

看来李如松这样伟大的统帅也难免有私心，居然崇尚"肥水不流外人田"，把明军精锐全部交给自己的弟弟李如柏来指挥。

李如松下令祖承训率领的明军全部换上朝鲜军队的服装，麻痹日军，集中力量进攻芦门。

李如松还在平壤城外围，布置了数百门佛朗机炮、虎蹲炮、灭虏炮，在战斗打响的时候，猛轰日军，以最大程度打击日军的士气。

一月七日清晨，隆隆炮声揭开了平壤战役的序幕。

李如松令旗一挥，顿时整个平壤城外围战鼓雷动、箭矢破空、炮声四起，炮火把平壤城及其上空照得璀璨夺目，轰得震天动地，仿佛整个平壤城及其附近地区都抖动起来。

此行何止是攻城啊，更像是来搞拆迁的！

明军将士从四面八方朝平壤城压来。

日军没有被明军的气势吓倒，用火绳枪猛烈地还击，不时有明军被飞来的子弹击中，惨叫一声，从马背上跌落，明军大炮里的炮弹也不时飞到平壤城上，日军被炸得尸骨无存。

尽管日军死伤惨重，但在"武士道"精神的支持下，仍然利用城堡上的有利地形，负隅顽抗，守卫这根本不属于他们的平壤城。

日军手执火绳枪，猛烈地射击，子弹如雨点一般扑向下面向城楼上爬来的明军，许多明军发出了惨叫的声音，纷纷掉下城去。

后面的明军没有被眼前的景象吓倒，军人的职责就是为了国家献身，他们义无反顾地攀上云梯，朝着城楼爬去。

多数的士兵，不是被火绳枪发出的子弹打中，就是被掷下的巨大石块击中，跌下城去。

少数的士兵爬上了城楼，砍杀数个敌人后，也被冲上来的日军乱刀砍死，尸体被抛下城楼。

神机营参将骆尚志，凭借灵活的身手跃上了城楼，砍杀数名日军，却被飞来的滚石撞到腹部，飞下城去，仍然仗着手中的兵器，爬了起来，继续砍杀日军，直到日军的子弹把他打成了马蜂窝，只有出的气，没有进的气了，还是坚持砍杀最后一个日军，才轰然倒下，离开了残酷的战场。

年过花甲的吴惟忠在督战的时候，不幸被日军的子弹射中胸膛，鲜血如水般迸了出来，仍然视而不见，一手按住胸口，一手有条不紊地挥舞着令旗，指挥士兵继续攻城。

特别是李如松看到战斗僵持不下，居然不顾将士们的劝阻，毅然跳上马背，向平壤城疾驰而来，手中的宝剑挥舞得如同旋转的电风扇，日军多人被他的宝剑击中，周围溅起一片血雨，日军的火绳枪打中了他的坐骑，他从马上跌落下来，脸上沾满了鲜血，他浑然不知，仍然迅速跃起，重新加入战团。

李如松的弟弟李如柏，被数百日军团团围住，仍然镇定自如，挥舞着手中的马刀，日军不时传来惨叫声，一颗子弹打中他的头盔，他浑然不知，继续砍杀朝他疯狂扑来的日军。

当其他各门打得热火朝天的时候，祖承训率领的“朝鲜军”才缓缓到达芦门，还没来得及攻城，就听到城楼上爆发出一阵接一阵的嘲讽声。

日军跟朝鲜军队打过数仗，总结出一条规律，那就是朝鲜军队贪生怕死，毫无战斗力可言，他们从骨子里瞧不起朝鲜军队。

要不要我们礼貌性地害怕一下！

当祖承训率领“朝鲜军队”以迅雷不及掩耳之势攻上城楼时，守军才发现这不是软弱无能的朝鲜军队，而是强大的明军。

日军在这里的防守非常薄弱，只有一千多日军，且日伪军占绝大部分。

日伪军本来就对日军没有多大好感，更不知道什么效忠日本天皇、效忠丰臣秀吉了，他们大多只出工不出力，只出场不出汗，一有风吹草动，随时准备开溜。

现在看到明军太强大，日伪军马上四处逃命，作鸟兽散。

瞬间芦门只留下几百名忠于日本天皇、忠于丰臣秀吉的日军苦苦抵抗。

在数量庞大的明军疯狂的进攻面前，抵抗已经没有任何意义，日军开始撤退。

平壤城终于让明军在付出惨重的代价后攻下一个缺口——芦门。

万事开头难！破城的关键不过是打开一个缺口，只要打开一个缺口，城池必然失守。

如今明军已经占领了芦门，结果已经毫无悬念。

没有经过多长的时间，含毬门、普通门、七星门、牡丹峰也接二连三被明军攻破。

日军损失惨重，并且失去了强大的城堡做后盾，小西行长知道大势已去，决定放弃平壤城，为日军保留点革命火种。

小西行长率领残余的日军，且战且退，撤到了城门隅风月楼，严防死守。

明军久攻不下，战役进入相持阶段。

李如松觉得这样僵持下去也不是办法，决定引蛇出洞。他减少了巡逻的士兵，让日军以为明军放松了警惕，自以为能够逃出城去。

夜晚很快就到来了，入夜的平壤城是那样寂静，寂静得让人认为这是一座没有人的城市。小西行长领着日军的残余部队，避开了明军的主力部队，向王京退去。

李如松是大明数一数二、有智有勇的将领，他绝对不会让日军毫发无损地逃到王京，因此他早就拟订了周密的伏击计划。

李如松命令副总兵祖承训、游击李宁、参将查大受率领数千骑兵，埋伏

在通往王京的东江间道，等待小西行长这条大鱼。

小西行长率领疲惫的日军渡过大定江，经过龙山，逃往王京的时候，不知道是谁大喝一声“杀”，明军从四面八方冲杀下来。

日军早就又累又饿，哪还有力气和精神抵抗。

小西行长带头逃窜，其他日军也争着向前，唯恐落后，纷纷向王京方向逃去。

日军被中朝联军砍杀四百多人，生擒两人，其余全部逃回王京。

平壤战役以明军的胜利告终，明军共斩杀日军一千五百六十多人，生擒两人，俘获战马两千九百八十五匹，解救被俘朝鲜男女一千二百二十五人，取得了入朝以来第一个巨大的胜利。

平壤战役后，明军在李如松的带队下，继续追击日本侵略军，以秋风扫落叶之势，迅速收复了旧都、开城等数座城池，朝鲜王朝黄海、平安、京畿、江源四道全部被明军光复。

明军在军事上取得的巨大胜利，让朝鲜的日军极为恐惧。

据守咸镜道的加藤清正率领日军第二军团的两万两千八百人撤回王京。

其余沿海城市的日军也纷纷放弃了各自的驻地，狼狈地向王京逃去。

虽然日军连续战败与撤退，但并不代表日军已经彻底失败，准备逃回日本，日本在朝鲜半岛还有十几万军队，前面的战役不过伤了一下它的皮毛。

明军积极准备，好向下一个攻击目标进发，这个目标就是朝鲜王朝的政治、经济、文化、军事中心——王京。

## 碧蹄馆之战

正月二十五日，李如松派遣副总兵查大受与朝鲜将领高颜伯率领所部骑兵前往侦察开城到王京之间的道路，确定日军是否在这一段设下埋伏。

查大受和高颜伯的运气还不错，刚刚走到碧蹄馆（今韩国京畿道高阳市德阳区碧蹄洞）南方的砺石岭，意外和前野长康、加康光泰率领的数百名先遣部队狭路相逢、不期而遇。

仇人见面，分外眼红。

查大受和高颜伯喜出望外，立马率领大军冲入了日军阵营，日军损失六十名骑兵，开始败退。

砺石岭附近的第六军团将领立花宗茂似乎预感到了什么，他放弃了原来在砺石岭伏击明军的计划，马上派遣部将森下钓云、十时但马率领小股人马前往侦察情况。

森下钓云和十时但马没有让立花宗茂失望，他俩很快就发现了查大受和高颜伯率领的明军，立刻将这个情况报告给了立花宗茂。立花宗茂不愧是优秀的统帅，他根据实际情况，迅速调整了战略部署。

立花宗茂命令十时连久、内田统续、安田国继三人率领五百军队前往摆旗示弱，引诱查大受和高颜伯率领明军深入。

立花宗茂是很聪明，可查大受和高颜伯这两个人也不笨，他俩率领三千精锐骑兵以迅雷不及掩耳之势包围了十时连久、内田统续、安田国继。

日军损失惨重，连统帅十时连久也身中数箭而亡

立花宗茂真是偷鸡不成蚀把米，赔了夫人又折兵。

立花宗茂不甘心失败，又命令下野镇幸和米多比镇久率领八百军队向查大受和高颜伯猛扑过来。

可查大受和高颜伯这两个家伙实在太猛了，在他俩的鼓动下，明军将士无不英勇作战，奋力抗敌，与日军决一死战。

立花宗茂疯狂了，他和高桥统增率领两千大军不顾一切地朝明军右翼猛扑过来。

日军人数众多且来势凶猛，明军阵营瞬间就被冲垮了。

查大受和高颜伯还是很明智的，既然打不赢，那就跑呗，何必马革裹尸、战死疆场呢。

查大受和高颜伯一边率领军队撤往碧蹄馆，一边派人前去向李如松求援。

就在这个危急时刻，李如松率领三千辽东铁骑赶到了。

查大受和高颜伯惊喜万分，下令全军停止跑路，开始掉转马头，朝日军猛扑而来。明军无不英勇作战、全力杀敌，大有全歼立花宗茂这伙人的倾向。

立花宗茂还是挺会随机应变的，一看明军的援军赶到，二话不说就下令

日军停止了追击，拔腿就向碧蹄馆西南部的小丸山跑去。

立花宗茂在那里等待黑田长政、小早川隆景、宇喜多秀家等人率领的日军第三、第六、第八三个军团的到来。

此时的李如松十分紧张。

虽然他已经见惯了战场上的金戈铁马、剑舞黄沙，但是当小早川隆景、毛利元康、小早川秀包、吉川广家等人率领两万日军出现在望客砚，而他们后面还紧跟着宇喜多秀家率领的两万日军的时候，李如松的心颤抖了。

可是又有什么办法呢？

既然已经迈出了这一步，难道还能够厚着脸皮退回去吗？退一万步说，就算自己愿意厚着脸皮退回去，也没有这样的机会了。

小早川隆景左翼先锋粟屋景雄带着三千军队率先向明军发动了进攻，可是粟屋景雄确实低估了明军的战斗力，日军刚刚发动进攻，就被查大受和高颜伯击退。

查大受和高颜伯还没有来得及喘口气，小早川隆景右翼先锋井上景贞又率领日军冲了上来，并且迅速对明军先锋部队形成了包围之势。

包围圈内的查大受和高颜伯也称得上是出生入死，在前线的刀丛里滚出来的老将了，可他俩这次也被折腾得死去活来，先是绝望，再是希望，最后是彻底没望，反反复复，一波三折。

实战证明，士气是冷兵器时代的战争第一要素，在查大受和高颜伯视死如归、砍头不过风吹帽的大无畏精神的鼓舞下，明军士气高涨、斗志昂扬，个个奋勇杀敌。

因此，尽管日军兵力上占有绝对优势，却始终处于下风，明军仍然牢牢地掌握着战场的主动权。

立花宗茂很郁闷，亲率三千日军火速移到了明军右边的山上，先让部将立花成家指挥铁炮队猛轰明军，然后亲率全军从山上猛扑下来，直取明军右翼。

耍帅有风险，出风头需谨慎！

武艺高超的日本金甲武士小野成幸认出了李如松，立刻想到了“射人先射马，擒贼先擒王”的老战术，向李如松奔来。

明军将士看见自己的统帅有危险，都狂奔过来，保护统帅，但是小野成幸的确厉害，把阻拦他的明军将士都砍翻在地，直扑李如松。

李如松虽然是优秀的将领，但是武艺不怎么样，与小野成幸大战数十回合，败势已显。

眼看小野成幸就要一刀了结了李如松，说时迟那时快，副将李有升救主心切，挥马奔来，刚好抵上了小野成幸的大刀，被打下马来。

日军一拥而上，将李有升乱刀砍死，比五马分尸还惨。

强将手下无弱兵。

李如梅看见自己的哥哥有生命危险，慌忙之中搭箭向小野成幸射去，正中眉心，小野成幸跌下马去，挣扎了几下，就不动了。

毛利元康、小早川秀包、筑紫广门见立花宗茂打得如此凶猛，也不甘寂寞，开始率领大军猛扑明军左翼。

与此同时，小早川隆景也率领第六军团主力朝明军正面攻来。

明军面临的压力陡增，李如柏、李宁、查大受、方时辉、王问、高颜伯等将领都身先士卒，跃入敌阵，猛砍敌人。

"将有必死之心，士无贪生之念"，明军在统帅的鼓舞与带动下，都竭尽全力拼杀。

这种不要命的打法确实让日军吃了大亏，立花宗茂所部中有安东常久、小串成重两位旗本武士战死，小早川秀包麾下更有八名家臣身亡，更不用说死去的普通武士的数量了。

小早川隆景率领第六军团加入了宇喜多秀家的家臣户川达安统率的第八军团和黑田长政统率的第三军团，对明军发动了疯狂的攻击。

左协大将副总兵杨元终于率领援军赶到了。

杨元到达碧蹄馆以后，连脚都没有歇一下，就拖着疲惫的身子率领明军向李如松右方阵地的日军发动了进攻。

日军毫无防备，仓促应战，被打得是落花流水、抱头鼠窜。

小早川隆景见败局已定，慌忙率领日军撤退。

值得一提的是碧蹄馆战役的结局，据中国史书记载，此战明军伤亡两千五百人，日军则死亡八千人，可是朝鲜史书记载此战明军和日军伤亡的人数分别在五千到六千人之间，然而部分日本史书称此战明军参战人数多达两万人，日军斩杀明军多达六千人。

碧蹄馆战役的结局到底是怎么样的，大概也只有当年经历过那场金戈铁马、刀光剑影的历史人物清楚了。

苍山如海，残阳如血，狂风卷起了明军数百面战旗，夕阳照着李如松那饱经战火、久经风霜的脸庞，李如松目不转睛地注视着小早川隆景带着日军的残兵败将、散兵游勇狼狈地逃窜，不由得高声地吟唱着：

想当年，金戈铁马，气吞万里如虎！

看今朝，江山如画，一时多少豪杰！

碧蹄馆之战的激烈程度以及凄惨结局，也只有参加此战的将士和无所不知的苍天知道。然而战役的激烈程度和凄惨结局真的有那么重要吗？

不，一点儿也不重要。

重要的是有一群背负着责任和使命的军人为了誓言，为了国家与民族，奋不顾身，拼死一搏，明知必败无疑，也要奋起抗争；明知不敌，也要挺身而出，毅然亮剑。

## 声东击西

碧蹄馆战役使明军清醒认识到，日军并不是一群乌合之众，不堪一击，而是一支强大的经过特殊训练的武士军团，要彻底打败他们，还有很长的路要走。

日军经过碧蹄馆战役，同样意识到明军并不像朝鲜军队那样毫无战斗力，而是经过刻苦训练、战斗力很强的军团，日军凭借着王京这几万兵马，根本不可能抵抗这支战斗力强大且数量庞大的明军。

为了以防万一，丰臣秀吉决定收缩兵力，命令朝鲜各地的日军都向王京集结。

在短短几天之内，王京城及其附近城镇就会集了五万多日军，此时在王京的日军兵力相对于明军来说，在数量上占绝对优势。

日军深知，只要李如松那家伙还在军中，王京城就很难守住，于是派出大量间谍，去散布加藤清正将率领日军第二军团一万多人去偷袭平壤的消息。

路边社、扯淡电视台、瞎掰网等各种不靠谱的媒体甚至到处疯传这条假消息。

那时既没有谁来辟谣，也没有人因散布谣言被请去喝茶，因此消息一传十，十传百，百传千千万万，很快就传到明军军营中。

明军马上报告了统帅李如松，李如松焦急万分。

平壤是明军付出惨重代价才从日军手中抢过来的，怎么能够再度落入日军手中。

李如松意气用事，不顾大多数将领的劝阻，执意率领大军救援平壤。

二月十六日，李如松亲率明军主力离开了开城，向平壤狂奔而去。

实际上，在对外公布了那个假消息后，日军哪儿都没有去，他们只是密切关注着李如松的一举一动。

得知李如松率领明军主力前往平壤的消息后，宇喜多秀家脸上露出了久违的笑容。

很快，日军开始出招了！

宇喜多秀家亲自挂帅，带着小早川秀包、小早川隆景、黑田长政等将领，率领三万大军偷袭王京附近的幸州。

驻守幸州的全罗道观察使兼巡察使权栗，也不是吃素的！

箭在弦上，不得不发；敌在面前，不能不打！

最终，权栗凭借区区两千八百守军，面对三万日军，毫不示弱，多次打退日军的猛烈进攻。

尽管权栗击退了日军，但所部也伤亡惨重，怎么可能还守得住幸州。

无奈，权栗只好长叹一声，率领残兵退往坡州据守！

好不容易从日军手里夺回来的幸州再度被日军占去。

当幸州被日军占领的消息被李如松得知后，李如松才知道自己中了日军的调虎离山、声东击西之计，可是后悔已经晚了。

俗话说“亡羊补牢，为时不晚”，李如松决定报复日军，以挽回自己的面子。

## 大仓偷袭战

让一个男人上当受骗，没错，你赢了，但是你玩大了！

李如松思前想后，决定偷袭日军存放军粮的重镇龙山大仓，也只有偷袭龙山大仓，才能够最大限度地挽回自己的面子（攻打王京暂时没有能力）。

老大就是老大，连这么腹黑无耻、阴险卑鄙的招数都能想得出来！

龙山大仓本来是朝鲜王朝的国家储粮基地，积蓄了朝鲜几十年的粮食。

鉴于龙山大仓的巨大作用，日军攻破王京后就派兵攻下了龙山大仓，把它作为自己的军粮仓库，把从日本本土运来的军粮全部储存在这里，保障朝鲜半岛上十几万日军的基本生活。

鉴于龙山大仓的重要性，日军在此驻扎了重兵，以防止敌人的偷袭。

李如松大张旗鼓地命令杨元率军驻守平壤，控制大同江；李如柏与查大受分别率军驻守宝山和临津，遥相呼应；李宁与祖承训率军镇守开城。

李如松密令查大受和弟弟李如梅率领七百精锐部队去偷袭龙山大仓，烧掉日军的军粮，以彻底瓦解日军的士气。

查大受与李如梅在夜色的掩护下，神不知鬼不觉地来到了龙山大仓，山上隐隐约约能够看见日军的巡逻士兵。

查大受当机立断，命令数十个身手敏捷的士兵，去把巡逻的日军解决掉，点燃了一个又一个粮仓，顿时火光冲天，照亮了整个夜空。

日军守将丰臣秀嘉慌忙指挥乱成一团的日军提着水桶前去救火，却都被躲在暗处的明军用弓箭射杀。

日军越聚越多，然而已经无济于事，十三座粮仓，数十年的数十万石存粮瞬间化为灰烬。

龙山大仓偷袭战，其精彩程度与重要作用丝毫不逊于汉献帝刘协建安五年（公元200年）曹操、许攸策划的官渡之战。

大仓军粮一烧，朝鲜半岛上的日军将士无不惊慌失措，士气土崩瓦解。

没有粮食在战争中丝毫不亚于没有武器，日军该何去何从呢？这大概就是侵略者应有的下场吧！

日军在龙山大仓的粮食虽然被明军出其不意地烧掉了，但是“百足之虫，死而不僵”，他们在朝鲜仍然有十几万军队，而明军在朝鲜仅仅有数万人的军队，又没有像亚历山大、拿破仑这样伟大的军事天才，根本不可能发动大的攻势，朝鲜战事进入了相持阶段。

# 中日议和

既然双方都没有发动进攻的能力，那就只有谈判这一条路可以走了，沈惟敬又派上用场了。

朱翊钧再次表扬了沈惟敬折冲樽俎、纵横捭阖的外交才能以及上次前去与日军谈判所作出的突出贡献。

朱翊钧还封此人为神机营游击将军，去朝鲜半岛和日军谈判，期盼他能够再接再厉，为大明的荣耀而战。

万历二十一年（公元1593年）三月，朱翊钧任命沈惟敬为谈判使团长官，带领明朝使团到王京与小西行长谈判。

小西行长与沈惟敬经过几天的吹牛与调侃，最终达成了四点共识：

一、大明派遣使臣到日本名古屋会见关白丰臣秀吉；

二、大明在朝鲜半岛上的军队全部撤离；

三、日军退出朝鲜王朝的都城王京；

四、日军交还俘获的朝鲜王朝的两位王子与众多官员。

大明尽管对谈判没有多大诚意，但还是对日军的诚意表示怀疑。

参将谢用锌、游击徐一贯带领一百多名卫士和沈惟敬带领的使团一起组成庞大的大明使团，与日军一起南撤。

这表面上是为了谈判需要，实质上是监督日军南撤。

谢用锌、徐一贯不敢有丝毫的大意，伸长脖子，瞪大眼睛，屏住呼吸，对撤退的日军实施二十四小时不间断、三百六十度无死角的严密监控，连一只蚊子也不放过。

四月十八日，数万日军全部撤离王京。

李如松见状，也连忙随之而动，率领明军与朝鲜军队进入王京。

五月十五日，明军渡过汉江，进入庆州。

七月，朱翊钧召回了李如松的大军，只留下四川副总兵刘綎和游击吴惟忠统率的七千六百多明军，扼守朝鲜要口。

不久兵部尚书石星又召回了吴惟忠及其所部人马，此时朝鲜半岛就只剩下刘綎率领的五千川军。

十二月，朱翊钧命令蓟辽总督顾养谦兼顾打理朝鲜事宜，召回宋应昌和李如松。

此时朝鲜除了全罗与庆尚两部分还被日军占领外，其余各地全部被明军与朝鲜军队收复。

朝鲜境内的情况会不会像现在这样一直僵持下去，就要看大明使团与日本的谈判结果如何了。

## 名古屋的有趣谈判

日本侵略军撤离王京等朝鲜大中城市后，全部聚集到了朝鲜全罗与庆尚两个地方。

朱翊钧命令沈惟敬带领大明外交使团去大阪城与日本关白，也就是与朝鲜战争的发动者丰臣秀吉谈判。

沈惟敬在参将谢用锌、游击徐一贯的陪同下，领着数量庞大的使团大摇大摆地登上了停泊在朝鲜釜山海港的日本战船。

日本军队自然对他们以礼相待、言听计从，毕竟日本军队的许多无理要求还需要靠这些大明使臣来实现。

万历二十四年（公元 1596 年）五月八日，大明使臣在日本战船上颠簸一天后，终于到达了大阪城。

丰臣秀吉向大明提出了七项条件：

一、希望朱翊钧能够将女儿许配给日本天皇，成为日本天皇的皇后；

二、希望大明与日本长期进行贸易往来，共同促进两国的繁荣；

三、希望大明与日本长期友好往来，不再发生任何战争；

四、日本把王京归还朝鲜王朝，但朝鲜王朝必须割让另外四道给日本；

五、为了避免朝鲜王朝反悔，朝鲜王朝必须送一个王子到日本当人质；

六、日本交还捕获的朝鲜王朝的两位王子及其他被俘官员；

七、朝鲜王朝发誓永不背叛日本。

沈惟敬也不管这到底是不是丧权辱国的条约，居然答应了丰臣秀吉的全部要求。

有人也许会问：难道谢用锌、徐一贯这些人也不知道拒绝和反对？

其实不是他们不反对，遇到这样的事，稍微有点正义感和民族观念的中国人都会反对，而是这些人都是武将、粗人，连字都不认识几个，更不用说听懂日语，根本不知道丰臣秀吉在说些什么。

只有沈惟敬懂日语，可他不会把丰臣秀吉的话正确地翻译给谢用锌、徐一贯这些人。

事实上，我觉得沈惟敬不是有什么地方翻译错了，相反我更想知道他有什么地方翻译对了！

沈惟敬将丰臣秀吉的要求全部经过自己的深加工，再翻译给谢用锌、徐一贯等使臣。

谢用锌、徐一贯等使臣得到的信息无非是什么丰臣秀吉同意无条件从朝鲜撤军，什么日本愿意向大明称臣进贡啊。

谢用锌、徐一贯等使臣当然满口答应。

邪恶从不单独行动，它们成群结队！

小西行长也是个欺上瞒下的家伙，他告诉领袖丰臣秀吉，大明使臣已经同意了日本的全部要求，让丰臣秀吉派使臣到北京城去详细商谈。

丰臣秀吉自然是喜上眉梢。

丰臣秀吉决定派遣小西如安代表日本与大明使臣一起去北京，与大明朝廷商议条约的具体细则。

## 北京城的谈判闹剧

小西行长怕自己欺上瞒下的事情曝光，于是骗得父亲小西如安的同情，替他前往北京城。

大明官员也不管小西如安牢骚满腹，就学丰臣秀吉的样子，向小西如安提出了三项条件，这三项条件是：

一、丰臣秀吉在接受朱翊钧的册封后，必须命令日军迅速撤离朝鲜半岛；

二、大明只册封丰臣秀吉但是不允许日本向大明进贡；

三、日本要与朝鲜王朝重修旧好，永不侵犯。

要克服畏惧，最有效、最快捷的方法，就是找一个人来和你一起畏惧。

沈惟敬这个人特别贪财，按照小西如安的经验，这样的腐败分子特别好打交道！

小西如安找到沈惟敬，表达了他们同甘共苦、生死与共的决心，还有他们早就绑在了一起，跑不了我也蹦不了你的现状，然后送给沈惟敬大量的金银珠宝。

常言道“拿人钱财，替人消灾”，沈惟敬拿了钱，自然要帮别人认真办事。

套路年年有，今年特别多！

沈惟敬充分运用自己那仅有的一点文学知识，伪造了一份日本降表，递交给了朱翊钧。

还是原来的配方，还是熟悉的味道。

朱翊钧没有想到丰臣秀吉如此识趣，喜出望外，立即答应了他们的请求。

被人骗也没什么，被骗着骗着也就习惯了嘛！

朱翊钧任命临淮侯李宗城为正使、都指挥使杨方亨为副使、沈惟敬为翻译，前往日本册封丰臣秀吉为日本国王，按照小西如安提供的日本大臣名单册封日本大臣。

李宗城既不是傻子，也不是活宝，自然知道自己前往日本，念出朱翊钧诏书的内容以后，有什么下场。

沈惟敬，你不想活了，就一个人去送死好了，我李宗城恕不奉陪！

李宗城走到朝鲜釜山的时候，二话不说，就收拾包袱逃走了。

李宗城是开溜了，可是李宗城留下的担子，还得有人站出来扛下去。

没有办法，朱翊钧只好提拔杨方亨为正使，沈惟敬为副使，前往日本。

九月三日，杨方亨、沈惟敬来到了大阪，正式册封丰臣秀吉为日本国王，赏赐丰臣秀吉了服装、帽子、玉玺。

沈惟敬胆子再大，也不敢在日本一代枭雄丰臣秀吉头上动土。

没有不变的承诺，只有说不完的谎言！

沈惟敬于是违背朱翊钧诏书上的意思，按照丰臣秀吉原来提出的条件念了一遍。

丰臣秀吉非常高兴，对沈惟敬礼遇有加，不仅送给他了大量贵重的礼品和财宝，还派日本水师把沈惟敬送到了朝鲜。

我不行了，附近有移动营业厅不？我要充值一下欠费的三观！

## 迟来的真相

丰臣秀吉从那时起，就生活在梦幻中，做着亚洲国王的美梦。

看来丰臣秀吉充分掌握了精神胜利法，并且因此获得了快乐。

有一天，丰臣秀吉闲来无事，想再听听诏书里的内容，于是找来了一个懂汉语的日本和尚，命和尚给他念诏书上的内容。

和尚不敢不从，只得硬着头皮念了一遍。

丰臣秀吉听完了诏书的内容，面色惨白、暴跳如雷。

这是真相，但他已经知道得太晚了！

沈惟敬带着大量的金银珠宝回到朝鲜，也不敢回大明，苦思冥想之下，假造了一封丰臣秀吉的谢恩诏书。

沈惟敬由衷地为自己的聪明感到无比的庆幸。

但他错了！

他那不是聪明，而是自作聪明。

俗话说“夜路走多了，总会遇到鬼”，沈惟敬这次就没有前几次这么走运了，他写的诏书被朱翊钧识破了。

俗话说“功高莫过救驾，罪深莫过欺君”，朱翊钧很生气，后果很严重，一声令下，石星被革职查办。

朱翊钧又命令驻朝明军四处搜捕沈惟敬，一经抓获，就地正法。

沈惟敬打算躲在朝鲜，不回去了。

朝鲜生活舒适，烧烤好吃，妹子漂亮，倒的确是个享受余生的好地方。

只是，沈惟敬已经没有余生了。

没用多长时间，沈惟敬在朝鲜庆州被驻朝明军抓获了。

沈惟敬，你有权保持沉默，也有权为自己辩护，不过我们提醒一下，你说的每一句话，都将成为遗言。

两年后，沈惟敬以欺君之罪被拉到北京砍掉了脑袋。

哎，沈惟敬，就没见过你这样的人，坑人把自己都坑进去了，既丢了脸，也丢了命！

# 第二次入朝作战

愤怒，解决不了任何问题。

丰臣秀吉决定报复大明，万历二十四年（公元 1596 年）九月，侵略朝鲜的八个军团集结完毕。

第一军团：统帅加藤清正，一万大军。

第二军团：统帅小西行长，一万四千大军。

第三军团：统帅黑田长政，一万大军。

第四军团：统帅锅岛植茂，一万二千大军。

第五军团：统帅岛津义弘，一万大军。

第六军团：统帅长宗我部元津，一万三千大军。

第七军团：统帅蜂须贺家政，一万一千大军。

第八军团：统帅毛利秀元，四万大军。

这八个军团加上驻守朝鲜釜山的日军，共计十四万人，而此时驻扎朝鲜的明军仅仅有六千四百五十三人，日军是明军的二十一倍左右，日军要歼灭朝鲜的明军还不容易？

## 日军的偷袭

由于李舜臣率领的朝鲜水师对日本水师的打击太过沉重，日本侵略军对李舜臣深为忌惮，于是派出大量间谍到朝鲜离间李昖与李舜臣的君臣关系。

李昖经不住满朝文武大臣的挑拨离间，罢免了李舜臣，让他提前回家乡养老，过几天舒坦日子。

唉，曾经的海枯石烂，抵不过好聚好散！

虽然李舜臣被罢免了，但是他训练的龟甲水师还在，仍然会对日本水师构成严重威胁。

吃一堑，长一智，失败乃成功的后老伴！日本水师吸取了上次海战失败的惨痛教训，针对朝鲜水师的龟甲战船制造了大量巨型铁甲战船。

尽管如此，日军还是有所惧怕，日军决定不宣而战，偷袭朝鲜水师。

万历二十五年（公元 1597 年）七月十五日，日本“海贼大名”九鬼嘉隆率领庞大的日本水师，偷袭驻守漆川岛（今世济岛北部西端）的朝鲜水师。

朝鲜水师根本没有预料到日本水师会来偷袭，没有任何戒备，仓促应战，朝鲜战船上的火炮还没有来得及调出，日军的炮弹就已经准确地落到了朝鲜战船的甲板上。

瞬间，朝鲜水师的多艘战船都冒起浓烟，缓缓沉到海底去了。

日军水师还争先恐后地用火绳枪瞄准拼命奔跑的朝鲜军队，一一射杀。

朝鲜水师在李舜臣的带领下，战无不胜，失去了李舜臣的指挥，却全军覆没。

漆川岛海战后，九鬼嘉隆继续率领这支日本水师追击从漆川岛败逃的朝鲜水师，于七月二十三日在巨济岛再次击败朝鲜水师，斩杀取代李舜臣水军统制使职务的元均，并趁机攻占了朝鲜巨济岛、闲山岛等众多军港。

七月二十五日，丰臣秀吉正式下达了进军朝鲜的军令，十二万日本军队陆续开赴朝鲜。

日本陆军兵分两路进攻朝鲜：左路军以宇喜多秀家为统帅，小西行长为先锋，率领四万九千日军，进攻朝鲜宜宁、晋州一带；右路军以毛利辉元为统帅，加藤清正为先锋，率领六万五千日军，攻击朝鲜密阳、大厅一带。

按照预定计划，日本左、右两路大军在王京附近会师，然后一举拿下王京，以此瓦解朝鲜军队的士气。

朝鲜这个多灾多难的国家再次遭受了战火的洗礼，已经危在旦夕。

## 再次入朝

朱翊钧自然知道丰臣秀吉是不可能接受大明开出的条件，他一定会再次调集军队侵略朝鲜。

管你是谁，生死看淡，不服就干！

朱翊钧于是开始积极从各地调集粮食，抽调军队，准备和日本侵略军在朝鲜作最后的了断。

朱翊钧本来打算继续任命李如松为统帅，带领明军到朝鲜抗击日军，然而鞑靼死灰复燃，又开始大规模骚扰辽东疆界。

哥一生不是在打架，就是在去打架的路上！李如松正在指挥辽东铁骑与其激战，分身不得。

朱翊钧不得不退而求其次，另外挑选文韬武略、智勇双全的将领担任统帅，指挥朝鲜战争。

二月，朱翊钧任命麻贵为备倭总兵官，统率南北诸军，做好进入朝鲜长期作战的准备工作。

三月，朱翊钧提升南京兵部右侍郎邢玠为兵部尚书，总督蓟、辽、保定三地军务，全权负责抗击日军的工作。

邢玠，字搢伯，又字昆田，祖籍河间，后举家迁到益都（今山东省青州市），隆庆五年（公元 1571 年）进士，历任密云知县、都察院右佥都御史、大同巡抚，时任南京兵部右侍郎。

另外，朱翊钧还任命山东右参政杨镐为都察院佥都御史，直接统率明军进入朝鲜抗击日军。

杨镐，商丘人，万历八年（公元 1580 年）进士，历任南、蠡两县知县、都察院御史、大理评事、山东参议。

杨镐是心怀大志、志存高远的人，绝对不会满足于在小小的山东参议职务上干一辈子。

不久杨镐跟着元帅董一元趁着雪夜出关偷袭蒙古炒花部落，炒花军队猝不及防、仓促应战，全军覆没，杨镐因此被领导提升为副使。

杨镐用实际行动告诉我们，这个世界上的任何事情，只有想不到，没有做不到。

既然没有仗打，那就去开荒种地。

杨镐召集了数万百姓前去开垦荒地，结果开辟新田一百三十多顷，一年增加粮食一万八千多石。

朱翊钧如今腰包鼓了不少，钱袋满了许多，自然非常高兴，二话不说就扔给杨镐了一个参政的职务。

杨镐经过这些事情，更加坚定了自己的信念，就是要将立功升官的事业做大、做强。

万历二十五年（公元 1597 年）春，杨镐携带副将李如梅率领明军出关，打算再在蒙古人身上发点横财，捞点好处。

结果杨镐偷鸡不成蚀把米，被蒙古军队打得是落花流水、抱头鼠窜，损失部将十人，将士一百六十多人。

这种事情要是搁在以前，杨镐和李如梅这两个家伙就算有十个脑袋瓜子也不够砍，可是此一时彼一时，如今正逢明军入朝作战的关键时刻，奇缺将领，因此朝廷并没有追究杨镐作战失利的责任。

为了报答朝廷对自己的仁慈和包容，杨镐立刻给朝廷呈上了一封奏疏，详细阐述了自己对明军入朝作战的十条建议。

比如说让朝鲜军民提供粮饷给驻朝明军，朝廷根据提供粮食的多少，对朝鲜军民给予免罪、免役、授官等奖励。

又比如说严查朝鲜君臣隐藏粮食，不供给明军的罪证，给予严惩。

杨镐的奏疏是赢得了大明朝廷的赏识与重用，却使朝鲜君臣对他恨之入骨。

可这也是没有办法的事情。

正所谓顺了哥情失嫂意，就算是长袖善舞、左右逢源、八面玲珑的青楼姑娘，也不可能做到面面俱到，两头讨好。

明军第一军三万多人已经整装待发，随时都能够开赴朝鲜，抗击日军。

备倭总兵官麻贵率领一万七千多明军前往驻守王京，副总兵杨元率领三千辽东铁骑前往驻守开原，陈愚衷率领三千骑兵前往驻守全州，浙江副总兵吴惟忠率领四千戚家军（步兵）前往驻守忠州，右营游击茅国器率领三千人前往驻守星州城以及岛岭、秋水岭等战略要地。

以上明军都固守城池，不许出城迎击日军，等邢玠率领明军第二路军四万多人一到，立即由南原、忠州发动钳形攻势，攻打釜山城的日军。

## 南原激战

八月初，日军开始疯狂进攻朝鲜各大要塞，特别是宇喜多秀家率领的四万九千多日军，一路上势如破竹、所向披靡，连续攻克泗川、南海、光州等数座城池，附近的朝鲜守军贪生怕死、望风而逃。

宇喜多秀家率领日军包围了南原，发起了猛攻。

副总兵杨元凭借三千明军和三千多朝鲜军队，面对数万日军，毫无畏惧，拼死抵抗，坚守数日。

在日军重兵包围下，守军难以力敌，渐渐不支，南原城失守只在顷刻之间！

杨元知道再进行抵抗也是徒劳的，不过是再多付出一些中朝将士的生命，于是放弃了抵抗，迅速率领残余中朝将士退出了南原。

日军在付出惨痛的代价后，终于攻占了南原。

日军为了发泄对中朝联军的愤怒，进行了疯狂的报复，对南原城内手无寸铁的平民实行了一天的血腥屠杀。

接下来的事情就尴尬了！

南原失守后，全州守将陈愚衷贪生怕死，还没等开始打呢就吓蒙圈了，带领手下的三千兵马，撤出了全州。

加藤清正率领的右路大军兵不血刃，没有付出任何代价就攻占了朝鲜战略要地全州。

古今中外无数次战役都证明了一个真理，不管军队的装备怎么样，战局如何，最重要的是士气。

日军士气高涨、气焰嚣张，一路战无不胜、所向披靡，迅速攻占了朝鲜黄石山、金州、公州等重镇。

王京的外围屏障全部被日军占领，要守住这座孤城，显得越来越困难。

## 稷山战役

为了拖住日军北上的步伐，为明军集结部队争取时间，明军第一路军统帅麻贵决定伏击日军。

九月初六，麻贵命令总兵解生为统帅，游击牛伯英、杨登山、颇贵为将领，率领二千六百精锐部队，前往稷山北部驻守，以巩固王京的前沿阵地。

次日，解生等人在天安郡稷山与黑田直之、栗山利安率领的日军第三军团先头部队相遇。

黑田直之采纳毛屋武久的建议，把手一挥：小的们，跟我上！

随后，黑田直之、毛屋武久率领数百日军，冲向明军，人挡杀人，佛挡杀佛！

明军根本想不到日军这点人还敢主动出击，一时猝不及防，四处乱窜。

解生大惊，但他毕竟久经沙场，很快就镇定下来，命令明军用大炮轰击日军。

干革命工作，就是要不怕危险不怕牺牲。

在大炮的掩护下，解生、牛伯英、杨登山、颇贵四人，身先士卒，率领精锐骑兵横冲直撞，大败日军！

黑田长政闻讯大惊，慌忙率领五千日军前往救援。

时间就是生命，黑田长政马上命令后藤基次、黑田一成、野村祐直前去接应。

黑田一成率领所部人马奋力阻击明军，不让他们渡过河来。

将领最重要的品质，就是保持冷静的头脑。

在黑田一成阻击明军的同时，后藤基次命令所部人马在附近的山上，举着旗帜来回奔跑。

正如魔术大师给观众看到的其实只是他精心布置的假象一样，后藤基次让解生等人看到也是他巧妙施放的烟幕弹。

明军远远看见漫山遍野都是旌旗、尘土飞扬，误以为日军主力已到，全都心生惧意，士气低落。

见鬼，这可不是什么好消息。

解生等人只得率领明军撤退。

黑田直之、栗山利安等人死里逃生。

解生等这点人，哪里打得过黑田长政，无奈只得向驻扎水原的麻贵求救。

麻贵命令游击摆赛、千总李盆乔、把总刘遇节等人率领两千明军前去救援。

九月初八拂晓，黑田长政凭借兵力上的优势，率先向解生等人发动了攻击。

明军在解生等人的带领下，同心协力，奋力打退了日军一次又一次的进攻。

日军伤亡惨重，仍然没有将明军击溃。

战场就像等公交车，你想等的总是不来，你不想等的却出现了。

就在这时，摆赛、李盆乔等人率领两千援军，神兵天降，日军斗志尽失。

到了这个时候，只要是个人都知道占便宜的机会到了。

明军在大炮的掩护下，趁势反攻。

在这种人海战术的冲击下，原本耀武扬威的日军开始变得垂头丧气。

黑田长政等人率领残兵向水川方向逃窜。

解生等人还没来得及追击，就听到了一个他们不愿意听到的消息——驻守天安的毛利秀元率领两万五千大军赶到，逼近稷山。

解生等人还是很有自知之明的，眼见日军人多势众，也不敢留在稷山，从容率领明军撤退，返回水原。

黑田长政得知明军退却之后，立马率领大军回师，占领了稷山。

## 鸣梁海战

当时的李舜臣对朝鲜来说，可以说是无人不知，无人不晓！

群众的眼睛是雪亮的，朝鲜举国上下一致强烈要求重新起用李舜臣。

李昖迫于形势，不得不顺应民心，重新任命李舜臣为三道水军统制使。

什么叫作众人拾柴火焰高？什么叫作团结一致联手对外？

这就是了！

所以说，高手不是一日练成的，是需要百分之九十九的汗水和百分之一的机会，当然后者比前者重要很多。

李舜臣预感到了肩上的担子委实不轻。

当年驰骋海上的朝鲜水师，如今只剩下可怜的十二艘战船了。

放弃？绝不！我的字典里从没有放弃这个词！

小鸟虽小，可它玩的却是整个天空！

力挽狂澜，方显英雄本色；扭转乾坤，才是丈夫所为。

说什么也要先打一仗，不然的话，朝廷那些文人官僚的唾沫星子，就足以淹死人了。

就算不为自身，就算是为了国家，这一战，也必须战！

战场放在哪里呢？

鉴于兵力相差过于悬殊，李舜臣决定将日军水师引入鸣梁海峡，予以伏击。

鸣梁海峡是位于朝鲜半岛和珍岛之间的狭窄海峡，宽约两百九十四米，水流湍急，奇特的是，每隔三个小时海峡内的海流方向都会发生转换。

凡事预则立，不预则废。

李舜臣派人在退潮时，在岸边设置了铁索和木桩。

随后，李舜臣又征集了上百艘民船，在船上插满军旗，伪装成战船。

一切准备就绪。

在这个充满奇迹的世界，不可思议的事情随时都在发生，农村小姑娘成为人见人爱、花见花开的大明星；穷小伙迎娶白富美；费城老鹰夺得超级碗冠军……

李舜臣，这次也创造了举世瞩目的大奇迹。

十月二十六日清晨，李舜臣派遣一艘战船前去引诱日军。

没错，这就是传说中的插旗拉仇恨了。

藤堂高虎愤怒了，一艘战船就敢跑来挑衅强大的日本水师，太不将我们放在眼里了！

你们都愣着做什么，给我一起上，揍得连他妈妈都认不出他！

日本水师三百三十多艘战船倾巢而出，火力全开，不顾一切追击，进入了鸣梁海峡。

人生处处充满惊喜，当然也可能是惊吓。

没有想到刚进入鸣梁海峡，密密麻麻的朝鲜战船出现了，好像足有百艘之多。

近战不行，难道不能远攻。

李舜臣命令隐蔽在山脚的朝鲜水师用大炮轰击日本战船。

还是原来的工具，还是熟悉的手法，还是精准的击杀。

日本水师将领来岛通总连忙命令部下用大炮还击。

然而，他们做什么都无所谓了。

由于日本水师的战船全是尖底的，在湍急的海流中左右摇晃，战船上的大炮根本无法锁定目标。

此时，李舜臣突然指挥朝鲜水师主力用大炮猛烈轰击，而日本战船由于大炮轰击不中目标，远程攻击能力有限，完全成了摆设，毫无还手之力。

日军战船大多被朝鲜水师的大炮击破，沉没于茫茫大海之中。

看来日本水师和朝鲜水师的差距，那就是一个红军爷爷长征路线图啊！

朝鲜水师可能只是运气好！没错，肯定是这样的。

来岛通总不甘心失败，来到船头视察情况，好巧不巧，刚好被流弹击中，当场殒命。

做老大是风光，不过往往死得早。

就在这时，鸣梁海峡的海流开始逆转，日本战船摇晃更加剧烈，相互碰撞，发生了亲密接触。

这不科学！

日本水师乱成一团。

朝鲜水师占了天时、地利、人和，想不一飞冲天都难。

李舜臣率领仅有的十二艘战船倾巢出动，攻击混乱的日本水师。

很快，日本水师全线崩溃，兵败如山倒。

不是我们不努力，实在是敌人太过强大了。

见此情景，日本水师哪里还有战意，藤堂高虎决定顺着潮流向东撤退。

这个命令很正确，但是已经来不及了！

日军战船撞上了李舜臣事先埋下的铁索和木桩。

两边悬崖峭壁，后有铁索、木桩，怎么办？在线等，挺急的。

只能硬冲过去了。

最终这一战，日本水师大败，三十一艘战船被击沉，另有大约九十二艘战船丧失战斗力，来岛通总、得岛通年等将领被击毙，只有少数战船完好无损地逃了回去。

一手最烂的牌，硬是被李舜臣运作成了一手好牌。

## 蔚山战役

麻贵决定出其不意攻其不备，主动出击，打乱日军的军事部署。

十月，麻贵任命李如梅为统帅，率领数千明军进攻星州谷城。

明军大举入侵的消息传到了日军左路军总大将小早川秀秋那里，这个十六岁的小伙子坐不住了。

小早川秀秋派山口正弘、南部无右卫门率领大军前往救援。

李如梅闻讯大惊，好汉不吃眼前亏，当即决定放弃围攻谷城，率领大军撤退。

与此同时，参将彭友德奉麻贵之命，率领大批中朝联军赶赴青山，偷袭正在攻打青山的毛利秀元。

等毛利秀元反应过来，发现自己已经被中朝联军团团围住了。

慌乱之下，毛利秀元马上派人向蔚山城的加藤清正请求支援。

加藤清正马上答应了毛利秀元使者的请求，派遣浅野幸长、宍户元续、太田一吉率领大军前去救援。

在援军的接应下，毛利秀元得以冲出包围圈，逃了回去。

日军的左、右两路大军已经没有能力继续向北进军，开始陆续向朝鲜南部地区撤去。

小西行长率领日军第二军团，退守顺天；加藤清正率领日军第一军团，退往蔚山；黑田长政率领日军第三军团退往梁山；岛津义弘率领日军第五军团退守泗山。

朝鲜战场再一次陷入僵局。

日军全部撤到朝鲜南部沿海地区，修建城墙，固守不出，战争进入相持阶段。

然而明军根本就不会给日军苟延残喘的机会。

十一月，明军兵分三路：

左路军一万二千明军和四千朝鲜军队，共计一万六千人，由都察院佥都御史杨镐和李成梁的儿子，李如松的弟弟李如梅指挥，进军忠州。

右路军一万一千明军和三千朝鲜军队，共计一万四千人，由麻贵与宁武道兵备李春芳指挥，进攻蔚山。

中路军一万一千人由蓟州中路副总兵高策指挥，一方面向朝鲜南部的宜宁挺进；另一方面随时注意驻守顺天的小西行长的动向，防止那家伙率领大军救援蔚山的加藤清正。

加藤清正也意识到大批明军已经朝他开来，然而他毫不在意，还是从容地指挥第一军团的六千部队，将他们分成两部分，分别驻守蔚山城与蔚山城南部的天险岛山，严阵以待，等待大路明军的进攻。

看来一场恶战在所难免。

十二月二十日，明军左、右两路大军在庆州会师，准备全力攻打蔚山。

次日黎明，随着一声惊天动地的炮响，中朝联军对据守蔚山的日军发起了进攻，蔚山城外严阵以待的火炮炮口早就对准了蔚山城，随着“隆隆”的声响，炮弹如同冰雹一样密集地朝蔚山城飞去。

明军游击茅国器率领一千步兵从四面八方朝蔚山城扑来，参将杨登山率领了三千精锐骑兵陆续赶到，朝蔚山城狂奔过来。

日军虽然死伤惨重，但蔚山战役还在继续进行，许许多多日本侵略军宁

愿战死，为天皇陛下尽忠，也不愿求生，更不用说被俘了。

蔚山城的日本侵略军使用的都是武士的传统作战方法，他们撕下上衣，露出结实的胸膛，双手紧紧握住沾满鲜血的武士刀。

日军就如同被猎人包围的狼群，不顾一切地朝猎人扑了过去。

然而明军也不是吃素的，他们使尽全力抵抗日军的反扑，逐渐缩小包围圈，并且陆续有明军的后续部队登上城楼，加入了围捕的行列。

日军还在顽强地抵抗明军的疯狂进攻，但是已经显得力不从心，蔚山城落入中朝联军的手里那只是时间问题。

加藤清正认为，为了这座迟早要丢掉的城池，没有必要把部下的生命全部搭在这里，决定后撤。

抵抗多时的日军都已经筋疲力尽，无心再战，现在突然听到了统帅下令撤退的消息，那简直是喜出望外，纷纷掉头朝岛山方向逃去。

日军在蔚山城的最后防线瞬间崩溃，中朝联军攻占了蔚山城。

## 岛山战役的惨败

蔚山城失守后，加藤清正率领残余的日军逃到了岛山，想凭借岛山“一夫当关，万夫莫开”的险要地势拖延明军，以等待日本援军的到来。

明军也深知“兵贵神速”的军事常识，战争本来就是斗智斗勇的高智慧工作，前面的成功并不能说明问题，谁能够笑到最后，才是真正的英雄。

麻贵没有让攻占蔚山城的明军休整，而是马上聚集起来，急行军尾随加藤清正而来，加藤清正刚到达岛山，明军的疯狂进攻便又开始了。

茅国器身先士卒，带着中国河南地区的步兵利用火炮猛烈的火力作掩护，排山倒海般朝岛山涌来，迅速突破日军在岛山附近修筑的三道防线。

日军不能够作无谓的牺牲，纷纷向岛山山寨退去。

左营游击陈寅率领浙军朝岛山山寨狂奔而来，也不知道这些浙军中到底有没有戚继光老兄训练的戚家军后代，日军大为恐惧，不敢迎敌，纷纷抱头鼠窜。

然而岛山有极其重要的战略意义，是无论如何也不能丢失的。

加藤清正当机立断，调来火绳枪队，誓死保卫岛山。

日本的火绳枪队果然名不虚传，一来到阵地，也不管三七二十一，就朝疯狂扑来的明军开火，一阵枪声过后，明军就有数十人被击中，倒在血泊中。

然而这并没有能够压制住明军排山倒海般的疯狂进攻。日军虽然身经百战，但还是被这情景吓了一大跳，不由自主地纷纷后退。

就这样，岛山山寨的二道大门也被英勇的明军攻破，眼看整个岛山就要被攻破。

如果按照这样的剧情发展下去，攻陷岛山应该只是时间问题。

然而，谁也没有想到，剧情瞬间发生了一百八十度的大逆转。

关键时刻，左路军统帅杨镐命令攻城的陈寅停止进攻。

杨镐为了给蓟辽总督李成梁面子，想把这巨大的战功留给李成梁的宝贝儿子李如梅率领的辽东铁骑。

有钱、有势、有人、有地位，就是这么任性。

宝贵的战机就因杨镐的私心给耽搁了。

日军终于缓过气来，重新布置兵力，导致明军一连数日的进攻，没有丝毫进展。

而此时，小西行长、黑田长政、岛津义弘率领五万日军正朝岛山陆续赶来。

战场形势瞬间发生了一百八十度大逆转，占有战场主动权的中朝联军立刻处于劣势。

岛山山寨内的日军看到援军的到来，感受到了胜利的曙光，士气大增，打开寨门，主动朝中朝联军扑来。

中朝联军腹背受敌，死伤惨重。

杨镐慌忙下令撤军，中朝联军一听到撤军的命令，士气顿时荡然无存，士兵毫无纪律，毫无秩序，都敢为人先，不为人后，撤得比谁都快。

日军乘胜追击，中朝联军被日军火绳枪击中的、被武士刀砍翻的和被马践踏致死的不计其数。

岛山及其附近数十里的地方都倒满了中朝将士的尸体，鲜血染红了岛山及其周围的所有土地。

杨镐一看情形不对，慌忙命令吴惟忠、茅国器率领所部人马留下断后，阻挡日军的疯狂追击。

吴惟忠和茅国器还是挺有民族气节和爱国情操的，接到命令以后，连眉头都没有皱一下，就率领部下留下来拼死阻挡日军。

中朝联军终于逃了出去，可是中朝联军的大部分辎重全部丢弃了。

岛山战役，本来胜利在握的中朝联军被日军打得一路溃败，死伤满地，一直逃出去几十里地，才摆脱了追杀。

中朝联军在此次战役中付出了两万多人的宝贵生命，日军虽然获得了胜利，但是也埋葬了一万多名日军的性命。

由于此战，中朝军队与日军都死伤惨重，再也无力发动大规模的进攻，朝鲜境内半年内没有再起烽火。

然而这并不意味着朝鲜实现了和平，无论双方谁先恢复力量，都会对另一方发动进攻，这是毋庸置疑的事实。

日军经过此战，认为明军不过如此，留太多的日军在朝鲜半岛也没有太大的用处。

丰臣秀吉命令小早川秀秋等人率领七万多日军回国休整，只留下加藤清正、岛津义弘、小西行长等人，指挥六万四千多日军防守占领区。

## 新统帅万世德的战略部署

猫有猫道、狗有狗道，礼义廉耻已经顾不上了，能保命就行。

杨镐逃到庆州，和邢玠商议后，决定隐瞒战败的消息，向朝廷谎报前线大捷的消息。

就在这时，各营损失的人马也统计出来了，死伤两万余人，打算向朝廷上报。

闭嘴！你们这些年轻人瞎说什么大实话，调皮！

杨镐简直把卑鄙无耻的精神发挥到了极致，将这些消息全部压下，不上报。

赞画主事丁应泰得知战败的消息后，立马跑去找杨镐商议应对之策。

老丁，您说的啥事呢？我咋一点印象都没有呢？

杨镐总是一副“老子天下第一”的模样，把谁都不放在眼里，闭口不谈战败的事情，反而把张位、沈一贯的密信拿出来炫耀。

言外之意就是，我在朝廷有人罩着，我如今的地位无人可以撼动。

杨镐的这种卑劣行径，连路口摆西瓜摊的都感到不齿，更何况是心高气傲的丁应泰。

是可忍，孰不可忍！

老杨，你也是官场混过、组织培养过、政府教育过的人，怎么这么不懂事呢？

公道何在？人心何在？原则何在？

丁应泰向朝廷上报了战败的事实。

朱翊钧非常愤怒，准备严肃处理杨镐。

幸亏内阁首辅赵志皋极力营救，朱翊钧最终只是罢免了杨镐，让其听候发落，随时做好喝茶谈人生、谈理想的准备。

杨镐，你是我小弟，能不给我找事吗？我这整天跑前跑后给你擦屁股，连喝茶看报的时间都没有了。

该死的丁应泰，你现在该满意了吧？

就这样凭借赵志皋的拔刀相助，杨镐渡过了自己出生以来第一次重大危机。

而朱翊钧则因为一时的心软，为大明留下了一个重要的创伤制造者。

但人不可能预知未来，朱翊钧当然也不可能料到以后发生的事情。

国不可一日无主，军不可一日无帅。

虽然杨镐被朱翊钧免职了，但朝鲜半岛的数万明军还得派个有才能的人去指挥。

朱翊钧任命天津巡抚万世德为朝鲜明军统帅，全权负责朝鲜战事。

这个差事可以说是吃力不讨好，干得好不一定有什么奖励；干得不好，杨镐的下场就是活生生的例子。

万世德这位老兄可没有杨镐这么硬的后台，这么多的关系，干得不好，下场肯定比杨镐还惨。

万世德开始信心满腹地制订周密的作战计划，想彻底打败日本侵略军。

常言道“实践才是检验真理的唯一标准”，任何事情都不能光说不练。

万历二十六年（公元1598年），万世德率领水、陆两路大军开始实践他自己制订的作战计划，万世德把陆路大军分成三部分。

宁夏总兵麻贵统率三万中朝联军，进攻据守蔚山的加藤清正，这是东路军；四川总兵刘綎率领两万中朝联军，攻击顺天和釜山的小西行长，这是西路军；辽东总兵董一元率领两万六千中朝联军，进攻盘踞泗州的岛津义弘，这是中路军。

水路方面由福建总兵陈璘和水军统制使李舜臣率领中朝联合舰队，去偷袭朝鲜各港口的日本战船。

## 董一元的先胜后败

董一元率领的中路大军最先取得进展，轻易攻下了日军驻守的晋州，中路军士气高涨，又乘胜攻打泗州。

岛津义弘的部队早已经失去了昔日的威风，没有经过多长时间的抵抗，就渐感不支，岛津义弘只有放弃了泗州，退往沿海地区。

岛津义弘迅速修筑防御工事，想以此拖延中朝军队，等待援军。

然而董一元不会也不可能给岛津义弘这个机会。

耽误一刻，就多一分危险，董一元不想再拖延下去，毫不犹豫地调来了火炮，想一举摧毁日军修筑的防御工事。

打仗是对各方面条件的全面考验，不是说人数众多、战力超强、智谋高深就一定能赢，有时双方比的不只这些，更重要的是运气。

女人是无常多变的，好运也是！

明军的火炮还没有开几炮，就发生了火炮炸膛的事情，并且引起了连锁反应，数十门火炮都发生炸膛，引爆了明军的火药库。

没有炸死几个日军，却把中朝联军炸死炸伤了数百人。

日军认为这是上天在保佑他们，士气空前高涨，而中朝联军正好相反，

都被这一意外情况吓傻了，所有的士兵们一下子都找不着北了。

这可是百年难得一遇的战机啊，此时不打，更待何时，岛津义弘下令反攻，日军纷纷跃出战壕，排山倒海般地朝混乱的中朝联军疯狂地扑来。

董一元慌忙命令迎敌，但是被吓得差点尿裤子的中朝将士哪里听得清楚统帅的命令，一看见日军气势汹汹地朝自己奔来，纷纷掉头，四处逃命去了。

中朝联军瞬间崩溃，节节败退，被日军砍杀的数以千计，日军越战越勇，乘胜收复了泗州。

这真是“风水轮流转，今年到我家”！谁能够想到不久前还在英勇攻城的中朝联军转眼之间就被日军出人意料地轻松击败呢?

可见做任何事情都不可以盲目乐观，毕竟世事难料啊！

## 战绩平平

董一元率领的中路军经历了从大胜到大败的过程，使每一个有血性的中国人，都义愤填膺，抱怨上天的不公平，可我们也不能把视线一直放在中路军这里，毕竟明朝还有两路大军呢！虽然在战争中存在“毕其功于一役”的情况，但那也是少数，不一定会发生在这次战役中。

麻贵率领三万东路军进攻据守蔚山的加藤清正，麻贵鉴于上次失败的惨痛教训，采取稳扎稳打、步步为营的作战方针，而加藤清正也吸取了上次的教训，采取“兵来将挡，水来土掩”的战略战术，双方经过了数十回合的战斗，但都是小打小闹，互有胜负。

刘綎率领的西路大军进展也不是很大，因为小西行长据守的顺天地势险要、易守难攻，用“一夫当关，万夫莫开”这个词来形容一点也不为过，再加上小西行长虽然欺上瞒下，但是毕竟军事才能过硬，赵括、李景隆与之相比，那简直是相差甚远。

刘綎率领中朝联军进攻了多次，毫无成效。

刘綎想借谈判来诱捕小西行长，这招就是军事上惯用的“射人先射马，擒贼先擒王”的古老战术，虽然古老，但是有用。

这招虽然有用，但是在一个人身上使用多了，就不起什么作用了。

大明以谈判为名，骗了日军数次，而且每次都是骗的小西行长，俗话说“一朝被蛇咬，十年怕井绳”，刘綎的诱捕计划，以失败收场，双方谁也奈何不了谁，战事进入相持阶段。

## 凶猛的李舜臣

不得不提的，就是陈璘与李舜臣率领的中朝联合舰队。

鉴于日本水师太过强大，他们和日本水师玩起了游击战术，一遇到日本大型舰队，拔腿就跑；一碰到日本的运输船队，就冲上去厮杀，砍杀别人的脑袋不说，还把船上日本农民省吃俭用的粮食洗劫一空，谁叫他们侵略我们国家呢。

中朝联合舰队干起了汪直与徐海的老本行，频繁出没于日本运输队的必经之路——对马海峡，偷袭日本水师。

日本水师大为恐惧，都不敢出海，这严重影响了日军的后方补给线，使日军严重缺粮，吃了上顿，没有下顿。

朝鲜的日军士气普遍低落，反战情绪高涨，都纷纷要求统帅退兵，看来，日军已经是强弩之末。

就在此时，日本国内发生了一件惊天地、泣鬼神的大事，这件大事的发生也将促进日军迅速从朝鲜半岛撤军。

## 一代枭雄的陨落

日军在朝鲜节节败退的消息迅速传到日本，丰臣秀吉大为震惊。

日本武士在日本战场上骁勇善战、战无不胜，到了朝鲜却来了个一百八十度的大转折，竟然被毫无战斗力的中朝联军打得只有招架之势，而无还手之力。

其实这都是丰臣秀吉坐井观天、盲目自大带来的恶果，可惜的是，丰臣秀吉永远都不可能意识到这一点。

人一旦有问题集中在头脑中想不明白，就容易生病，丰臣秀吉虽然是攻无不克、战无不胜，统一日本的一代枭雄，但是无论他怎么伟大，怎么厉害，终究也只是一个普普通通的凡人，而不是无所不能、无所不知的神。是凡人就要吃喝拉撒，就有喜怒哀乐。

丰臣秀吉这老头子长期被这一难题困扰着，吃不下饭、睡不着觉，终于熬不住生病了。

人生病了，就容易胡思乱想，一胡思乱想，牛鬼蛇神就要来找你索命。

丰臣秀吉生病后也遇到了牛鬼蛇神，这个鬼不是别人，正是对丰臣秀吉有知遇之恩，并重用提拔丰臣秀吉的织田信长。

据说伟人都有一种能力，那就是像演员一样，能够控制自己的眼泪，想哭就哭，想不哭就不哭。

丰臣秀吉在梦中再见到老领导织田信长以后，激动得眼泪都要掉下来了。

可织田信长却没有他这么激动，他意味深长地对丰臣秀吉说："秀吉，你该下来陪我了！"

"领主，我非常愿意到地下来陪您，可是现在朝鲜战事吃紧，离不开我，请您再给我几年时间，让我把朝鲜划到我大日本版图的时候，我再来陪您，好吗？"

"你不念我对你的知遇与提拔之恩，不但不辅佐我的孩子，而且还残忍地将他们杀掉，我恨不得将你乱刀砍死、碎尸万段，你还要我给你时间，你这不是痴人说梦吗？"

丰臣秀吉顿时语塞。

第二天，丰臣秀吉醒来，回想起昨夜的怪梦，知道自己时日不多，马上召集部下德川家康、前田利家、毛利辉元、宇喜多秀家、上杉景胜交代后事。

俗话说"人之将死，其言也善；鸟之将死，其鸣也哀"，一向话不多的丰臣秀吉先向家臣述说了当年的战斗友谊与和谐的主仆关系，并对家臣德川家康、前田利家、毛利辉元、宇喜多秀家、上杉景胜等人为自己做的贡献表示感谢，然后才说重点，他郑重地将自己幼小的孩子丰臣秀赖托付给了信任的家臣，希望各位家臣用尽全力保护他，自己如果泉下有知的话，也会对他们感恩戴德。

德川家康、前田利家、毛利辉元、宇喜多秀家、上杉景胜等人都痛哭流涕地答应了丰臣秀吉的请求。

万历二十六年（公元 1598 年）八月十八日，日本一代枭雄丰臣秀吉在京都伏见城郁郁死去，享年六十二岁，给他波澜壮阔的一生，画上了一个悲惨的句号。

只是他不知道，去世后，他的家臣根本就没有能够保全他的孩子。

在万历二十八年（公元 1600 年）的关原合战中，忠于丰臣家的石田三成、小西行长、宇喜多秀家、大谷吉继、岛津义弘、安国寺惠琼、小野木重胜等家臣，全部被德川家康、黑田长政、细川忠兴、加藤嘉明、田中吉政、筒井定次、生驹一正等人铲除。

最后包括丰臣秀吉的儿子丰臣秀赖、孙子国松丸在内的丰臣家男丁在万历四十三年（公元 1615 年）的大阪夏之阵后，全部被德川家康残酷地杀害了，这大概是丰臣秀吉杀害织田信长孩子的报应吧！

## 露梁海战

丰臣秀吉的死，不管是对日本，还是朝鲜、大明，都产生了重大的影响。

为了避免朝鲜的日军被中朝军队全部消灭，丰臣秀吉的五大老与五奉行商议决定，以丰臣秀吉的名义向朝鲜的日军下令，命令朝鲜的日军假意与大明和朝鲜谈判，以拖延时间，让日军有足够的时间安全撤出朝鲜。

事实证明，他们完全是想多了！

丰臣秀吉家臣的小算盘与阴谋，并没有瞒过大明政府大臣雪亮的眼睛。

同年十月，福建都御史金学曾向朝廷上报了八月十八日丰臣秀吉病逝的消息，并推断日军将于近期全部撤离朝鲜半岛，让大明早做准备。

十一月五日，加藤清正、岛津义弘、小西行长三部开始有条不紊地收拾战利品，准备撤离朝鲜半岛。

可中朝军队绝对不会让日本侵略军在朝鲜国土内杀人放火、奸淫掳掠后，还安安稳稳地逃回日本，天下没有这么便宜的事情，而且那样朝鲜无辜死亡军民的亡魂怎么能够安宁，大明天朝上国的面子往哪里放。

日军前脚一走，中朝军队后脚就开始追击。

麻贵率领东路大军，马不停蹄地追击加藤清正统率的日军第一军团，收复了岛山、西浦等地，日军第一军团损失极其惨重，有两千多日军的骨骸永远留在了朝鲜的国土上，这大概是上天对侵略军的惩罚吧！

刘綎统率西路大军，也不失时机地追歼岛津义弘指挥的日军第五军团，收复栗林、曳桥等地，日军第五军团也损失惨重，有三分之一的士兵被中朝军队砍杀，侵略军的鲜血肥沃了朝鲜的土壤，这也算侵略军为侵略朝鲜作的一点补偿吧！

此时，除了驻守朝鲜顺天的日军第二军团，其余的日军全部撤出了朝鲜，回到了阔别已久的祖国。

日军第二军团统帅小西行长此时也是焦急万分，因为中朝军队已经将他们团团围住，且中朝水师已经封锁了出海口，这真是“上天无路，下地无门”啊！

办法总是人想出来的，日军也不想留在朝鲜国内过春节，小西行长于是给自己的老对手岛津义弘写了一封信，希望他能够不计前嫌，来拯救自己。

天下有这么笨的人吗？刚刚逃出虎口，又自己往狼嘴里钻？

答案就一个字“有”！

岛津义弘就是这样一个人，明知道是局，早知道是计，还是一样回来。这是一种什么精神，这是一种舍己为人的精神！

岛津义弘毫不犹豫地答应了小西行长的请求。

同为侵略一族，风里雨里，我们一起加油！

小西行长保密工作做得不够好，被中朝军队获悉了他们的计划。

假装对别人很宽容，其实就是自己的无能，因为不能伤害别人，就懦弱而苍白地解释成原谅。

为了证明不是那样的人，陈璘、李舜臣等人决定提前扎好口袋，设下埋伏，请君入瓮，痛击敌人！

十九日丑时，岛津义弘率领自己的庞大舰队与从日本赶来的舰队会合后，率领一万五千多大军，分乘六百多艘战船，趁着夜色，进入了露梁海竹岛和水门洞港湾内。

就在这时，陈璘命令明军主力对日本水师发动了猛攻。

此时的日本水师早已有如惊弓之鸟、草木皆兵，仓促之间根本不知道前面有多少明军阻挡，哪能组织起什么有效的抵抗。

脑袋都保不住了，还管那么多干什么？还是各回各家，各找各妈，哪里来回哪里去。

岛津义弘慌忙率领日本水师掉头，向南逃去。

没多久，前面又是一声炮响，伏兵四起。

李舜臣率领朝鲜水师，挡住了去路。

这下，日本水师更是乱成一团。

岛津义弘率领日本水师向北逃去。

同样的剧情再次上演。

副将邓子龙率领一千明军，三艘巨型战船挡在了前面。

怎么办？前有堵截，后有追兵，哪里还有地方可以逃？

准备好了吗？亲爱的侵略者，请允许我们用最热烈的方式，欢送你们去死。

一场群殴就此开始。

李舜臣率领朝鲜水师率先冲向日本战船，与日军展开了白刃战。

愣着干什么？砍他！群殴！爆装备！

邓子龙率领三百明军登上朝鲜战船救援。

邓子龙左冲右突、闪转腾挪，人挡杀人，佛挡杀佛。

日军中数十名武士慌忙冲上来阻拦。

但仅仅片刻之间，这些人全都横七竖八地躺在了地上。

至于他们怎么死的，谁都没有看清。

就在这时，日本战船纷纷围了上来，将邓子龙等人团团围住。

此时的海面，敌我交伐，处处开战，已经乱成一锅大粒子苞米面糊糊了。

要想在这种混乱的局面下，这么短时间内，分出友军和敌军，那可不是一件容易的事儿。

周围的朝鲜战船，实行了无差别打击，无数火器纷纷飞向了邓子龙所在的战船。

战船瞬间起火。

彻底晕了！邓子龙万万没有想到友军在解决敌人的同时，居然把自己也给误办了！

一代名将邓子龙退无可退，壮烈牺牲。

一直在后面观战的陈璘慌忙派遣水师副将陈蚕、游击季金率领部队前往救援。

中朝联军分别从南、北两个方向，向大岛以东的日军主力发动了猛烈的攻击。

一场屠杀就此开始。

中朝联军施放喷火筒。

我不知道喷火筒是什么，不过不管是什么东东，效果却是出奇地好。

星星之火，可以燎原！日军大部分战船瞬间陷入了火海。

现在天寒地冻，被烧死总比被冻死好，这个死法不太冷。

躲开！躲开！快躲开！

许多日军跳水登岸，猛攻岸上的明军。

然而明军凭借地利，连续多次击退日军的进攻。

日军伤亡惨重，死伤过半！

很快，日军五百多艘战船就被烧毁了四百多艘，岛津义弘率领五十余艘战船侥幸逃出了包围圈。

但是他们的厄运还远远没有结束！

“痛打落水狗”的机会来了，李舜臣率领朝鲜水师全速追击，在观音浦追上了日军。

又是一场恶战！

关键时刻，陈璘率领大明水师赶来支援，用虎蹲炮连续轰击日军战船。

日军战船纷纷起火。

拼命拼命，不拼就没命，为了活命，日军垂死挣扎，拼命反击。

在日军的猛烈冲击下，李舜臣中弹牺牲。

李舜臣侄子李莞在关键时刻、关键的地点，恰到好处地展示了危机管理的艺术。

李舜臣死后，李莞秘不发丧，鸣鼓挥旗，代替叔叔指挥，继续同大明水师并肩作战。

岛津义弘发现自己不过是个梦想家，如今梦破裂了，就只剩想家了！

在丢下数艘战船、无数尸体后，岛津义弘终于逃脱了。

陈璘乘胜扩大战果，挥师西进，一路势如破竹，焚烧了日军准备撤退的数百艘战船。

帮人帮到底，送佛送到西，陈璘继续西进，与陆地上的刘綎夹击顺天的小西行长。

此时的日军早已心无斗志，怎么可能抵挡得住，最终日军再次惨败。

但滑得像泥鳅一样的小西行长奇迹般地再次逃脱，率领残部逃回了日本。

至此，历时七年的朝鲜战争终于画上了一个句号。

## 尾声

万历二十七年（公元 1599 年）四月，邢玠率领进入朝鲜的所有明军押着六十一名日军俘虏开始撤离朝鲜，踏上了返回大明的归途。从此以后明军将士与朝鲜军民就天涯海角、两地相隔了，不知道今生今世还有没有再次见面的机会。

告别的时候，朝鲜军民感激万分、挥泪如雨，明军将士也触景生情、潸然泪下，双方就这样流着泪，沉默着，这倒不是因为他们不想说话，而是因为他们不知道说些什么来劝慰对方。

天涯海角寻思遍，唯有诗词表心思。朝鲜军民和明军将士之间的深情厚谊，用千言万语也无法全部表达，如今也只有寄情于诗词。

朝鲜廷臣卢稷等人合作了一首诗，表达对明军不远万里、不计报酬地来到朝鲜半岛，帮助朝鲜人民抗击日军的感激之情：

秉钱青丘春凯旋，龙旌西拂鸭江烟。
提封依旧三千里，社稷重新二百年。

遗泽在人缄骨髓，典刑留画俨神仙。
拥途无计攀星驾，父老怀恩漼迸泉。
鱼符龙节总东师，秉羽威风慑海夷。
星陨赤芒沉绝塞，关浮紫气压归旗。
功高上国山河裂，名动藩邦草木知。
听取讴谣声载路，金戈包虎凯还时。

# 撕下伪装

万历四十四年（公元1616年）这年，对五十八岁的努尔哈赤来说，阳光是灿烂的，风是柔和的，辽东风光是美好的，心情是愉快的，他通过三十多年的努力，“功夫不负有心人”，终于统一了辽东女真各部落，结束了女真民族长期相互攻伐的局面。

接下来的事情就顺理成章了，努尔哈赤在赫图阿拉即位，称覆育列国英明皇帝，建元天命，定国号为金。

新的国家建立，最重要的就是收揽人心，历朝历代，概莫能外！

毕竟，拥立的功臣都是以身家性命下了大注的，该是分红的时候了！

努尔哈赤封代善、阿敏、莽古尔泰、皇太极为四大贝勒；额亦都、何和礼、费英东、扈尔汉、安费扬古为五大臣。

努尔哈赤不但称汗建国，而且还公开表示与大明“有你没有我，有我没有你”的决心，并且找到了充足的理论依据，提出了与大明为敌的七大理由。

“七大恨”无非什么大明无缘无故杀了他的祖父觉昌安、外祖父王杲、父亲塔克世、舅舅阿台，什么大明对女真人民实行残酷的民族压迫与剥削之类的理由。

努尔哈赤制订了周密的报复计划：抢光明朝的财物、杀光明朝所有的军队、俘获大批的汉人。

这计划内容非常具体明确，那就让我们拭目以待，看努尔哈赤怎么发挥他天才般的军事才能，带领自己的抢劫团伙去抢劫了。

## 与大明的正面交锋

万历四十六年（公元1618年），女真人遭遇了无法消受的干旱。

四月十三日，努尔哈赤决定率领他的二万逃荒队去抢劫既有钱又有粮的明朝人，目标就是辽东的抚顺与清河。

努尔哈赤率领饥饿的抢劫团伙摇摇晃晃地来到了抚顺城附近，军队已经几天没有吃过饱饭了，别说像当年的耶律阿保机、完颜阿骨打、成吉思汗一样，率领骁勇善战的骑兵驰骋疆场了，此时他们连走路都成问题，更不用说攻城了。

但努尔哈赤在困难与挫折面前发挥了他天才般的军事才能，既然不能够力敌，那就只有智取了。

努尔哈赤派出了大量的间谍，混入抚顺城，散布谣言，大意是：明天，建州首领努尔哈赤将率领几千人的队伍来抚顺做生意。

十五日清晨，大明商人都来到了城门口，热烈欢迎远道而来的女真商贩，然而他们等到的不是商贩，而是精锐的八旗部队，他们没有携带人参、鹿茸、貂皮、马匹之类的辽东土特产，唯一携带的商品是他们手中散发着寒光的马刀。

八旗部队虽然不是商人，但是他们跟商人一样，都对商品感兴趣，只是商人做的是有本买卖，而八旗部队做的是无本买卖，他们对不劳而获情有独钟。

商人们开始四处逃散，绫罗绸缎、金银珠宝撒满一地。

抚顺守将王命印毕竟是见过大世面的，他没有惊慌和恐惧，而是马上召集明军抵抗。

明军与八旗部队相互厮杀，兵器的撞击声，炮火的轰鸣声，士兵的惨叫声此起彼伏，响成一片，这就是抚顺城此时的音符。

然而没有过多长时间，这热闹的吵闹声就消失得无影无踪，抚顺城陷入了死一般的沉寂。

大明第一个投降后金的将领出现了，这个人就是抚顺游击李永芳。

男人无所谓忠诚，忠诚是因为背叛的筹码不够！李永芳在得到努尔哈赤

一个三等副将的头衔与努尔哈赤第七子阿巴泰与嫡福晋纳喇氏三坦的女儿后，毫不犹豫地背叛了明朝。

在李永芳眼里，信仰、责任、义务、良知、道义统统没有，有的只是利益。

这里多提一句，我看了李永芳的家族史后，我都惊呆了，“善有善报，恶有恶报，不是不报，时候未到”这句名言，在李永芳及其家族身上没有得到一丝一毫的体现。

李永芳不但官运亨通，子孙众多，他的子孙更是“青出于蓝而胜于蓝”，几乎在清朝高端大气上档次的官职上都过了把瘾。

八旗的固山额真、昂邦章京，地方的总兵、总督，中央兵部、刑部、工部、礼部、户部、吏部的侍郎、尚书都有他们家族子弟的身影。

更可怕的是他们家族在《清史稿》中都占有几卷的篇幅，真正做到了“好人不长命，祸害活千年”！

李永芳率领部下与努尔哈赤的部队夹击抚顺守军，抚顺守军腹背受敌，全军覆没，王命印以身殉国。

王命印是值得我们敬佩的，毕竟大丈夫可以不惧生死，但不能有负使命，愧对祖宗。

努尔哈赤，你这么猛，你家里人知道吗？

二十一日，辽东巡抚李维翰命令广宁镇守张承允、辽阳副将颇廷相、海州参将蒲世芳率领一万辽东铁骑追击努尔哈赤。

努尔哈赤为了防止大明报复，派人监视大明的一举一动，明军进入了女真人的伏击圈，全军覆没，损失战马九千匹，遗弃铠甲七千副。

抚顺战役，努尔哈赤抢劫了大明大量的金银珠宝、绫罗绸缎和粮食牲口，还俘获了几十万汉人，使女真人由饥寒交迫的状态进入了温饱。

这对野心勃勃的努尔哈赤来说，还远远不够，他的梦想是使天下所有的女真人都过上小康生活，比汉人过得好十倍，甚至上百倍，而抢劫则是努尔哈赤认为实现这个梦想最便捷也是唯一的途径。

后金取得抚顺战役的巨大胜利，使努尔哈赤认识到：明军不过是外强中干，不过是一群乌合之众，哪里是精锐八旗部队的对手。

努尔哈赤决定把抢劫明朝作为女真人的固定职业，不但要做，而且要做大做强。

努尔哈赤开始绞尽脑汁思索女真人的下一个打劫对象，那就清河吧！

## 清河战役

清河，位于辽宁省本溪县境内，是通往辽阳和沈阳等辽东大中城市的必经之路，有着十分重要的战略地位。

如果清河失守，辽阳和沈阳将暴露在后金面前，这就好比一个双手被捆绑的财主，随时想打就打，想抢就抢。

五月十七日，努尔哈赤率领八旗精锐穿过鸦鹘关，浩浩荡荡向清河城开来，先抢劫了清河城附近十几处中小城镇，八旗士兵们一个个欢呼雀跃，他们空手而来，现在不但保住了性命，而且还得到了大量的金银珠宝与绫罗绸缎。

七月二十日，努尔哈赤率领抢劫大队开始向目标排山倒海般地扑过去，然而清河也不是说抢就能抢的。

此城驻守的明军多达一万人，并且有先进武器三眼火铳一千多支，还有十几门火炮。

当八旗士兵刚刚接近清河城的时候，城楼上的三眼火铳齐发，火炮也向远道而来的“客人”献上了礼物，不少八旗士兵与火铳发出的子弹亲密接触，炮弹的冲击力更是把不少八旗士兵抛到了半空，他们在临死的时候还能够欣赏一下清河城内的独特风景，上天已经对他们不薄了。

城楼上还不时抛下粗大的圆木与巨大的石块，砸得八旗士兵哭爹喊娘，凄惨无比。

强盗头子努尔哈赤没有恐惧，没有害怕，他从容地指挥八旗部队攻城。

只见八旗士兵在努尔哈赤的指挥下，争先恐后地架起云梯，向清河城楼上爬去，不一会儿工夫，八旗士兵就有数千人跃入了清河城楼。

明军被八旗军队打得鬼哭狼嚎，大叫“救命”，不久全军覆没，清河副将邹储贤力战而死，清河城失守。

八旗军队付出惨痛的代价后，终于拿下了清河城。

努尔哈赤自然不会客气，城内的数十万人口、几十万斤粮食、不计其数的金银珠宝全部被打包带走了。

# 萨尔浒之战

抚顺战役和清河战役的胜利，使努尔哈赤得到了女真人的爱护与拥戴，都认为他是伟大的军事家、政治家，是女真民族的英雄，可是对大明和汉人来说，努尔哈赤不过是一个杀人不眨眼、嗜血成性的大魔头，不仅贪得无厌，而且残忍凶恶。

抚顺、清河战役后，强盗头子努尔哈赤不但没有深刻反省自己过去所犯的错误，而且还做了一件更加令人不齿的事情，那就是杀降。

也许是努尔哈赤觉得“屠一是为罪，屠万是为雄，屠得数百万是为雄中之雄”吧。

对大明来说，这分明是鄙视、是轻视、是无视、是赤裸裸的挑衅，赤裸裸的侮辱，是可忍，孰不可忍。

与其被你鄙视鄙视再鄙视，不如咱们来比试比试再比试！

朱翊钧开始进行全国范围的海选，挑选优秀将领，抽调精锐士兵，征集粮草、战马，打造武器，为收拾努尔哈赤做充足的准备。

大明朝廷廷议，认为杨镐熟悉辽东事务，毅然任命他为兵部右侍郎兼辽东经略，指挥明军直捣努尔哈赤的老巢赫图阿拉城，打败那些抢劫明朝的强盗。

援朝战争结束后，朝廷论功行赏。

帝国红包，人人有份；举国上下，皆大欢喜。

杨镐，我们是好朋友，你跌倒时我会扶你一把，不过要先等我笑完。

给事中杨应文大力宣传杨镐的功绩，朱翊钧下旨准许重新起用杨镐。

杨镐这个人简直是个百年难得的经纬之才，让他留在乡下养老简直是太浪费了，他应该去辽东发挥一下光和热啊！

万历三十八年（公元 1610 年），杨镐被任命为辽东巡抚。

有时候，人的贱是一种本能，就像生命一样深入骨髓！

钱多了就有底气，兵多了就有豪气！杨镐刚上任没多久，就率领明军在镇安袭击了炒花部落。

杨镐，你看你这臭脾气，真该改改了，你咋又招呼都不打就跑去欺负蒙古同胞了呢？构建和谐社会共同发展奔小康，这些话你都忘啦，冲动是魔鬼啊！

御史田金生弹劾杨镐挑起争端。

自恋的人很聪明，因为爱上自己永远不会受伤。

杨镐和李如梅的关系好得都能合唱一首《十八相送》了，如今自己发达了，自然不能忘了好兄弟。

杨镐极力推荐李如梅，请求重新起用他。

杨镐，你还挺敢想！

给事中麻僖、御史杨鹤趁机上书弹劾。

欲要推辞，何患无辞？

杨镐赶紧上书拼命解释，恨不得把节操都拿出来做证明了。

多少时候，因为得不到，所以假装不想要。

杨镐上书，假意提出辞职。

哗众可以取宠，也可以失宠。

朱翊钧不加过问。

杨镐热脸贴了冷屁股，也只能将错就错，收拾包袱回老家了。

杨镐你回老家后好好改造，现在上面老虎苍蝇一起打，可不能再徇私了啊。

扯远了，回到现场。

万历四十七年（公元 1619 年）二月，明军所需的粮草、战马、兵器全部准备齐全，十一万大军全部集结完毕：

宣府、大同、山西三个军事重镇出动骑兵三万人；

延绥镇、宁夏镇、甘肃镇、固原镇出兵二万五千人；

四川、广东、山东、陕西、北直隶、南直隶出兵二万人；

浙江出动步兵四千人；

永顺、保靖、石州等地吐司出兵七千人；

叶赫部落出动一万人；

朝鲜王朝出兵一万三千人。

朝鲜王朝是大明的好邻居，兄弟你原来打架打不赢的时候，我都帮你打了的，如今大哥有难，你不可能袖手旁观、见死不救吧。

当然这些朝鲜军队也只能够凑一下人数，撑一下门面，你打赢了，他会冲上来帮你踢几脚；你要是打输了，他跑得比谁都快。

叶赫军队大家更不用质疑了，叶赫在万历四十七年春、夏两季的时候还没有被努尔哈赤吞并，现在有这么好的机会报复努尔哈赤，就算明朝不叫他们援助，他们也会屁颠屁颠地跑来的，而且还会用尽全力打，毕竟自己的几个头头都是被努尔哈赤砍死的。

## 傻帽杨镐

朱翊钧派人给杨镐送去尚方宝剑，允许他斩杀总兵以下的将官。

杨镐把尚方宝剑的开刀对象放在了清河逃将陈大道、高炫身上，陈大道、高炫被斩首，头颅在军中巡回展示。

就在杨镐优哉游哉的时候，朝廷的使臣也到了，带来了朝廷的最新旨意。

内阁大学士方从哲、兵部尚书黄嘉善、兵科给事中赵兴邦等人都以粮草匮乏为理由，督促杨镐不要消极避战，要他立即率领明军与后金军队决一死战。

老板，只能给你一个位置，不能给你一个未来。

显然，再不出战，就要被朝廷弄下课了。

没有办法，杨镐只好召集蓟辽总督汪可受、辽东巡抚周永春、巡按陈王庭等人，商议出兵事宜。

杨镐本人坐镇沈阳，纸上谈兵，遥控指挥；总兵祁秉忠，辽东将领张承基、柴国柱等人驻守辽阳，作为机动部队，增援各处；总兵李光荣驻守广宁，保障后方的交通要道；副总兵窦承武驻守前屯，监视蒙古科尔沁各部落；管屯都司王绍勋总管运输辎重；剩余的明军以及叶赫、朝鲜军队兵分四路。

北路明军由开原总兵马林、大同副将麻岩率领，从开原出发，经过三岔口（今辽宁省铁岭东南），过尚间崖，进攻八旗军队布防的苏子河，然后与其他几路明军会师赫图阿拉，荡平努尔哈赤的八旗精锐，剁下努尔哈赤的脑袋。

西路明军共三万人，由山海关总兵杜松，保定总兵王宣、赵梦麟率领，从抚顺关隘向西进军，直逼赫图阿拉，为明军的主力部队。

南路明军共两万五千人，由右军都府右都督李如柏、辽阳副将贺世贤统率，从清河城出发，经过雅鹘关，直扑赫图阿拉。

东路明军一万人，外加一万多朝鲜军队，共计两万人，由辽东总兵刘綎指挥，从宽甸出发，横渡佟家江，从东面进逼赫图阿拉。

四路大军共计十一万多人，号称四十七万大军。

古代战争就是这样，经常玩点数字游戏，搞点数字恐吓，先争取从气势上压倒对手，使对手不战而降。

四路大军于二月二十一日（后因为下大雪的原因，改为二月二十五日）出发，于三月初二抵达赫图阿拉城。

听上去是不是很完美？

可惜这只是他想得美！

按照杨镐那豆腐渣脑袋的想法，努尔哈赤就应该乖乖待在赫图阿拉城，慢慢等待明军四路大军全部杀到，然后双方再在赫图阿拉城外排阵进攻。

只可惜努尔哈赤不会这么笨，他虽然没有读过多少书，但是简单的算术运算还是会的，他绝对不会等到十一万多明军在他的老巢赫图阿拉城附近全部集结完毕了，才动手开干。

俗话说“重赏之下，必有勇夫”，为了鼓舞士气，杨镐宣布：擒杀努尔哈赤，赏白银一万两，升任都指挥使；擒杀八大贝勒，赏白银两千两，升任指挥使；李永芳、佟养性等叛将，俘获努尔哈赤，既往不咎。

杨镐又单独召见了叶赫贝勒金台石、布扬古，给他俩画起了大饼：叶赫军队擒杀努尔哈赤，就将建州赐给叶赫，送建州敕书，封龙虎将军（正二品）；叶赫军队擒杀努尔哈赤的亲属及其八旗大小将领，一律封赏，授予世职。

## 萨尔浒的惨败

努尔哈赤知道明军这次人数众多，并且气势汹汹，绝对不能等到明军在兴京（赫图阿拉）城附近会合了才进攻，那无疑是“飞蛾扑火，自取灭亡”。

如今之计，只有集中八旗精锐，进攻明军的主力部队，只要打垮明军的主力部队，其他几路明军都是些散兵游勇、乌合之众，根本就不是八旗精锐的对手。

努尔哈赤分析了大量的军事材料，又认真听取了探子的回报，确定了杜松率领的西路明军就是明军的主力部队，于是决定先拔掉这颗硬钉子。

努尔哈赤的经典台词就是“凭你几路来，我只一路去”，这句话将出现在史书里，记录在小说里，展示在舞台上，流传在说书艺人的口中，经过岁月的沉淀，甚至变成了一句家喻户晓的话，为后人所熟知。

二月二十八日，杜松骑着高头大马领着三万西路大军抵达了抚顺城附近。

士兵们经过长途跋涉，已经累得筋疲力尽，此时士兵们的心愿就是马上进入抚顺城，吃一顿热饭，再洗个热水脚，睡个好觉。

杜松连士兵们这个小小的心愿也不会满足，我好多年都没有打仗升官了，如今好不容易等到这个机会，无论如何不能让人家抢了唾手可得的战功。

累吗？累就对了，舒服是留给死人的。

由于路上杜松的辎重部队连续不断地遭到八旗部队的骚扰与侵袭，再加上天上的雪花从他们出发开始就没有停过，明军行军困难，杜松只好把军队驻扎在萨尔浒（今辽东省抚顺大伙房水库附近），等辎重部队到了，再向赫图阿拉城进军。

这倒不是杜松体恤将士，而是他也有几天没有休息了，眼睛里都布满了血丝，确实需要躺下睡一觉了。

杜松凭军人的直觉预感到，前面可能就是努尔哈赤亲率的八旗精锐在等着他。

自己从抚顺城出发以来，大仗没有打，小仗不断，这分明是努尔哈赤那只老狐狸有意拖延自己的进军速度，好在前面充分准备，等待自己这条大鱼，撞进他精心设计的渔网里。

恭喜，你的预感很正确，都可以买彩票了。

既然刀已经出鞘了，就没有收回去的道理，不管前面是刀山还是火海，都不能够退缩，只有继续前进。

杜松把三万多军队分成两大部分，分别驻扎吉林崖和萨尔浒两个地方严阵以待，等待着努尔哈赤的进攻，胜负在此一举。

三月二日，努尔哈赤亲率八旗中的六旗精锐，共计四万五千多人，排山倒海般地朝萨尔浒的明军扑来。

面对数倍于己的敌军，明军没有退缩，他们知道军人的职责，他们也知道军人的使命，报效祖国，报效人民，保卫家园的时候到了，军人一到战场上，他们的生命就已经不再属于他们了，而是属于他们的祖国与人民。

明军顽强地抵抗着努尔哈赤的进攻。

物质决定意识，而不是意识决定物质，人有再坚强的意志，再顽强的决心，也不能够决定事物的发展方向，弱肉强食、物竞天择、适者生存是永恒不变的真理。

明军寡不敌众，全军覆没。

## 杜松的决心

驻守吉林崖的杜松得到了萨尔浒明军全军覆没的消息后，面色惨白，他知道战局已定，如果不撤退，必败无疑，然而这里是他的祖国，是他的家园，更住着他的亲人同胞，容不得任何人前来侵犯与践踏。

在敌人面前，他别无选择，只能去战斗，不是为了他自己，而是为了他的祖国与同胞，为了保卫他们共同的家园，哪怕流干最后一滴血，因为他是军人。

杜松穿上了铠甲，戴上了头盔，拔出了佩刀，跃上了战马，从容不迫地调集吉林崖的全部明军，枕戈待旦、厉兵秣马，准备迎接他人生的最后一次

战役。

努尔哈赤没有被杜松的气节与行为感动，对军人来说，对敌人的宽容就是对自己的残忍，他在占领萨尔浒后，连死去的将士都没有来得及掩埋，就迫不及待地调集军队，快马加鞭地向吉林崖奔来，同皇太极、代善率领的两旗人马会合，迅速地发动了猛烈的进攻。

面对众多的敌军，杜松毫不畏惧，从容不迫地指挥明军对敌人发动反冲锋，明军浴血奋战，拼死抵抗。

战斗从白天持续到黑夜，努尔哈赤的八旗精锐受到了重创，损失极其惨重。

努尔哈赤愤怒了，跃上了战马，挥舞着马刀，朝明军阵营冲来。

八旗将士看到统帅都毫不畏惧，冲在了最前面，士气高涨，信心大增，纷纷朝明军扑来。

看来领导的示范作用确实巨大。

杜松、王显、赵梦麟皆力战而死，跟他们一起以身殉国、壮烈牺牲的还有一万多明军，西路明军全军覆没。

杜松确实不是一个优秀的将领，他指挥的战役漏洞百出，可他无疑是一个优秀的军人，他用行动证明了他的高尚品质与精神，历史不可能忘记他，后人也不可能忘记他，并且会把他的品质与精神发扬光大。

在后来的鸦片战争中，在后来的抗法战争中，在后来的甲午中日战争中，以至在后来的抗日战争中，涌现了大批像杜松这样的英雄，关天培、左宝贵、邓世昌、丁汝昌、左权等人只是这千千万万人中的代表，而绝大多数人都是无名英雄。

西路三万明军虽然全军覆没了，但是他们的英雄事迹不会被历史磨灭，他们的精神更不会被后人遗忘。

真的勇士，敢于直面惨淡的人生，敢于正视淋漓的鲜血，杜松以及你手下浴血奋战的广大将士，你们不愧是优秀的军人，历史不会“以成败论英雄”，你们宁死不屈、抗争到底的精神值得我们后人学习和传承。

## 马林的厄运

第一个知道杜松在萨尔浒与吉林崖全军覆没消息的是北路明军统帅马林，因为他所统率的明军距离杜松的西路明军最近，仅仅有几十里的距离。

马林是个正儿八经的文人，文人一般都是饱读圣贤书，手无缚鸡之力，不要说上战场砍人，就是平时叫他杀只鸡他都不敢，还找些冠冕堂皇的理由，说些什么“君子远庖厨，凡有血气之类弗身践也”之类的话。

马林之所以能够稳稳当当地当上总兵，是他家里有后台，并且很有钱，这两个理由就够了，在奴隶社会、封建社会、资本主义社会都行得通。

马林知道自己已经大难临头了，可他并没有“走为上计”，他要用行动告诉天下所有的人，文人跟武官一样，也不是贪生怕死、卖主求荣之辈，在危急的时候，也敢于舍生取义，也敢于为了国家牺牲自己，文天祥、陆秀夫等人就是这方面的杰出代表。

马林虽然是文人，但是也并不是一无是处，他凭借自己对兵书的独到见解，把自己的两万多军队分成三部分，一部分由潘宗颜统率，驻守斐芬山；一部分由龚念遂指挥，驻守斡珲鄂谟；剩下的则由马林亲自率领，驻守尚间崖。

这种排阵方式，能够对努尔哈赤形成夹击之势，在一方受到攻击的时候，其余几支部队可以立刻救援。

马林还调集军队修建防御工事，希望能够抵抗努尔哈赤八旗精锐的进攻，即使抵挡不住，也能够拖延努尔哈赤推进的速度，等待援军的到来。

努尔哈赤深知夜长梦多的道理，决定速战速决，在消灭了斡珲鄂谟的明军后，就率领八旗精锐快马加鞭地朝北路明军驻扎的尚间崖扑来。

马林在危急关头，展示了他的非凡勇气，他亲自登上“城堡”指挥明军抵抗八旗军队的疯狂进攻。

由于八旗部队的战斗力确实大大高于明军，而且人数也是明军的几倍，明军虽然拼死抵抗，但是也只能够“有心杀贼，无力回天”了。

马林在此时充分发挥了“留得青山在，不怕没柴烧”的“革命乐观主义精神”，为了保留革命的火种，马林充分利用了他的逃跑天赋，单枪匹马地冲出了努尔哈赤的重重包围，马不停蹄地朝开原方向逃去。

其他的明军看见自己的统帅都带头逃跑，立马放弃了抵抗，四处逃命去了，明军防线瞬间崩溃，全军覆没。

随后，努尔哈赤又以迅雷不及掩耳之势消灭了驻守斐芬山的明军，北路明军土崩瓦解。

努尔哈赤跟明军打起了情报战，他封锁了北路明军全军覆没的消息，并派出小股骑兵部队不断与刘綎率领的两万东路明军交锋，故意败多胜少，诱敌深入。

刘綎打了几个“胜仗”，就有点扬扬得意、沾沾自喜，甚至目中无人、狂妄自大了，认为八旗部队不过是“盛名之下，其实难副”的一群乌合之众，根本就不堪一击。

刘綎率领东路明军朝赫图阿拉城狂奔而来，在阿布达里冈被努尔哈赤重重包围。

阿布达里冈是一条很大的峡谷，周围植被非常茂盛，人进去了，只要把两头堵住，就休想再活着出来，除非你像鸟一样，有双翅膀，能够飞。

刘綎率领明军多次试图冲出重围，都没有成功，而努尔哈赤不断缩小包围圈，并用骑兵将明军冲成几部分一个个地吃掉，两万明军全军覆没，刘綎奋勇杀敌，身受重伤，最后自杀殉国。

刘綎跟杜松、王宣、赵梦麟、麻岩一样，虽然牺牲了，但是他们已经对得起大明百姓了。

毕竟成不成功，是能力问题；去不去做，是态度问题。

刘綎他们的行为已经证明了他们的态度：宁可战死，决不投降。

## 搞笑的南路军

现在只剩下李如柏统率的南路明军了。

此时北、西、东三路明军全军覆没的消息有如狂风一般，迅速传遍了整个辽东，跟在明军后面想乘机捡点便宜的老百姓都吓得屁滚尿流、魂飞魄散，马上收拾东西，准备逃到关内去了。

杨镐立刻派人传令李如柏马上撤军，其实此时也不用传令兵长途跋涉、翻山越岭地去给李如柏传达撤兵的命令。

努尔哈赤派出的二十游骑在南冈意外和李如柏率领的南路大军狭路相逢、不期而遇！

女真军队二十人，明军两万五千人，人数上明军是女真军队的一千二百五十倍。

不管怎么看，这伙女真人都没有一丝一毫的胜机！

这二十人也知道如今自己已危如累卵，唯一的出路是拼死一搏。

绝望中寻找希望，危机中创造生机。

为今之计，只有登山鸣锣，造出有伏兵的假象，吓退明军。

虽然这很不可思议，但梦想还是要有的，万一实现了呢？

当然，在 99.99% 的情况下，万一的事情是不会发生的。

幸运的是，这些人这次创造了奇迹，成为这万一中的一分子。

不好，有埋伏！

李如柏率领的南路大军以为中了埋伏，不少人给吓尿裤子了，连意思一下的胆子都没有，顿时旗倒马翻，丢盔弃甲，阵脚大乱。

南路大军，大批大批的士兵绝望逃散，混乱中互相踩踏，踩死踩伤的多达千余人。

可是相对于其他几路明军来说，已经是不幸中的万幸了。

## 战后的责任追究

仗就这样打败了，不仅打败了，而且是败得一塌糊涂，连赫图阿拉城都没有到达，就全军覆没了。

朱翊钧非常生气，后果是非常严重的。

杨镐作为明军的统帅，对此次明军的惨败有着不可推卸的责任。

朱翊钧也没有跟他废话，直接命令锦衣卫把杨镐拖到天牢去了。

大臣也知道这次事情的严重性，都没有帮杨镐求情了。

天下本来就没有永远的朋友，也没有永远的敌人，只有永恒不变的利益，

有句古话说的是“夫妻本是同林鸟，大难临头各自飞”，连亲密无间、相濡以沫的夫妻在遇到灾难变故的时候，都有可能各奔东西，何况大臣与杨镐的关系！

后来的事情毫无悬念，崇祯二年（公元1629年），杨镐就坐着马车（囚车）来到了菜市口，献上了他的头颅。

没有被判刑的李如柏虽然军事才能不怎么样，但是毕竟也是个男子汉，哪里受得了官员们的羞辱报复，俗话说“士可杀，不可辱”。

天启元年（公元1621年）九月十三日这一天，李如柏毫不犹豫地选择了自杀，结束了自己的宝贵生命。

萨尔浒之战以明军的惨败而告终，明军死伤四万五千八百七十余人，将领死伤三百一十人，战马与骡子损失两万八千六百匹。

此次战役后，大明再也没有能力组织大规模的军事行动进攻后金，对后金的政策也只有由主动进攻转为被动防御，而后金则与之相反。

# 开铁战役

努尔哈赤此时的喜悦之情溢于言表，几个月前，他率领的八旗军队在萨尔浒打败了明朝十几万大军，创造了中国历史上继官渡、赤壁、淝水、郾城、鄱阳湖等战役之后，又一个以少胜多、以弱凌强的经典战役，他的名字和这次战役的名称都将被历史记住，都将被后人学习与传扬，他将永垂不朽。

努尔哈赤通过此次战役，深知这十几万被他打得落花流水、抱头鼠窜的明军已经是大明比较精锐的部队了，什么战无不胜的辽东铁骑，什么天下无敌的戚家军，俞家军的三、四代产品，都不过是“盛名之下，其实难副”。

既然明军的精锐部队都如同乌合之众，根本不堪一击，更不用说其他杂牌部队了，明朝还有什么人可以阻止我横扫辽东，再创女真英雄完颜阿骨达建立庞大帝国的奇迹。天下之大，只是再也没有人是我的对手。

虽然萨尔浒之战努尔哈赤打败了大明的十几万大军，劫获了辽东的无数金银珠宝与珍奇古玩，但是这对努尔哈赤来说，还远远不够，自己最终的目标，就是像女真英雄人物完颜阿骨达一样，建立庞大的帝国，把大明皇帝赶到长江以南，并要他向自己称臣进贡，或许自己还能够比完颜阿骨达做得更好，直接把大明给灭了，再统一整个中国，成就霸业，建万世之功勋，创不朽之盛世。

下一个目标——开原、铁岭。

## 开原、铁岭战役

六月，努尔哈赤率领四万八旗部队从静安堡乘虚而入，偷袭开原。

马林分派副将于化龙、监军道事推官郑之范、参将高贞、游击于守志、备御何懋官等据守城池，又在城外四门屯兵阻击。

八旗军队一路势不可当，很快跃上了城楼。

守军一看八旗军队冲上了城楼，顿时被吓破了胆，八旗军队一个冲击波，就将他们冲得四下逃散，一溃千里。

开原城外的明军知道大势已去，打算冲出重围逃命，全被八旗军队歼灭。

马林这次没有逃走，不是他没有机会，而是他已经不需要了。

马林只是大明一个微不足道的军官，他也知道自己如果不逃走，就会失去宝贵的生命，可是作为一名军人，他有责任也有义务去保卫祖国的一草一木。

这就是此时马林总兵的觉醒，以及他放弃了逃跑的机会，留下来继续奋战的唯一动机与目的。

最终，包括主将马林、于化龙、高贞在内的守军全部战死！

马林的事迹告诉我们，伟人之所以伟大，英雄之所以崇高，就是因为他们在祖国与民族遇到危险与灾害的时候，敢于付出他们的一切包括自己的生命去挽救。

所以，在中国漫长的历史上，有着成千上万的中国人，为了祖国、为了人民，忍辱负重、卧薪尝胆，把祖国与民族一次次从危机和灾难中拯救过来，他们无疑是伟大的，也无疑是真的勇士，他们注定会被历史记住，他们的事迹也注定会被后人信奉与推崇。

马林与众多的明军牺牲了，努尔哈赤轻易占领了开原城。

铁岭明军得知努尔哈赤进攻开原的消息后，并没有像后来蒋介石的部队那样，在同伴受到攻击的时候，不但不派兵救援，还隔岸观火，而是马上集合三千部队，赶往开原城。

努尔哈赤立马率领八旗军队前来迎战，铁岭援军立马给吓尿裤子了，连意思一下的胆子都没有，就阵脚大乱，纷纷溃散。

在努尔哈赤的字典里，从没有“见好就收”这几个字，他完全不给明军任何喘息的机会，马上乘胜进军，进抵铁岭。

得知努尔哈赤亲率大军前来攻打的消息，铁岭游击喻成名、史凤鸣、李克泰等人大惊失色，慌忙依托城池据守，命令守军用大炮火枪还击。

努尔哈赤一心想发大财，好不容易到了铁岭，哪肯轻易作罢，当即指挥八旗军队玩命攻城。

有句话叫作好虎架不住一群狼，好老爷们弄不过一群老娘们，很快，人多势众的八旗军队就攻进了铁岭城，喻成名、史凤鸣、李克泰等人悉数战死。

开铁战役，努尔哈赤抢劫的金银珠宝、绫罗绸缎数以百万计，俘获的人马牛羊更是不计其数，运往老巢兴京就用了数天的时间。

至此，辽东北部的广大地区全部被努尔哈赤建立的后金占领，辽东北部只有沈阳和辽阳这两个孤零零的城市还被明军据守，可也到了岌岌可危的地步。

看来努尔哈赤占领整个辽东，以及攻占北京只是时间问题。

对努尔哈赤来说，尽管道路是曲折的，可是并不像玻璃瓶里的苍蝇——前途是光明的，道路是行不通的。自己已经能够看得见胜利的曙光了，只要自己再继续努力与奋斗，大明的钱财、美女、人才都在朝自己招手，简直是唾手可得。

# 后金对黑龙江流域的征服

努尔哈赤在统一女真、攻打大明这期间，还有一件大事不得不提一下，那就是征服黑龙江流域的其他少数民族。

万历三十七年（公元 1609 年），努尔哈赤派遣使臣抵达湖叶河（该河位于兴凯湖东部，西北流向，最终注入乌苏里江），开始招抚窝集部落的分支瑚叶路。

瑚叶路首领也是个有自知之明的人，他掂量了掂量自己的实力与资本以后，连眉头都没有皱一下，就脱离了窝集部落的统治与管辖，扑向了努尔哈赤所在建州女真的怀抱。

看来瑚叶路首领真的是一个“良禽择木而栖”“识时务为俊杰”的聪明人啊！

虽然努尔哈赤招抚了窝集部落的分支瑚叶路，但是努尔哈赤并没有感到满足。可是话说回来，像努尔哈赤这种贪得无厌、得陇望蜀的人，在他们的字典里是找不到“满足”这个词语的。

在努尔哈赤看来，招抚瑚叶路仅仅是自己吞并窝集部落的开始，而不是结束。

努尔哈赤是这么想的，也是这么做的！

万历三十八年（公元 1610 年）十一月，努尔哈赤亲率建州精锐讨伐窝集部落。

那木都鲁、绥芬、宁古塔、尼玛察四路的首领不愧是见风使舵、见利忘义的好手，一见努尔哈赤率领的大军骁勇善战、所向披靡，连率军抵挡抵挡的门面功夫都没有做，就直接举手挂白旗投降，归附了后金。

窝集部落有这些首领在，焉能不亡！

努尔哈赤当时的心情不错，就没有率领大军继续深入，而是班师回朝了。

可是这并不代表努尔哈赤打算放过窝集部落这块唾手可得的肥肉。

万历三十九年（公元1611年）七月，努尔哈赤再次调集大军征伐窝集部落。

这次窝集部落的各路首领还挺有民族气节和爱国情操的，纷纷组织军民抵挡努尔哈赤，可是由于敌强我弱、敌众我寡，窝集军队还是被打得丢盔弃甲、溃不成军。

就在这个时候，乌尔古辰和木伦两路的首领最终没有坚持住自己的原则，倒向了努尔哈赤。

到这个时候，窝集部落已经是土崩瓦解、名存实亡，并入建州女真的统治和管辖，仅仅是时间早晚的问题。

努尔哈赤削弱窝集部落以后，又迫不及待地将目光投向了图们江以北，珲春以西地区的虎尔喀部落。

十二月，努尔哈赤亲率建州铁骑远征虎尔喀。

虎尔喀国小力微，再加上猝不及防、仓促应战，被建州军队打得是落花流水、屁滚尿流。

努尔哈赤轻而易举就攻占了虎尔喀的军事重镇扎古塔城。

以努尔哈赤吃着碗里的、望着锅里的、想着田里的性格，他是很想一举吞并虎尔喀的，可是努尔哈赤也是个有自知之明的人，他知道，以自己现在的实力，是很难完全占据虎尔喀全境的，因此努尔哈赤选择了退兵。

努尔哈赤回到建州女真总部赫图阿拉城以后，突然意识到了一个非常严重的问题，自己已经将黑龙江流域的窝集部落推到悬崖边缘了，自己只要再出一把力就可以将窝集部落推下万丈深渊，永世不得翻身，可是最后一刻自己松了手，这不是自己的性格。

努尔哈赤下定决心要弥补自己犯下的过失。

万历四十二年（公元1614年）十一月，努尔哈赤第三次率领建州军队讨

伐窝集部落。努尔哈赤这次进军跟前几次一样，进展顺利，收获颇丰，将雅兰和西林这两个子部落纳入了建州的统治和管辖范围。

其实雅兰和西林这两个部落并没有特定的名称，只是由于这两个部落的子民世代居住在雅兰河、西地河，所以人们习惯将它俩称为雅兰和西林。

这也是我国奴隶社会和封建社会取地名的惯例，大家对此也无须少见多怪！

万历四十四年（公元1616年），努尔哈赤派遣使臣前往乌苏里江下游，招抚当地的诺罗（以诺罗河得名）、锡喇（以锡喇忻河得名）以及使犬三个部落。

这三个部落首领那可是非常有诚意，不但接受了努尔哈赤的招抚，成了建州女真的一员，而且还派出了由四十六人组成的使团，来到兴京朝见努尔哈赤。

可是对努尔哈赤这个信奉“强权就是真理”“枪杆子里出政权”的人来说，招抚并不是主要手段，武力征服才是主要手段。

万历四十五年（公元1617年），努尔哈赤调集八旗精锐，马不停蹄、星夜兼程赶到东海地区，打算将这一地区的居民全部迁移到兴京，以壮大后金的实力，为与大明翻脸做准备。

东海的人民世代居住在东海地区，虽然贫穷，但是能够和睦相处、平等往来；虽然落后，但是也能够自力更生、自娱自乐，他们才不想跟八旗军队到一个陌生的地方去生活呢！

东海地区的居民一见到八旗军队，立刻就作鸟兽散。

逃得慢的，立马就成了八旗军队的俘虏，跟八旗军队回兴京已经成为他们的宿命；跑得快的，运气还不错，他们躲过了八旗军队的追捕，逃到了东海的海岛上。

他们认为自己终于可以不用去兴京，对此本人只能够用“很傻很天真”来描述他们的想法了。

八旗军队此时充分发挥了“不到黄河心不死，不见棺材不掉泪”的精神，他们砍伐树木，建造木船，赶到了这些小岛，将逃到岛上的居民全部驱赶到了岸上，押回了兴京，完成了汗王布置的任务。

## 征服呼尔哈

努尔哈赤隔三岔五、接二连三地对黑龙江流域和乌苏里江流域少数民族部落用兵的事情，震惊了辽东的许多部落。

这些人一想到，骁勇善战、所向披靡的各少数民族部落的军队是如此不堪一击、不值一提，都非常害怕，都非常恐惧。

他们担心，自己将会成为努尔哈赤下一个攻击目标。

如果真的成了努尔哈赤的攻击目标，那祖宗留下的万世基业，手中的荣华富贵，可就真的成为过眼云烟、镜花水月了。

既然是这样，那还不如投降努尔哈赤，归顺后金算了。

万历四十六年（公元 1618 年）十一月十二日，东海地区呼尔哈首领长纳哈答率领一百多户居民前来归顺后金。

对此努尔哈赤自然是非常高兴。

努尔哈赤迫不及待地挑选了两百名身强力壮、身手灵活的八旗将士前去迎接他们，并且还将这些人护送到了兴京。

仅仅这样做，努尔哈赤还是觉得不够诚意，于是努尔哈赤又忙里抽闲、日理万机地一一接见了这些居民，而且还设盛宴款待这些居民，让他们品尝一下山珍海味、珍馐百味。

这一顿饭那是吃得相当痛快，这些前来归顺后金的居民，有种当皇帝、成神仙的错觉。

可是努尔哈赤从来都是一个只准他占别人便宜，不许别人占他便宜的人，他自然不会让这些前来归顺后金的居民在赫图阿拉城这种繁花似锦、灯红酒绿的大都市一直白吃、白喝、白睡、白玩了。

这些人刚刚把饭吃完，努尔哈赤就迫不及待地向这些人提了一个要求。

有全家愿意留在后金境内过日子的，站在一边；在东海地区有遗产，愿意回东海地区的占另一边。

看来努尔哈赤这个家伙的确是狂妄自大、目中无人惯了，呼尔哈部众刚刚归顺后金，他就迫不及待地对他们颐指气使、吆五喝六，可真不拿这些呼

尔哈部众当外人。

其实这也不难理解，对信奉“胜者为王、败者为寇”的努尔哈赤来说，对待失败者、弱者就应该这样。

呼尔哈部众对努尔哈赤蛮横无理、飞扬跋扈的态度不是不满意，而是很不满意，可还是只能够忍气吞声，打掉牙齿往肚子里咽，乖乖地听从了努尔哈赤的命令和指示。

愿意留在后金境内过日子的，都站到了一边；在东海地区有遗产，愿意回东海地区继续过日子的，也都站在了另一边。

虽然呼尔哈部众听从了努尔哈赤的命令和指示，但是并不表示他们对努尔哈赤有好感。

根据两边人数的多少，努尔哈赤意识到，愿意回东海地区，继续过日子的人很多；而愿意留在后金境内，跟努尔哈赤一起混的人，却是屈指可数、寥寥无几。

其实这也不能够怪那些不愿意留下来的呼尔哈部众，因为这些人很清楚，努尔哈赤那个家伙干的就是将脑袋瓜子系在裤腰带上、刀口上舔血的事情，如果他们身无分文、一无所有，还可以考虑。可是他们在东海地区要财宝有财宝、要美女有美女、要良田有良田，怎么可能冒着战死疆场、马革裹尸的危险跟努尔哈赤混呢？

努尔哈赤也知道，在这个世界上，没有永远的朋友，也没有永远的敌人，只有永恒不变的利益，看来现在他也只能够使出自己的撒手锏，对呼尔哈部众许之以利了：愿意留在后金境内的呼尔哈首领，每人赏赐二十名男女奴隶、十匹骏马、十头牛、大量冬衣、蟒缎、皮衣、秋衣等四季的衣服以及房屋和土地。

那些不愿意留在后金境内，打算回东海地区的呼尔哈部众听到这个消息以后，当时心里那个悔啊，连肠子都悔青了。

他们虽然也知道，这个世界上什么都有卖的，就是没有后悔药，但是为了金银珠宝、绫罗绸缎、牲畜土地、房屋美女，还是愿意再试一次。

如果成功了，当然再好不过了；如果没有成功，对自己也没有什么损失。

这些人纷纷向努尔哈赤表示，自己愿意留在后金境内，为努尔哈赤效力，为后金作贡献。这正合努尔哈赤的心意，因此努尔哈赤连眉头都没有皱一下，就同意了这些人的请求。

尽管如此，呼尔哈部众中还是有些人把故乡、亲情看得比金钱、权力、地位、美女更重要，并没有被努尔哈赤丰厚的赏赐和美好的承诺打动，他们坚决要求离开后金，返回东海地区。

努尔哈赤知道，对这些人，无论自己怎么做，他们都不会待在这里的，于是努尔哈赤还是让这些人返回了东海地区。

可是努尔哈赤也没有忽视这些人的作用，让他们做了后金美好形象的宣传员。

# 大明统治者的更替

万历四十八年（公元1620年）七月，朱翊钧已经病入膏肓。

朱翊钧支撑着虚弱的身体，在众多太监的前呼后拥下，最后一次进入了气势雄伟的乾清宫弘德殿，召见了英国公张惟贤、内阁大学士方从哲、吏部尚书周嘉谟、户部尚书李汝华、刑部尚书黄克缵等朝廷重臣。

朱翊钧先充分肯定了张惟贤、方从哲这些大臣为大明作出的突出贡献，然后阐述了与张惟贤、方从哲等人的深厚友谊，最后希望张惟贤、方从哲这些股肱之臣能够兢兢业业、再接再厉地用心辅佐大明新的统治者朱常洛。

真是“人之将死，其言也善；鸟之将死，其鸣也哀”啊！朱翊钧在这之前的漫长岁月里，把整个心思都放在郑贵妃与郑贵妃的儿子朱常洵上，从来没有真正地关心过朱常洛一次。可是他临死的时候，还能够良心发现，记起儿子朱常洛，用心去关心朱常洛成为统治者后的事情，这真是“太阳打西边出来了，头一遭”！

七月二十一日，五十八岁的朱翊钧走完了他荒唐而又精彩的一生，朱翊钧死后葬在他生前耗费了八百万两白银修建在北京昌平的定陵。

史官并没有因为朱翊钧生前荒唐而贬损他，还是非常大方地给他了一个好的称呼，叫作什么范天合道哲肃勃简光文章武安仁止孝显皇帝，庙号神宗。

## 朱常洛登基

“功夫不负有心人”，朱常洛等了三十八年，终于等到他的老爹咽了气，可以名正言顺地成为大明王朝新的统治者，再也不用受郑贵妃的气了。

朱常洛被后世的史学家称为明光宗，年号为泰昌。

自古以来，年号往往代表着一个皇帝任内某一个时期的政治目标。

按照惯例，凡是继位的新皇帝，除非非常规手段谋得皇位之外，要等先皇的年号过完一年，新皇才能够另起炉灶，用自己的年号。

这一方面，是对先帝的尊重；另一方面，也是历朝历代形成的一个定例。

可以说，这个定例，不仅皇帝懂，大臣懂，就连吃瓜群众也懂。

朱常洛你还是不要着急用自己的年号“泰昌”，还是先把你老爹朱翊钧的年号“万历”凑合着用吧！

反正心急吃不了热豆腐，这个世界上的东西是你的就是你的，不是你的你再着急也没有用，朱常洛你就耐心地忍受几个月吧，到时候再风风光光地用你自己的年号“泰昌”！

谁又能够想到呢？就是“泰昌”这个年号朱常洛在生前居然没有用上，因为朱常洛压根就没有活过这几个月。

之所以这样，科学点的说法，是运气不好；迷信点的说法，这就是命。

没有当上皇帝之前，朱常洛经历了无数的大风大浪，经历了多少艰难险阻，受尽了人世间许许多多的痛苦，仍然能够挺立不倒，当了皇帝以后，原以为朱常洛终于摆脱了以前的阴影，能够过上许多人可望而不可即的生活。

然而这样的生活，老天只给了朱常洛短短一个月的时间去感受与体验。

而老天派去执行这项任务的就是郑贵妃。

说句公道话，朱常洛是个好人，确确实实的好人，别人给他的好处，他会铭记于心，并且会在将来尽他自己最大的努力来回报他们；别人对他不好，在背后捅他刀子，他也不会过于放在心上，这种高贵的品质就是我们经常所说的善良、厚道。

朱常洛生下来，就没有过上什么好日子，虽然生在荣华富贵享之不尽、金银珠宝用之不竭的帝王家，但是他并没有得到真正的幸福，除了吃的、穿的、用的比普通百姓家的孩子好之外，他跟普通百姓家的孩子也没有什么区别。

说错了，他还不如普通百姓家的孩子过得开心呢。普通百姓家的孩子可以享受人世间最宝贵的感情——亲情，他们能够得到父母无微不至的呵护与关爱，而这些对朱常洛来说，只是一个虚幻不实、可望而不可即的梦。

朱常洛活了几十岁，不要说得到父母无微不至的关爱与呵护（朱常洛的母亲恭妃王氏去世早），就连父亲朱翊钧也没有见过几次，即使看见了，也只有远远地欣赏一下父亲朱翊钧冷漠的表情。

朱常洛也没有感受到母亲慈祥的目光，他见到最多的就是郑贵妃那怨毒的眼神，这样的遭遇一般的孩子都不能够忍受，可是朱常洛忍受了。

然而朱常洛并不是一个坚强的人，他也有不能够忍受的事情，那就是大明的危机，在朱翊钧的昏庸统治下，大明这艘航空母舰已经到了沉没的边缘，大明的统治举步维艰，辽东的局势更是不容乐观。

对这些朱常洛没有能力忍受下去，那就不要再忍受下去了，忍字诀的原则就是“忍无可忍，无须再忍”！朱常洛成为皇帝的第一天，就迫不及待地颁布了几道圣旨：

一、给在辽东前线与努尔哈赤浴血奋战的大明将士发放军饷；

二、废除朱翊钧时期平摊给各地的矿税；

三、召回在万历时期因为上书言事而遭处罚的大臣，补用空缺的官职。

这几件事情朱常洛都办得非常好也非常及时。

辽东将士如今领到了拖欠已久的一百六十万两白银的军饷，他们终于有能力养活他们的父母、妻子、儿女了，没有了后顾之忧，可以以最饱满的热情与最昂扬的斗志迎战努尔哈赤率领的八旗军队。

各种矿税的废除，使大明王朝各地的矿工工资有所提高，这将大大提高他们的工作积极性，各种矿石将被他们源源不断地开采，并迅速将矿石冶炼成金属，满足大明王朝的工业、军事、生活的需要。

召回因为上书言事而遭处罚的大臣，补充空缺的官职，使许许多多被朱翊钧赶下工作岗位的同志重新回到了他们的工作岗位，大有“翻身农奴把歌唱”的喜悦，他们一定为对朱常洛感恩戴德，会尽快投身建设大明的工作，并且将会尽自己最大的努力完成朱常洛布置给他们的工作任务。

辽东将士、大明矿工，重新回到自己工作岗位的官员都兴高采烈、手舞足蹈，对朱常洛更是打心眼里感激与尊敬，大明这艘快要沉没的航空母舰又开始缓缓启动，在浩瀚无际的大海开始了它新的远航。

## 郑贵妃的礼物

大明王朝上下都兴高采烈、载歌载舞，沉睡的大明雄狮已经苏醒过来，即将再次向世人展示大明王朝力挽狂澜、气吞山河的雄风。

可看到大明王朝发展这么快，还是有许多人不高兴，不但不高兴，而且还有点畏惧，有点害怕。

这包括后金境内的女真人与蒙古高原的蒙古人，也包括大明境内的少数人，这少数人中的杰出代表就是在朱翊钧当政期间权倾朝野、呼风唤雨的郑贵妃。

朱翊钧死后，为郑贵妃撑腰的人就消失了，郑贵妃的地位可谓是一落千丈。

从前来她的寝宫看望送礼的王公大臣、皇亲国戚是熙熙攘攘，络绎不绝，好不热闹，可现在这一切已经成了过眼云烟，现在郑贵妃的寝宫用“门可罗雀”来形容一点也不会觉得夸张。

其实这也没有好大惊小怪的，人这种动物就是这么势利，你得志时，立马都贴了过来，一旦你潦倒了，瞬间又变得谁都不愿意搭理你了。

郑贵妃终于明白她自己在大明永远不可能成为权倾朝野、只手遮天的吕雉、窦氏、独孤伽罗、武则天以及刘娥，她一旦失去了丈夫朱翊钧的撑腰，她什么都不是。

哈哈，贵妃，在普通人看来的确是高高在上、尊贵无比，可是在万人之上的皇帝看来，不过是一颗棋子罢了，要对付一颗棋子，那简直就如同探囊取物一般，可以说是小菜一碟，举手之劳，不费吹灰之力！

郑贵妃现在很害怕，后果很严重，结局很可悲。

现在唯一的办法就是在朱常洛还没有采取措施对付她的时候，她先主动给朱常洛赔个礼，道个歉，再送点珍贵的礼物，先平息平息朱常洛的怒火吧！

郑贵妃精心准备了一份珍贵的礼物，送给了朱常洛。

郑贵妃送给朱常洛的这份珍贵的礼物不是什么物品，而是八个人，八个有闭月羞花之貌、沉鱼落雁之美的大美女。

对于几十年住在深宫里，受到父亲朱翊钧严格约束的朱常洛来说，美女的确是一份价值连城、无与伦比的礼物。

天啊，这么多如花似玉的美女，我要是全部占为己有，那简直就是禽兽；可是不这样做，我就是禽兽不如！

朱常洛成了一只飞在花丛中的蜜蜂，沉浸在温柔乡里不能自拔！

正所谓，我不入地狱谁入地狱，我不入洞房谁入洞房，这又有什么大不了的？

朱常洛的确是一个猛人中的猛人，因为他一晚上就把这八个国色天香、倾国倾城的美女全部宠幸了。

一言不合就开车，没有想到朱常洛你是这样的老司机！

朱常洛，你这工作很有挑战性啊！真是令我辈心跳加速、面红耳赤、身不能至、心向往之，呸！我呸！差点让小子我犯错误！

不得不承认，对于美色的狂热追求，在某种时候比病魔还可怕。

人长得太快，就容易缺钙；饭吃得太多，胃就会难过；工作太辛苦，身体就会罢工！

朱常洛身为大明皇帝，白天要日理万机找大臣谈话，批改奏章，晚上还要加班加点地辛勤劳动，身体哪里受得了。

朱常洛没有过几天时间，就由一个白白胖胖、结结实实的胖子变成一个瘦骨嶙峋、弱不禁风的瘦子。

## 崔文升治病

八月十日，朱常洛终于在高负荷劳动的摧残下病倒了，看来高负荷劳动也不能够经常做啊！弄不好那是要出人命的！

皇帝病倒了，当然不会像古代的普通老百姓，小病熬一熬就过去了，只有在有性命危险的时候才去看看郎中。皇帝的身体，有专门的医疗机构太医院照顾。

可是朱常洛病倒了，并没有去找负责照顾皇帝身体的太医院的正规太医给他看病，而是找了一个叫崔文升的人给他看病。

崔文升在整个大明可都是大名鼎鼎的名人哦，他的大名还被记录在官方史书《明史》和《明光宗实录》中。

崔文升此时是司礼监秉笔太监哦！你可不能够因为他是一个太监，是一个不完整的男人，就看不起人家哦！

要知道，在大明一般的人是干不了这么下贱的工作的，要在这么下贱的工作中求生存、求发展，那就更难了。

可是崔文升做到了，他成了司礼监秉笔太监，这可是仅仅次于司礼监掌印太监的官职哦。

相信任何一个太监混到这个位置，就是晚上做梦也会笑醒的。

崔文升不干好自己太监的本职工作，还要装蒜学习太医，给至高无上的皇帝看病，这不是黄鼠狼给鸡拜年——没安好心吗？一个所有人都看不起的死太监，怎么可能懂医术嘛。

崔文升的想法是好的，却不具有可行性。崔文升你没有那个金刚钻，就不要去揽那瓷器活。

崔文升，你还是该干吗就干吗吧！

其实这就是我们不知道内情了，要知道崔文升像我们如今的许多大学生和年轻人一样，除了干好本职工作外，也喜欢干点兼职工作，挣点外快，改善改善生活，即使赚不到钱，改善不了生活，也可以混点社会经验，在其他人面前抖抖威风嘛。

崔文升除了是司礼监秉笔太监外，他还掌管御药房，平时没有事情的时候，就站在一旁看太医看病，耳濡目染自然学会了许多医学知识；没有钱的时候，就监守自盗、贼喊捉贼，偷点人参、鹿茸、灵芝、冬虫夏草之类的名贵药材拿出去变卖，换点银子花。

崔文升给朱常洛装模作样地把了脉，胸有成竹地安慰病人，叫他不要担心，不要心急，忧虑的日子即将过去，只要病人吃了他开的药，保证药到病除、健康痊愈，不出几天又是一条生龙活虎的好汉，并且不会留下后遗症哦！

不知道太监崔文升根本不懂医术或者是只懂一点儿，还是跟朱常洛有仇，他给朱常洛开的药居然是泻药，朱常洛已经这么虚弱了，再开这种药，不是想要朱常洛的老命吗？

这是一个特别不靠谱的时代，这容不得你不信。

没想到，不试不知道，一试吓一跳，崔文升这货的泻药果然挺管用。

朱常洛吃了崔文升大夫开的泻药，很快恢复了健康，变得活蹦乱跳、生龙活虎，甚至比以前更加健康。

朱常洛可是个大好人，他的优点很多，而最大的优点就是闲不住。

朱常洛大病刚好，就又投入繁重而又众多的劳动中，白天任劳任怨，以工作为己任；夜晚仍加班加点不忘发挥余热，深入花丛，宠幸美女。

这对一个大病初愈的人来说，是相当具有挑战性的，可朱常洛用实际行动告诉了我们，这个世界上，只要你愿意付出，只要你肯努力，奇迹就在你身边。

朱常洛非常感激崔文升，让他以后全权负责对自己治病的事情。

崔文升激动得忍不住双手捂住额头，幸福来得实在太快了，简直快要让人崩溃了。

也不知道崔文升是不是太兴奋了，还是因为医治好了朱常洛的病太骄傲，这位仁兄，第二次下药的时候，居然手一抖把药下多了。

当时他也没有太在意，不就是多下了一点药，有什么大不了。

这也怪崔文升小时候家里穷，没有接受过什么教育，不知道“细节决定成败”的道理。

崔文升的不在意，可把朱常洛害苦了，他泻得太厉害，居然一晚上拖着疲惫的身躯朝马桶跑了数十趟。

这对原本身体就比较虚弱的朱常洛来说，无疑是“屋漏偏遭连夜雨，感冒拉肚一起来”啊。

经过这次事件，朱常洛彻底消停了，每天只有奄奄一息地躺在床上，度过他余下的时光了，宠幸美女这种高负荷的体力劳动对他来说这辈子就不要再想了。

昨天朱常洛感觉崔文升像孝子，今天却感觉崔文升像骗子。

崔文升这次犯的错误很明显，造成的后果也确实很严重。

崔文升犯的是一起很严重的医疗事故，这种事情就算是搁在今天，医院和医生也要吃不了兜着走，不赔个几十万、几百万那是解决不了问题的。

可崔文升犯的医疗事故是在等级森严的封建社会，且受害者是至高无上的皇帝，这就算是观音菩萨在世，也救不了崔文升了。

## 安排后事以及朱常洛病逝

八月二十九日，朱常洛自知不久于人世，连夜在弘德殿召见了内阁首辅方从哲、英国公张惟贤、吏部尚书周嘉谟、户部尚书李汝华、兵科给事中杨涟等十三人。

一个将死的人在弥留之际，说话也不可能拐弯抹角，都是直奔主题："棺材你们准备得怎么样了？坟地修建得如何？"

方从哲确实是老了，话还没有听清楚，就连珠炮似的作出了回答："先皇的棺材确实好，先皇的坟地也修建得差不多了，日子一到，就可以下葬了，皇帝陛下，您就不用为这些鸡毛蒜皮的事情操心了，还是安心养病吧！"

朱常洛说了半天，方从哲压根就没有听明白他说的什么意思，朱常洛无语，彻底无语了，他什么话也没有说，只是用软弱无力的手指了指自己："是朕自己的！"

方从哲吓得面无人色、浑身发抖，什么话也说不出来了。

朱常洛没有理会沉默的方从哲，而是继续问道："听说前几天鸿胪寺丞李可灼进献仙丹，他现在人在哪里？"

"我认为李可灼是一个欺爹、骗娘、哄老婆、耍孩子的大忽悠，就把他扣留了！"方从哲老实巴交地说。

"叫李可灼来见我吧！"朱常洛有气无力地说。

那个李可灼就是历史上向朱常洛进献红丸的人，接下来发生的事，我没有什么能写的了，所有中国人都清楚其中形形色色的角色，每个中国人都明了当中的详细经过。

九月初一，朱常洛服食红丸数个时辰后去世，享年三十九，在位一个月。

由此可见，朱常洛是一个霉到了家的皇帝，霉的过程遍布他的一生。

就在朱常洛驾崩的同一天，朱常洛的长子朱由校继位，成为大明新的主宰者。

历史学家称朱常洛为明熹宗，历史上最伟大的木匠皇帝就此登上了大明的历史舞台，他将给我们带来一幕又一幕幽默搞笑的故事。

# 西征察哈尔

万历四十七年（公元1619年）七月二十五，就在努尔哈赤率领大军攻入铁岭的时候，蒙古喀尔喀首领介赛率领一万多军队乘虚而入，埋伏庄稼地里。

天亮后，有十多个女真人出城牧马，介赛一声大喝，伏兵四起，一万多人开始漫山遍野地追杀这些放牧的人。

八旗军队倾巢而出，出城讨伐介赛。

介赛挡不住八旗军队的进攻，仓皇逃窜。

八旗军队紧追不舍，一路追到了辽河，喀尔喀军队被杀死、淹死的不计其数，介赛和儿子克什克图、色特希尔等十多个首领悉数被俘。

努尔哈赤释放了介赛的十多名部将，让他们返回喀尔喀部，告知介赛战败的消息。

好事不出门，坏事传千里。

介赛战败的消息很快就传遍了蒙古各部落，成为广大吃瓜群众茶余饭后的必聊话题。

如今的喀尔喀部，就好像一大坛没有盖盖子的蜂蜜，蒙古各部落就如同蜜蜂一样，都闻到了蜂蜜味，全都想飞来尝一下。

人家喀尔喀容易吗？别欺负老实人。

关键时刻，努尔哈赤将俘获的一百四十多名喀尔喀士兵全部放回了喀尔喀部落。

蒙古各部落不敢得罪努尔哈赤，无奈只好按捺住自己的野心。

喀尔喀部这才逃过一劫。

喀尔喀部巴允锁宁台吉前来投靠后金，努尔哈赤以盟约不可违背为理由，拒绝接纳。

树一敌，不如交一友！

万历四十八年（公元1620年）二月，努尔哈赤赏赐介赛之子色特希尔蟒衣、裘、帽等礼物，送他返回了喀尔喀部。

之后，后金与喀尔喀部通商不断，使臣频繁往来。

不仅对喀尔喀部，对于蒙古高原的扎抡卫，努尔哈赤也很注意拉拢。

三月初一，努尔哈赤释放了俘获的扎抡卫首领色蚌，赏赐他蟒衣、轻裘等礼物，让其返回部落。

色蚌对此感恩戴德，以后更是唯努尔哈赤马首是瞻。

解决了这些后顾之忧，努尔哈赤得以专心收拾蒙古高原的察哈尔了。

其实努尔哈赤决定率领八旗军队去蒙古高原修理修理察哈尔，也不是一天两天的事情了。

要说起这件事情的根由，还得从万历四十七年（公元1619年）说起。不过在讲述这件事情根由的时候，还是按照惯例简单介绍一下林丹汗这个人吧。

## 林丹汗

万历二十年（公元1592年），林丹出生在蒙古高原三大强部（察哈尔、喀尔喀、卫拉特）之一的察哈尔。

古往今来，国内国外，大凡名人、伟人出身都不是很好，这差不多就像公文写作一样成为规矩。不是像朱元璋、丰臣秀吉、努尔哈赤那样小时候就失去了父母或者是失去父母中的一位，就是像傅说、匡衡那样帮地主家做工放牛。

不过林丹却并不受这个规矩的约束，林丹的家族是蒙古高原上威名远播的最有权力、最有地位、最有钱财的大奴隶主。

这一切都要感谢一个人，这个人就是林丹汗的二十三世祖成吉思汗铁

木真。

铁木真建立了横跨欧亚大陆的蒙古帝国，开创了孛儿只斤这个黄金家族的荣耀与辉煌。

在铁木真的不懈努力与奋斗下，林丹的先辈们不是皇帝大汗，就是王公贵族。

不过自从元顺帝妥懽帖木儿北逃以后，黄金家族的后代是一代不如一代，不是被明朝打得遍体鳞伤、哭爹喊娘，就是被蒙古贵族“挟天子以令诸侯”，当猴子耍。

可黄金家族轮到林丹五世祖巴图孟克当家的时候，事情就发生了天翻地覆的变化。

巴图孟克在贤内助满都海哈屯的全力支持与精心辅佐下，先后击败瓦剌、亦思马因、火筛、亦卜剌等各大割据势力，统一了整个漠南蒙古，给后世子孙留下了庞大的家业。

巴图孟克的后世子孙虽然差点，但是拼尽全力也能守住这份家业。

万历三十一年（公元 1603 年），林丹的祖父，在位十二年的薛禅汗布延去世，年仅四十九岁。

由于布延的长子，也就是林丹的父亲莽和克台吉死得早，年仅十三岁的林丹于万历三十二年（公元 1604 年）成为察哈尔首领，也就是历史上著名的库图克图汗。

这下林丹肩上的担子与责任也就重了。

俗话说“虎父无犬子”，林丹的父辈、祖辈都是察哈尔的杰出领袖，就算林丹再差，也不可能差到哪里去，就算将来不能超越他的父辈、祖辈，也不会做察哈尔的罪人。

果不其然，林丹一登上汗位，就开始了对察哈尔大刀阔斧的整顿。

林丹调集数万部众在巴林部落境内地势险要、易守难攻的阿巴噶哈喇山修筑了军事重镇察尔图察汗浩特（今内蒙古自治区赤峰市），并将其作为察哈尔的政治、经济、军事、文化中心。

随后，林丹又任命永谢布部却热斯塔布囊为特命大臣，率领军队驻守赵城（今呼和浩特一带），管理察哈尔右翼三万户；任命乌齐叶特鄂托克锡尔呼纳克洪台吉为特命大臣，管理察哈尔左翼三万户，可事实上乌齐叶特鄂托克锡尔呼纳克洪台吉不过是个傀儡，左翼三万户的统治实权仍然牢牢掌握在林丹的手中。

林丹统治前期，以察哈尔为根据地，对四周发动了大规模的征服战争，直接控制了内喀尔喀巴林、扎鲁特、巴岳特、乌齐叶特、弘吉喇特五个部落。

漠南喀喇沁的昆都伦汗、阿鲁科尔沁的车根汗、科尔沁的奥巴洪台吉、鄂尔多斯土巴济农也被林丹强大的实力折服，都要定期前去察尔图察汗浩特觐见林丹，并进贡财物，林丹的势力达到鼎盛。

## 与后金交恶

萨尔浒之战后，迅速膨胀起来的后金，俨然一个庞然大物，太吓人了。

大明急需寻找一个强有力的盟友，共同对付后金。

很快，大明就找到了。

这个人就是林丹汗。

大明刻意放下身段，向林丹汗示好。

万历四十七年（公元 1619 年）秋，大明任命监军王猷为使臣，携带四千两白银出使察哈尔。

林丹汗嫌银子太少，称病不见，又借口自己手下没有懂汉字的人，将王猷呈上的谕帖弃置一边。

最终双方协定，大明每年赏赐林丹汗四千两白银，作为回报，林丹汗派兵协助明军防守广宁城。

受人之托，忠人之事；拿人钱财，替人消灾。

十月二十二日，林丹给努尔哈赤写了一封信，还专门派遣使者康喀儿拜虎把信带到了兴京。

努尔哈赤还以为林丹汗派遣康喀儿拜虎来，是因为八旗军队大败明军，取得了萨尔浒战役的巨大胜利，特意前来表示祝贺与商量结盟的，在兴京的汗宫非常隆重地接见了康喀儿拜虎。

康喀儿拜虎也许长期待在林丹汗的身边，耳濡目染了林丹汗的许多生活习惯与处事作风，见到努尔哈赤也没有客气，直接把努尔哈赤当成自己人，还狂妄自大地称呼林丹汗是“蒙古国四十万大军的英主”，把自己称呼为“蒙古国四十万大军英主的使臣”，而把努尔哈赤称呼为“统领水滨三万人的英主”。

努尔哈赤自从建立八旗制度，开创后金成为一代汗王以来，受到的是后金文武大臣的景仰与万民的爱戴，连科尔沁等部落的首领以及朝鲜李氏王朝国王李倧都对自己尊敬有加，哪里受到过这种气，当时就气得差点从汗椅上跳起来。

康喀儿拜虎把努尔哈赤教训够了以后，这才说起林丹汗派遣他到兴京的目的，康喀儿拜虎转告努尔哈赤：林丹汗不希望努尔哈赤率领八旗军队去攻打广宁城，如果努尔哈赤不听林丹汗的劝阻，一意孤行要去攻打广宁城，林丹汗绝对不会坐视不理！

这是威胁，明目张胆地威胁，自从努尔哈赤建立后金以后，就只有努尔哈赤威胁别人的，还没有人敢威胁努尔哈赤。

如今努尔哈赤破天荒地听到有人威胁他，顿时气得门牙外翻，双眼暴凸，一副摸了电线踩了地雷后的模样。

后金的贝勒台吉与文武大臣看见汗王被羞辱更是怒不可遏，他们觉得有人不给努尔哈赤面子就是不给他们的面子，威胁努尔哈赤就是威胁他们，纷纷要求把康喀儿拜虎千刀万剐、碎尸万段。

让努尔哈赤没有想到的是，康喀儿拜虎听到要处死自己的要求后，不但没有被吓得满身哆嗦，腿肚子抽筋打摆子，跪下来向努尔哈赤求饶，反而表现得满不在乎，一副“死猪不怕开水烫”的模样。

果然，脑子简单也是一种幸福啊！

努尔哈赤强忍着内心深处的怒火说道：“罪责在于林丹汗，而不在于康喀儿拜虎，并且‘两军阵前，不斩来使’，我们还是不要处死他，可是‘死罪可免，活罪难逃’，我们暂时扣留他，等他回去的时候，我们再以眼还眼，以牙还牙，用最恶毒的语言侮辱他！”

万历四十八年（公元1620年）正月十七日，努尔哈赤也给林丹汗写了一封书信，派遣使臣硕色吴巴什送到了察哈尔。

在信中努尔哈赤毫不留情地揭穿了林丹汗自吹自擂的谎言，将林丹汗的弱小毫无保留地暴露在了阳光之下！

林丹汗看了努尔哈赤的书信，被刺激得如疯如魔，二话不说就把硕色吴巴什给囚禁了。

对林丹汗来说，“两国相争，不斩来使”简直是屁话，指挥权在我手上，我想斩就斩，想关就关，你能够把我怎么样？

这不叫杀鸡给猴看，而是打狗给主人看。

好话已经说尽，努尔哈赤已经无话可说。

努尔哈赤直接冲进囚室，手起刀落，把康喀儿拜虎给剁了！

硕色吴巴什实在太聪明了，尤其是在逃跑这方面特别有天赋，居然能够从林丹汗派遣重兵防守的囚室逃了出来，跑回了兴京。

努尔哈赤这才后悔自己不该意气用事，诛杀康喀儿拜虎。

可是这条路是他自己选的，选择以后就不能够再后悔，况且老天也不会给他后悔的机会！

这件事情，让努尔哈赤深刻地认识到，发展同蒙古高原各部落的关系前途是光明的，道路却是极其曲折的。

虽然科尔沁、扎赉特及喀尔喀等众多部落都乐意与后金结成强大的政治联盟，但是蒙古高原像察哈尔这样对后金持敌视态度的部落也为数不少！

为了防止腹背受敌，两线作战，天启元年（公元1621年），努尔哈赤把都城由兴京迁到了辽阳城，可是这还远远不够。

要彻底解决察哈尔对后金的威胁，唯一的途径就是彻底打垮察哈尔。

这样才能够起到杀一儆百、杀鸡吓猴的效果，使那些对后金抱敌视态度的蒙古部落望而生畏，不敢再与后金作对，以保证后金在全力进攻大明的时候，有一个安全稳定的大后方，这也是进攻大明不可缺的条件。

强者运强，在一个人走红运的时候，干什么事都很顺利。努尔哈赤这几十年一直在走红运，他有什么梦想，他怀有什么愿望，他想干什么事情，上天就会给他创造良好的时机。

努尔哈赤想削弱铲除林丹汗，上天会满足努尔哈赤的心愿，他会给努尔哈赤创造一个良好的机会。

## 讨伐察哈尔

林丹汗摆了努尔哈赤一道，但他并不知道自己摊上事了，此后依然在花样作死的道路上越走越远。

威胁恐吓已经不过瘾了，林丹汗决定玩点大的。

天启五年（公元 1625 年）八月初九，林丹汗亲率数万铁骑侵略科尔沁草原，妄图将这块肥美的草原变成察哈尔领地。

好在科尔沁部落吉人自有天相，有人提前把这些消息泄露给了科尔沁首领奥巴。

奥巴脑中混乱得仿佛一个无政府状态下的国度，差点就从马背上摔下来了。

一时间，科尔沁内部人心骚动，惶惶不可终日。

在那样的乱世，军心不稳，往往意味着性命不保。

科尔沁草原是祖宗传给奥巴的，是无论如何都不能够拱手让给林丹汗的。既然自己没有能力抵挡察哈尔数万铁骑的进攻，那么自己就找一个人来对付你。

努尔哈赤不是口口声声说是科尔沁最坚实的盟友嘛，既然是盟友，兄弟遇到了困难，盟友是不是应该帮忙解决呢?

奥巴马上派遣使臣赶往盛京向努尔哈赤报警求援。

科尔沁是后金的盟友，努尔哈赤当然不可能坐视不理。

努尔哈赤马上答应了奥巴的请求，立刻命令阿尔津等四人为使臣，带着八名炮手前往科尔沁，帮助科尔沁抵挡察哈尔。

努尔哈赤也知道科尔沁现在面临的是林丹汗派出的数万大军，仅仅是给奥巴派几名使臣与炮手是不行的。

八月初十，努尔哈赤带着各大贝勒、文武大臣率领八旗精锐离开盛京，

开往科尔沁草原。

大军抵达开原城的时候，努尔哈赤亲自检阅了这支狠得跟古惑仔似的，就知道拔刀子砍人的精锐部队，并从中挑选了五千精锐骑兵。

当然被选上的五千精锐骑兵那是相当幸福，砍杀不堪一击、人数稀少的敌人，抢金光闪闪的黄金白银，夺膘肥身健的牲畜，掳身强体壮的奴仆，沿途还有人伺候大鱼大肉，提供帐篷被子，当这种兵打这种仗，真是神仙般的生活啊！

努尔哈赤命令莽古尔泰、皇太极、济尔哈朗、阿济格、硕托、萨哈廉等人率领这五千精锐骑兵前往援救科尔沁，而努尔哈赤自己则带领其他的贝勒与大臣率领大军返回盛京。

此时的奥巴读秒如年，心急如焚。

幸亏皇太极等人脑子够灵活，提前让人星夜兼程赶回科尔沁向奥巴报信。

得知后金援军很快就会到来的确切消息，奥巴那颗烦躁的心才慢慢平静下来。

当皇太极、济尔哈朗、莽古尔泰等人率领五千精锐骑兵抵达蒙古高原龙安塔这个地方的时候，被察哈尔哨兵发现。

林丹汗虽然是沙包，但是跟草包还有一定的距离，当然没有那么容易搞定。

林丹汗很清楚，自己耍一下嘴皮，在努尔哈赤面前说说大话是可以的，要论实力，察哈尔绝对不会是后金的对手。

明明就已经知道了战争的结局是必败无疑，还要义无反顾地去打，那跟直接去投胎没有什么区别。

在这个紧急的关头，林丹汗作出了他军事生涯里第一个丢脸的举动，趁八旗军队还没有发现的时候，急忙立刻迅速跑路，有多远跑多远，千万不要和恶魔一样的八旗军队见哪怕一面。

林丹汗不愧是林丹汗，连逃跑都跑得那么有水平，察哈尔军队在林丹汗的率领下，连骆驼、马都不要了，全部徒步往回跑，只恨自己的母亲没有给自己多生两条腿，跑得太慢。

皇太极、莽古尔泰、济尔哈朗率领八旗军队不要说拿刀去砍人，就是

连林丹汗大军的影子都没有看到，可他们并没有放弃，率领军队继续追击林丹汗。

他们追了没有多长时间，就发现前面的草地上四周都是骆驼和马匹，漫山遍野都是丢弃的兵器与盔甲。

八旗军队一看有财物捡了，都不愿意去追击林丹汗，八旗军队把脑袋系在裤腰带上，提着刀跑到蒙古高原来就是为了发财的，如今不费吹灰之力就获得了这么多财物，哪还有时间和心情再追。

看来林丹汗确实有过人之处啊，真是独具慧眼，真正明白了“人为财死，鸟为食亡”的道理，一眼就看出了八旗军队到蒙古高原来作战的真正动机，那就是把不属于自己的东西在不付出任何代价的情况下变成自己的东西。

林丹汗毫不犹豫地放弃了所有牲畜、财物，真正做到了挥一挥衣袖，不带走一片云彩，让八旗军队不必动刀动枪，就能够金银财宝驮马背，哼着小曲把家回，以此来保全自己与察哈尔部众的性命！

皇太极、莽古尔泰、济尔哈朗等人率领着这支大发横财的五千精锐部队得意扬扬地回到了盛京，等待他们的将是努尔哈赤的封赏！

殊不知，真正的对决才刚刚开始！

此时，刚刚虎口脱险的林丹汗躲在草原深处，用仇恨的目光注视着辽东方向。

“努尔哈赤，我跟你不死不休！”他自言自语砸下一句狠话，随后快马扬鞭，消失在草原深处。

林丹汗，注定会卷土重来！

# 参考书目与文献

《明史》全二十八册，（清）张廷玉等著，中华书局 1974 年版。

《清史稿》全四十八册，赵尔巽著，中华书局 1977 年版。

《明实录》，(明)杨荣、杨士奇、张辅、杨慎等著，武汉出版社 1992 年版。

《清实录》全六十册，（清）觉罗勒德洪、明珠、王熙等著，中华书局 2008 年版。

《满文老档》上、下册，中国第一历史档案馆、中国社会科学院历史研究所译注，中华书局 1990 年版。

《天命王朝》，孙喆著，中国青年出版社 2008 年版。

《日本战国史》，陈杰著，陕西人民出版社 2009 年版。

《日本战国物语》，孙琳、不戒著，中国友谊出版社 2009 年版。

《简明日本战史》，〔日〕桑田悦、前原透编著，军事科学出版社 1989 年版。

《万历三大征考东夷考略东事答问》，（明）茅瑞征撰，上海古籍出版社 2002 年版。

《记明季朝鲜之丁卯虏祸与丙子虏祸》，李光涛著，中央研究院历史语言研究所 1972 年版。

《十六世纪明代中国之财政与税收》，黄仁宇著，阿风等译，三联书店 2001 年版。

《正说清朝十二后妃》，李景屏、谷敏著，农村读物出版社 2005 年版。

《正说清朝十二王》，阎崇年著，中华书局 2004 年版。

《清十二帝疑案》，阎崇年著，中国人民大学出版社 2005 年版。

《前清秘史》，李亚平著，北京出版社 2008 年年版。

《明金战争史略》，孙文良、李治亭著，江苏教育出版社 2005 年版。

《明亡清兴六十年》上、下册，阎崇年著，中华书局 2006 年版。

《明朝那些事儿》共九册，当年明月著，北京联合出版公司 2011 年版。

《权与血：明帝国的官场政治》，樊树志著，中华书局 2004 年版。

《李朝实录》全五十二册，国家图书馆出版社 2012 年版。

《东华录》，王先谦著，中华书局 2008 年版。

《听雨丛谈》，（清）福格著，中华书局 1984 年版。

《明清史料·甲编》全三册，国立中央研究院历史语言研究所著，北京图书馆出版社 2008 年版。

《清开国史料考》，谢国桢编著，北京出版社 2015 年版。

《洪业：清朝开国史》，〔美〕魏斐德著，陈苏镇等译，江苏人民出版社 2003 年版。

《努尔哈赤全传》，阎编著，华文出版社 2006 年版。

《清朝通史》全十四册，朱诚如主编，紫禁城出版社 2003 年版。

《大清十五疑案》，阚红柳著，中华书局 2005 年版。

《清初私家修史研究——以史家群体为研究对象》，阚红柳著，人民出版社 2008 年版。

《北京城的明朝往事》，万明、张北裕著，山东画报出版社 2008 年版。

《清·清风浊梦》，王子超著，湖南人民出版社 2009 年版。

《清代皇帝传略》，左步青主编，知识出版社 1998 年版。

《明清帝王文治武功全记录》，邓明编著，海潮出版社 2008 年版。

《历史的转折·明亡清兴》，天佑著，山西经济出版社 2008 年版。

《清史十六讲》，王锺翰著，中华书局 2009 年版。

《宦海悲歌·历代名臣的离奇死亡》，史荣昕、蒋炎兰著，新华出版社 2008 年版。

《八旗通志初集》，(清)鄂尔泰等撰写，东北师范大学出版社 1985 年版。

《三朝辽事实录》全三册，（明）王在晋撰，全国图书馆缩微复制中心 2002 年版。

《清初内国史院满文档案译编》，中国第一历史档案馆，光明日报出版社 1989 年版。

《明季北略》上、下册，（清）计六奇著，中华书局 1984 年版。

《明季南略》，（清）计六奇著，中华书局 1984 年版。

《国榷》全六册，谈迁撰、张忠祥校点，中华书局 1988 年版。

《三朝野记》，（清）李逊之著，北京古籍出版社 2002 年版。

《平寇志》，（清）彭孙贻著，上海古籍出版社 1984 年版。

《清初三大疑案考实》，孟森著，巴蜀书社 2002 年版。

《满洲秘档》，金梁辑，台北文海出版社。

《蒙古游牧记》，（清）张穆著，山西人民出版社 1991 年版。

《清史杂考》，王锺翰著，人民出版社 1963 年版。

《全辽志 》，李辅著，民国辽海书社 1934 年版。

《满洲人在东北》，〔苏〕格·瓦·麦利霍夫著，商务印书馆 1976 年版。

《黑龙江志稿》，张伯英总撰，崔重庆等整理，黑龙江人民出版社 1992 年版。

《满洲源流考》，（清）阿桂等撰，孙文良、陆玉华点校，辽宁民族出版社 1988 版。

《清朝文献通考》，清高宗敕撰，浙江古籍出版社 2000 年版。

《明史纪事本末》，（清）谷应泰著，吉林出版集团 2005 年版。

《建州考》，陈继儒著，国立中央大学国学图书馆 1928 年版。

《蒙古世系》，高文德等编著，中国社会科学出版社 1979 年出版。

《清朝通典》，乾隆官修，浙江古籍出版社 2000 年版。

《鞑靼战纪》，（西）卫匡国著，中华书局 2008 年版。

《满文清实录研究》，陈捷先著，台北大化书局 1978 年版。

《清史探微》，郑天挺著，北京大学出版社 2011 年版。

《清代通史》全六册，萧一山著，华东师范大学出版社 2006 年版。

《国朝先正事略》上、下册，（清）李元度著，岳麓书社 2008 年版。

《清代名人传略》全三册，〔美〕恒慕义著，青海人民出版社 1995 年版。

《满族论丛史》，莫东寅著，三联书店 1958 年版。

《明代名人传》，〔美〕傅路德、房兆楹著，北京时代华文书局 2015 年版。

《清代档案史料丛编》，故宫博物馆明清档案部编著，中华书局 1978 年版。

《岭南历史人物丛谈》，亮父著，上海书局 1978 年版。

《中国历代名人传丛书——顾炎武》，沈嘉荣著，江苏人民出版社 1982 年版。

《大清一统志》，王云五著，上海古籍出版社 2008 年版。

《讲述中国历史》上、下卷，〔美〕魏斐德著，梁禾译，东方出版社 2008 年版。

《清初史料丛刊》全十四册，辽宁大学历史系编，辽宁大学出版社 1981 版。

《朝鲜李朝实录中的中国史料》，吴晗辑，中华书局 1980 年版。

《清史编年》，林铁钧、史松编，中国人民大学出版社 2000 年版。

《清代人物传稿》，何龄修、张捷夫主编，中华书局 1991 年版。

《清史图典》全十二册，朱诚如主编，紫禁城出版社 2002 年版。

《明清史论著集刊》上、下册，孟森著，中华书局 2006 年版。

《清史讲义》，孟森著，浙江人民出版社 1998 年版。

《简明清史》全两册，戴逸著，人民出版社 1984 年版。

《大清皇帝正说》上、下册，高阳著，团结出版社 2005 年版。

《满汉名臣传》全四册，吴忠匡编，黑龙江人民出版社 1991 年版。

《清史纪事本末》全两册，（清）黄鸿寿撰，上海书店 1986 年版。

《清代七百名人传》全三册，蔡冠洛编著，中国书店 1984 年版。

《大清十朝圣训》全二十册，赵之恒主编；王伟等标点，北京燕山出社 1999 年版。

《清代学者象传》，叶衍兰、叶恭绰编，上海书店出版社 2014 年版。

《八旗通志初集》，（清）鄂尔泰等撰，东北师范大学出版社 1985 年版。

《明清档案与历史研究》，中国第一历史档案馆编，中华书局 1998 年版。

《清通鉴·前编》，刘小萌著，山西人民出版社 2000 年版。

《清代名人传略》全三册，恒慕义（美）主编，青海人民出版社 1990 版。

《袁崇焕传》，阎崇年著，中华书局 2005 年版。

《爱新觉罗家族全书》，李治亭主编，吉林人民出版社 2005 年版。

《王府生活实录》，金寄水、周沙尘著，中国青年出版社 1988 年版。

《清朝八大亲王》，吴玉清、吴永兴编著，学苑出版社 1993 年版。

《清代皇帝御批真迹选》，中国第一历史档案馆编，西苑出版社 1995 年版。

《历史上的多尔衮》，纪连海著，中国民主法制出版社 2006 年版。

《多尔衮传奇》，阚红柳著，中国人民大学出版社 2003 年版。

《清宫斗争内幕》，姜相顺、王国华主编，辽宁古籍出版社 1996 年版。